产权纠纷视角下的资源型农村政治生态研究

一个典型村庄的调查与思考

刘铁军◎著

中国社会科学出版社

图书在版编目(CIP)数据

产权纠纷视角下的资源型农村政治生态研究：一个典型村庄的调查与思考/刘铁军著.—北京：中国社会科学出版社，2019.11（2020.8 重印）

ISBN 978-7-5203-5329-8

Ⅰ.①产… Ⅱ.①刘… Ⅲ.①煤炭资源—矿产权—产权制度改革—研究—中国 Ⅳ.①D922.624

中国版本图书馆 CIP 数据核字（2019）第 221603 号

出 版 人	赵剑英
责任编辑	冯春凤
责任校对	张爱华
责任印制	张雪娇
出 版	中国社会科学出版社
社 址	北京鼓楼西大街甲 158 号
邮 编	100720
网 址	http://www.csspw.cn
发 行 部	010-84083685
门 市 部	010-84029450
经 销	新华书店及其他书店
印 刷	北京君升印刷有限公司
装 订	廊坊市广阳区广增装订厂
版 次	2019 年 11 月第 1 版
印 次	2020 年 8 月第 2 次印刷
开 本	710×1000 1/16
印 张	14
插 页	2
字 数	205 千字
定 价	79.00 元

凡购买中国社会科学出版社图书，如有质量问题请与本社营销中心联系调换

电话：010-84083683

版权所有　侵权必究

目　录

导　论 …………………………………………………………（1）
　一　研究缘起与研究意义 …………………………………（1）
　　（一）研究缘起 …………………………………………（1）
　　（二）研究意义 …………………………………………（4）
　二　研究现状与研究述评 …………………………………（5）
　　（一）产权与政治相关研究 ……………………………（6）
　　（二）产权与乡村治理相关研究 ………………………（14）
　　（三）政治生态研究 ……………………………………（27）
　三　主要概念界定 …………………………………………（33）
　　（一）产权与煤矿产权 …………………………………（33）
　　（二）资源型村庄 ………………………………………（35）
　　（三）政治生态 …………………………………………（35）
　四　研究思路与研究内容 …………………………………（37）
　五　研究方法与个案概况 …………………………………（38）
　　（一）研究方法 …………………………………………（38）
　　（二）个案概况 …………………………………………（41）

第一章　产权创设中的治权演进与分利秩序 ………………（45）
　一　合伙办矿与个体权威式治理 …………………………（45）
　　（一）有水快流与集资办矿 ……………………………（45）
　　（二）作为权宜之计的"股权激励" ……………………（50）
　　（三）高度统一的股权结构与家族结构 ………………（54）

二　集体建矿与分利型村庄秩序 ……………………………（55）
　　（一）从合伙到集体：无奈的转型重组 …………………（55）
　　（二）双重代表权威与煤矿控制 …………………………（60）
　　（三）联营公司对村庄治权结构的冲击 …………………（64）
　　（四）乡镇的介入与治理复杂化 …………………………（69）
三　利益均沾与村企联营失败 ………………………………（81）
　　（一）"以煤补村"与"利益均沾" ………………………（81）
　　（二）封闭与差异化的福利分配 …………………………（87）
　　（三）经营权争夺与联营失败 ……………………………（88）
四　小结 ………………………………………………………（93）

第二章　产权变更中的利益失衡与治理失序 …………………（95）
一　两委分歧与村书记之争 …………………………………（95）
　　（一）国家的煤矿改制政策 ………………………………（95）
　　（二）乡镇委派村书记的困境 ……………………………（97）
　　（三）扑朔迷离的村书记之争 ……………………………（99）
二　妥协与平衡下的煤矿外包与产权变更 …………………（100）
　　（一）煤矿外包合同的草草签订 …………………………（100）
　　（二）产权变更后的主体结构及关系变化 ………………（103）
三　产权变更后的利益失衡与自治异化 ……………………（104）
　　（一）煤矿承包下的权力变化与利益失衡 ………………（104）
　　（二）利益分化下的村干部选举 …………………………（107）
　　（三）以股权为依据的利益争夺 …………………………（113）
四　产权矛盾激化下的混乱与对抗 …………………………（122）
　　（一）软硬兼施的煤矿策略选择 …………………………（122）
　　（二）维稳压力下的乡、矿、村博弈 ……………………（130）
　　（三）村庄治理失能与整体混乱 …………………………（142）
五　小结 ………………………………………………………（148）

第三章　资源整合下的利益共享与秩序重建 …………………（150）
一　资源整合与产权明晰 ……………………………………（150）

（一）资源整合与煤矿国有化 …………………………（150）
　　（二）国有产权下的利益共享 …………………………（153）
　　（三）工具性的利益分配与村民约束 …………………（156）
二　利益共享中的村庄经济转型与关系调整 ……………（157）
　　（一）利益共享中的村庄经济转型 ……………………（158）
　　（二）乡镇与煤矿的"互嵌式"合作 …………………（163）
　　（三）村矿建立多元参与的协调机制 …………………（166）
　　（四）整村搬迁中乡、矿、村的相互支持 ……………（172）
三　资源整合下的秩序重建 ………………………………（177）
　　（一）均衡分配与利益共享 ……………………………（178）
　　（二）多元协商与矛盾化解 ……………………………（180）
　　（三）惩恶扬善与乡风改善 ……………………………（182）
四　小结 ……………………………………………………（184）

第四章　结论与讨论 ……………………………………（185）

一　结论 ……………………………………………………（185）
　　（一）产权与治理的关系形塑资源型农村的政治
　　　　　生态 …………………………………………（185）
　　（二）利益失衡、权钱交易是资源产权改革中政
　　　　　治生态的突出表现 ……………………………（187）
　　（三）国家政策是资源型农村产权与治理变动的
　　　　　外部诱因 ………………………………………（189）
　　（四）产权与治权的良性互动是资源型农村有效
　　　　　治理的关键 ……………………………………（191）

二　讨论 ……………………………………………………（193）
　　（一）产权视角下资源型农村村民自治机制有效
　　　　　运转的问题 ……………………………………（194）
　　（二）资源型农村农民集体产权权益与民主权利
　　　　　的保障问题 ……………………………………（195）

附录 ………………………………………………………（198）

附件一　SD 村与大兴实业公司联营煤矿合同 …………（198）
附件二　承包附坡合同 ……………………………………（202）
附件三　承包修筑涵洞合同 ………………………………（203）
附件四　《SD 村煤矿承包协议书》 ………………………（204）
参考文献 ……………………………………………………（205）

导　论

一　研究缘起与研究意义

（一）研究缘起

自 1987 年试行《村民委员会组织法》，全国农村实行村民自治以来，我国政治学研究的重心迅速下沉。① 基层治理研究和实证研究方法越来越受到政治学研究的青睐。笔者的导师是一位运用实证方法研究基层治理的学者，近年来一直关注资源型农村治理。为了培养学生们学术研究的经验质感，老师经常带领学生们到不同类型资源型农村实地调研，并就发现的各种现象与问题进行讨论，以此拓宽学生们的研究视野和空间。调研中，笔者发现在一些煤炭储量质优量大的资源型村庄中，虽然村民们衣着光鲜，而且几乎每家每户都购买了小汽车或者大卡车，但他们居住的房屋却破破烂烂，村庄公共设施更是"惨不忍睹"。在我们每次联系新的资源型村庄开展调研时，都需要地方官员作为"中间人"牵线搭桥。进入村庄后，虽然村里的干部比较热情，"高标准"接待我们，但我们调研的路线和访谈的对象只能由他们具体安排，并且每个调研者都享受"专人全程陪同的待遇"。当我们提出要自己调研或希望访谈一些其他村民的时候，村干部要么找各种理由搪塞，要么直接拒绝。为了获取更为全面真实的一手调研资料，我们时常通过另外渠道联

---

①　徐勇：《90 年代学术新趋向》，《党史研究与教学》1991 年第 6 期。

系到愿意接受访谈的村民，但他们都毫无例外地提出访谈地点不能在村庄内，更不能在村民自己家里，只能另外约定时间到我们住宿的招待所或者小旅馆，访谈时村民也不愿意透露他的个人信息，这些村民会一直强调村里多少人家里藏有砍刀、猎枪，哪些人是黑社会，哪些人家里至少有1000万以上的资产，村干部贪污村里多少钱等村里的"黑历史"，很明显他们对村干部"又恨又怕"。笔者来自江南水乡，对这些只能在香港警匪片中才能看到的场景充满了好奇，这给我留下了极为深刻的印象。在后续调研中又进一步发现，与其他没有煤炭资源的村庄相比，许多资源型村庄的煤矿虽然给村里带来或多或少的利益，但村庄内部普遍干群矛盾冲突大，村民之间关系错综复杂，上访告状人数比例高，基层政府往往都将这类村庄列为稳控"重点村"、治理"难点村"。

后来，煤炭大省山西在能源领域发生大面积腐败案件，查处了一批级别高、权力大的省部级官员，甚至被中央定性为"系统性塌方式腐败，政治生态恶化"，这一表述引起了广泛的关注，山西政治生态问题也成为学界媒体关注讨论的社会热点问题。2014年以来，有关政治生态的学术论文数量快速上升，大多探讨权力集中、官商勾结、权力异化、腐败和工作作风等宏观层面的政治生态问题，产生了大量"问题—对策性"的研究成果。导师认为，山西"系统性塌方式腐败，政治生态恶化"问题主要发生在能源领域，尤其集中在煤炭资源富集的地区，一些不具备整合主体资格的私营煤矿通过贿赂当地主要官员获得主体资格，并在这些官员的非法干预下野蛮侵占产能较小的乡村小煤矿。从总体上来看，山西煤炭产业资源整合的过程，就是政府以不断提高的产能标准为武器，鼓励和支持大型煤矿集团（大多数是国有企业或国有控股企业）兼并中小乡镇煤矿、集体煤矿和私有煤矿的过程，这一方面提高了煤炭行业的产业集中度，实现了规模经营，也有利于政府部门安全监管；另一方面在煤价高涨的市场行情下，被整合主体并不愿意让渡所有权，但在政府和大型煤企的双重压力下，他们面临着要么被关停，要么被兼并的两难选择，最后只能接受资源整合。经过这一轮大规模的彻底整合，乡镇小煤矿、集体小煤矿与煤老板一样，正式退出我国能源舞台，成为历史名词。而乡村小煤矿在长期发展过程中与村庄形成了错综复杂的关系，要么成为乡村集体经济的重要支柱和村民收入的重要来源，要么成为村中各派系各宗族械斗上访的焦点。村矿之间的博弈、合作与利益分享成为村庄能否发展、村民能否致富以及乡村能否稳定的关键因素，也是推动煤矿改制、整合、转型发展的内在动因。

经过反复思考，笔者决定以资源型农村政治生态作为博士论文主题，在收集整理相关文献资料的过程中，发现改革开放以来山西资源型村庄发展呈现明显的阶段性，且每一阶段的变化转折都与国家和山西省的政策调整直接相关，而政策调整的深层原因又与煤炭市场变化及乡村地方煤矿经营管理现状密切关联。通过梳理国家和山西改革开放以来不同时期煤炭产业的调控政策发现，与乡村煤矿相关的政策调整可分为特征鲜明的三个阶段，不同阶段其政策调整目标也大相径庭：第一节阶段目标是扩大煤矿开采能力，支援国家经济建设，改善资源型地区的贫困现状；第二阶段目标是提高乡村煤矿的开采效率，改善乡村煤矿的经营现状；第三阶段目标是改善乡村煤矿开采安全性及资源型农村的生产生活环境，提升煤矿产业集中度和规模化经营。每一次政策调整都带来乡村煤矿产权（所有权或经营权）的变化，而不同产权（所有权或经营权）的煤矿与相应资源型农村的内在联系千差万别，由此发现从煤矿产权来研究资源型村庄政治生态变化是一个非常有价值的视角。2017年4月，笔者在导师鼓励下，以"产权视角下的资源型农村政治生态研究——一个典型村庄的调查与思考"为主题申报山西省博士研究生创新项目，并成功获批立项。

为选择合适的研究案例，笔者将调研过的资源型村庄重新爬梳了一遍，最终选择 SD 村作为个案研究对象，其原因在于：其一，SD 村属于吕梁市 X 县的一个资源型村庄，而吕梁地区是山西"系统性、塌方式腐败，政治生态恶化"的重灾区；其二，SD村的煤矿及其村庄变迁在当地有较强的代表性，不同时期的产权转换界限清晰，资料完整，不同时期村矿关系特征较为明显；其三，在SD村有特定关系人引荐，入驻村庄并融入村民较为便利，能够较为便利地获取更多一手资料。在进一步调研中发现，在不同产权背景和产权形态下，SD村围绕同一座煤矿呈现的政治生态却大相径庭，有的阶段能有效利用煤矿所获收益开展公共建设和发展公益事业，推动村庄经济转型和长远发展，村中干部村民内聚力强，和谐稳定；而有的阶段干群对立、官商勾结、贫富分化、群体性事件频发多发、村庄黑恶化等现象凸显。为理清这些复杂现象的内在原因，笔者希望通过对这一典型个案村庄的深度剖析，探寻煤矿产权与资源型农村基层政治生态的关联性。具体而言，首先要理清在不同产权形态下资源型村庄政治生态的现实表现及其变化逻辑；其次是探寻不同产权结构通过何种途径、通过何种方式影响资源型农村政治生态，即产权通过哪些关键要素和中介变量影响资源型农村政治生态，其影响乡村政治生态的内在机理和深层逻辑是什么？

(二) 研究意义

要深刻理解宏观、上端的政治生态，必须从基层政治生态入手，因为"上端政治生态系统与中端政治生态系统的功能是否能正常运行，在很大程度上取决于下端政治生态系统的状况。"[①] 此外，政治生态这一概念较为抽象，直接在宏观层面研究生态、文化、社会、经济与政治生态的关系，也只能得出"模糊抽象"的关联性。而通过"解剖麻雀"式的个案研究，在把握内部多主体、多维度、多层次的错综复杂关系基础上，全面系统地理清政治生态的外在要素如何影响政治系统的内部主体与要素，以及政治系统内

---

① 杜治洲:《改善基层政治生态必须治理"微腐败"》，《中国党政干部论坛》2016年版，第11页。

部要素如何相互作用，内部主体如何调适和反作用于外在环境的内在机理，才能更深刻的理解上端政治生态。

从学术价值而言：以往政治生态相关研究多从外部宏观经济、社会、文化等影响要素予以考察，关注重点在于公权力异化、官员腐败、官商勾结甚至工作作风等问题，而本研究注重产权视角下的利益关系，以"产权——治权——政治生态"为分析框架，分析产权、乡村治理、政治生态三者之间的内在关联，探索产权与政治生态、产权与治权的互动规律，从而为资源型农村基层政治生态形成与变迁提供一个新的解释框架，拓宽政治学的研究领域。

从实践价值而言：以往多从严肃党纪国法，加强反腐力度，改进工作作风等措施来"净化政治生态"，而本研究在分析产权与治权形塑资源型农村政治生态的内在机理的基础上，探讨如何通过推动产权改革及其配套体制机制创新，建立资源型农村地区政治生态的优化机制，为资源型农村地区的转型发展创造良好的政治社会环境。

二　研究现状与研究述评

科学家牛顿说过："如果说我比别人看得远些的话，是因为我站在巨人的肩膀上。"对哲学社会科学而言，在确定研究对象和研究主题之后，该领域已经取得的学术成果便成为我们研究的新起点，现存的学术理论资源成为我们后续研究借鉴、争论甚至批判的重要基础。就本论文的研究主题而言，在文献查询和资料收集整理过程中，发现到目前为止直接从产权视角研究乡村政治生态的文献较少，特别是从矿产资源及其所属企业的产权属性切入乡村政治生态的文献更是凤毛麟角，所以本研究适当扩大了相关文献梳理的范围，确定从产权与政治，产权与乡村治理以及政治生态三个维度进行总结爬梳，这三个维度都与本文研究主旨密切相关，相关学者建构的理论体系，形成的研究结论和代表性观点等都是本研究的重要理论基础。

（一）产权与政治相关研究

经济决定政治，政治反作用于经济，产权作为经济范畴的基础性要素，既决定经济的性质差别，也影响经济的发展方向和效率。产权在经济范畴的核心地位决定了其对政治上层建筑的决定性作用，产权是社会中基本权力关系的表征，与政治、国家及治理之间有着密切的关联。① 对产权与政治关系的研究源远流长，马克思主义经典作家，西方近现代政治思想家按照自身的研究偏好和论证逻辑建构了复杂的理论体系，马克思主义学者主要关注产权与阶级、国家之间的相互关系；而霍布斯、卢梭、洛克、哈耶克等西方思想家则侧重于产权与自由、宪政、法律以及公共权力之间的内在关联。

第一，马克思主义经典作家关于产权与政治的论述。

马克思、恩格斯在研究人类历史发展进程中发现，在人类初期的"原始共产主义"社会，"只有公共财产，没有私人财产"，②"人们把他们生产的自然条件看作与他们自身的存在一起产生的前提，把它们看作他们本身的自然前提。"③ 他们以此作为起点探讨产权与国家、权力、阶级关系的起点。随着自身技术进步和生存资源的进一步丰富，人类社会逐渐开始了几次大的社会分工，"分工慢慢地侵入了这种生产过程，它破坏生产和占有的共同性，它使个人占有成为占优势的原则，从而产生了个人之间的交换"④，"分工和私有制是相等的表达方式"，⑤ 社会分工形成不同个体对生存资

---

① 史亚峰：《多权威复合治理：产权分置与社会秩序的建构——基于洞庭湖区湖村的形态调查》，华中师范大学博士学位论文，2018年，第5页。
② 《马克思恩格斯选集》第2卷，人民出版社2012年版，第731页。
③ 《马克思恩格斯选集》第46卷，人民出版社1975年版，第491页。
④ 《马克思恩格斯选集》第4卷，人民出版社2012年版，第191页。
⑤ 《马克思恩格斯选集》第1卷，人民出版社2012年版，第163页。

源和财富的占有，个人之间出现贫富分化和对立，"使得社会陷入了不可解决的自我矛盾，分裂为不可调和的对立面而又无力摆脱这些对立面"，"为了使这些对立面，这些经济利益互相冲突的阶级，不致在无谓的斗争中把自己和社会消灭，就需要有一种表面上凌驾于社会之上的力量，这种力量应当缓和冲突，①把冲突保持在秩序的范围以内。"② 在马克思恩格斯看来，人类社会形成和发展的进程伴随着生存资源和财富由公有向私有转化的过程，为了维护私有财产的占有秩序、阶级秩序和等级秩序，出现了凌驾于社会之上并掌握暴力工具的特殊公共权力，这一公共权力的载体就是国家。这一论断的产生获得广泛认同，产生了巨大的学术影响力，如人类学家迈克尔·曼认为，"私有的、家庭的财产和国家是同时出现的，是同一过程所促成的"。③ 马克思主义经典作家认为，国家形成以来，产权对国家治理的影响更为重要，"无论如何，财产也是一种权力"。④ 理查德·派普斯认为，"财富孕育着统治权，财富在谁的手里，主权迟早会到谁的手里。"⑤ 格尔哈特·伦斯基认为，财富支配着权力，财产权和统治权在各处也都出现了相互重合的状态。⑥

  产权与政治都属于历史范畴，随着社会历史的不断发展，产权与政治的关系也在不断演进之中。学者唐贤兴认为，"产权与国家共同演进"，"在一定意义上，产权与民主的演进关系或许还可以还原为所有制与政治制度之间的关系，或是经济基础和上层建筑之

---

① 戴业强：《西方政治信任普遍式微的成因研究》，博士学位论文，中共中央党校2018年，第6页。
② 《马克思恩格斯选集》第4卷，人民出版社2012年版，第187页。
③ [英]迈克尔·曼：《社会权力的来源》第1卷，刘北成、李少军译，上海人民出版社2015年版，第110页。
④ 《马克思恩格斯选集》第3卷，人民出版社1958年版，第330页。
⑤ [美]理查德·派普斯：《财产论》，蒋琳琦译，北京经济科学出版社2003年版，第40页。
⑥ [美]格尔哈特·伦斯基：《权力与特权：社会分层的理论》，关信平、陈宗显、谢晋宇译，浙江人民出版社1988年版，第252页。

间的关系"①；马克思主义认为，在原始共产主义社会形态下，氏族共同体所有制内部"自然形成的共同体的权力"在氏族内部平均分配食物，共同体权力的形成和分配的依据与氏族成员直接结合成"氏族民主制"。在社会分工的基础上，"除公社所有制外，动产私有制以及后来的不动产私有制已经发展起来，"② 氏族公有制的破坏和个体私有制的发展壮大，原有财富所有结构和分配结构的弱化导致"氏族民主制"的解体，由此而产生的利益冲突和阶级冲突为国家工具的出现奠定前提与基础。"在相对说来为时较短的文明社会中，财产因素已经大大地控制了社会，给人类带来了独裁制、帝制、君主制、特权阶级，最后带来了代议制的民治政治。"③ 随着社会主义公有制的建立，利益对抗将会消失，国家治理的性质将发生根本的改变。到了共产主义社会，私有产权不复存在，社会成为完全意义上的自治社会即"自由人的联合体"，作为"特殊公共权力"的国家也将自行消亡。④

第二，西方视野下产权与政治的研究。

在西方社会，从古希腊、古罗马时期就开始对产权与政治的关系进行深入研究。柏拉图在《理想国》中指出，城邦理想的产权结构是通过社会分工来维系，一方面土地归属于农民私有，他们自身作为劳动者生产农产品和社会财富；另一方面农民向城邦护卫者和统治者提供农产品用于共同消费。"我们的护卫者不应该有私人的房屋、土地以及其他私人的财产，他们从别的公民那里得到每日的工资，作为他们服务的报酬，大家

---

① 唐贤兴：《产权、国家与民主》，复旦大学出版社2002年版，第187页。
② 《马克思恩格斯选集》第1卷，人民出版社2012年版，第148页。
③ [美] 摩尔根：《古代社会》，马东莼、马雍、马巨译，江苏教育出版社2005年版，第273页。
④ 史亚峰：《多权威复合治理：产权分置与社会秩序的建构——基于洞庭湖区湖村的形态调查》，华中师范大学博士学位论文，2018年，第5页。

一起消费。"①

柏拉图认为如果护卫者、执政者拥有私人财富，那他们将无法在城邦民主制下公正地管理城邦公共事务，甚至可能以权谋私，危害城邦的公共治理。而他的学生亚里士多德从"人性恶"的假设出发，认为"公产制度"无法界定财富的边界可能导致社会冲突和效率低下，因为"凡是属于最多数人的公共事物常常是最少受人照顾的事物"。②以此为基础，亚里士多德主张财产私有，但私有财产必须用于公共的目的。他提出，"财产可以在某一方面（在应用时）归公，一般而论应属私有。划清了各人所有利益的范围，人民相互间争吵的根源就会消除，各人注意自己范围以内的事业，各家的境况也就可以改进了。"古希腊在社会分工基础上的特殊私有产权结构，作为维持城邦公民各司其职的经济基础，造就了古希腊独特的城邦政治。正如美国学者理查德·派普斯的总结，"财产，尤其是以作为生产性资产为主要来源的土地财产的广泛分布，使得人类历史上第一个民主政体在雅典产生成为可能。"③

在西方中世纪以降，阿奎那、格劳秀斯、康德、黑格尔、休谟、哈耶克等众多有影响力的学者都将私有财产权作为政治社会的基础性问题。"个人财产权问题……是一个支撑整个政治社会这个文明大厦的支柱问题，如果没有财产权，没有对财产的稳定性的占有，近代的政治社会是不可能建立起来的。"④ 私有财产的增长以及由此产生的财富权利、财富争夺和财富保护问题，霍布斯、洛克、卢梭等近代西方学者以社会契约论构建产权与政治保护之间的

---

① [古希腊]柏拉图：《理想国》，郭斌和、张竹明译，商务印书馆，第200页。
② [古希腊]亚里士多德：《政治学》，吴寿彭译，商务印书馆，第54页。
③ [美]理查德·派普斯：《财产论》，蒋琳琦译，北京经济科学出版社2003年版，第123页。
④ 高全喜：《休谟的正义规则论》，《世界哲学》2003年第6期。

关联,他们认为在国家出现之前,处于自然状态的个体享有包括财产权在内的天赋人权,为了保护财产和追求更大的幸福,人们通过让渡部分权利形成国家权力,并通过国家权力保护个体财产和个人剩余权利。"人们联合成为国家和置身于政府之下重大的和主要的目的,是保护他们的财产。在这方面,自然状态有着许多缺陷。"① 签订社会契约之后,在国家权力和人民权利之间形成清晰明确的"权力—权利"关系,权力必须保护权利而不能侵犯权利,"在社会中享有财产权的人们,对于那些根据社会的法律是属于他们的财产,就享有这样一种权利,即未经他们本人同意,任何人无权从他们那里夺取他们的财产或者其中任何一部分,否则他们就并不享有财产权了。"② 而卢梭则通过私有权和国家来区分自然状态和社会状态的不同,"所有权的出现和国家萌芽的出现是同时产生的,"他进一步形象地指出,"谁第一个把一块土地圈起来,硬说这块土地是他的并找到一些头脑十分简单的人相信他所说的话,这个人就是文明社会的真正缔造者。"③ 霍布斯认为,"人们相互达成协议,自愿地服从一个人或一个集体,相信他可以保护自己来抵抗所有其他的人,后者就可以称为政治国家。"④ 在国家政治权力形成之后,它利用自身的权力保护私有财产,特别是对有产者的保护,"政治权力是当人们享有归他们自己处理的财产时才会存在,而专制权力是支配那些完全没有财产的人的权力。"⑤ 学者唐贤兴对这一时期西方思想家所论述的产权与政治的关系进行了深刻总结:"对有产者私有财产的保护与确认产生了一个民主的政治结构,也即说,西

---

① [英]洛克:《政府论》,叶启芳、瞿菊农译,商务印书馆 1964 年版,第 77 页。
② 同上书,第 87 页。
③ [法]卢梭:《论人与人之间不平等的起因和基础》,李平区译,商务印书馆 2015 年版,第 86 页。
④ [英]霍布斯:《利维坦》,黎思复、黎廷弼译,商务印书馆 1985 年版,第 132 页。
⑤ [英]洛克:《政府论》,叶启芳、瞿菊农译,商务印书馆 1964 年版,第 111 页。

方社会的民主政治结构是个人私有权长期演进的结果。"① "在西方社会，民主制起源于既有的政治权力对增长着的经济权力的妥协，在某种程度上是财产结构变化的政治性后果，同时又是政治制度自身在某种程度上做出调整的产物。"② 而哈灵顿进一步对产权结构要素予以细分，并分析构成产权的结构要素对国家主权以及国家治理形式的影响。他认为，"本土国家是建筑在所有权上的，所有权就是动产或不动产所有权，也就是对土地、金钱或商品的产权。产权的均势或地产的比例是怎样的，国家的性质也就是怎样的。"③ 他进一步指出，"如果一个国家的大部分土地被一个人所占有，必然形成君主制；为少数人所占有，必然形成贵族制；为全体人民所分有，就可以建立共和国。"④ 哈林顿认为产权结构与国家治理结构直接相关，不同的产权结构"必然"对应不同国家治理形式。

  社会技术的发展和市场的扩大推动私有财富的增长，而掌握国家权力的统治者由于自身的贪婪和履行公共职能的畸形需求，形成巨大的财政危机。如法国和西班牙等国为了应付财政危机进一步强化王权，建立庞大的行政官僚组织，利用自身掌控的国家权力侵犯公民的私有财产权。但在荷兰、英国则相反，他们通过加强国会的力量，支持国会牢牢控制征税权，以此对王权进行限制和约束。西方社会通过波澜壮阔的资产阶级革命，"不存在将王权对产权和征税权的权威加以集中的理由，更不存在维持一个庞大的中央政府的理由。"⑤ 开启了通过以代议制基础的议会民主限制政府权力的新时期，西方也由此从封建专制走向议会民主时代。

  科斯、诺斯、巴泽尔等西方经济学家则从交易成本的视角对产

---

① 唐贤兴：《产权、国家与民主》，复旦大学出版社2002年版，第19页。
② 同上书，第36页。
③ [英]詹姆士·哈灵顿：《大洋国》，何新译，商务印书馆1963年版，第11—12页。
④ 同上书，第3—4页。
⑤ [美]道格拉斯·诺斯：《经济史上的结构和变迁》，厉以平译，商务印书馆1992年版，第130页。

权与国家、产权与政治的关系进行了深入系统的研究。他们认为任何商品交易必然存在交易成本,如果要提高资源配置效率,推动经济的繁荣发展,必须通过对产权清晰界定以降低交易成本,而国家权力就是界定产权最有效和最有保障的方式,并以此建构了产权与国家权力的紧密联系。科斯认为,"如果没有一个关于国家的理论,也就不能真正完成关于产权的理论。"① 而诺斯则认为产权并不是在纯粹私人中自然形成的合约,它是由国家强制界定和实施的,产权强度依赖于国家权力保护的有效性。"虽然我们可以设想自愿的组织可以在有限范围内保护所有权,但是很难想象没有政府权威而可以推广这种所有权的有效实施。"在此基础上,诺斯深刻指出"我们可以把政府简单看成一种提供保护和公正并收取税金作为回报的组织,即我们雇政府建立和实施所有权"。② 与马克思主义一样,诺斯也认为产权和国家共同演进,且国家规定着产权结构并最终对产权结构的效率负责。③ 巴泽尔则主要关注产权与制度变迁的相互关系,并以此为基础分析产权基础在国家起源中的作用,他在研究中指出,"国家的建立及其功能发挥是与个体(团体)的保护需求密切相连的",④ 国家权力通过界定产权,明确产权边界并为产权交易提供保护来降低交易成本,增加社会财富。

第三,国内学者关于产权与政治的相关研究。

国内学者对产权与政治关系的研究起步较晚,研究内容侧重于梳理马克思主义经典著作和西方有影响力的政治学学者的相关学术思想,并以此为基础研究我国产权改革和政府治理,其中原创性、

---

① [美]科斯等:《财产权利与制度变迁——产权学派与新制度学派译文集》,刘守英等译,格致出版社、上海人民出版社2014年版,第150页。
② [美]道格拉斯·诺斯、罗伯特·托马斯:《西方世界的兴起》,厉以平、蔡磊译,华夏出版社2009年版,第11页。
③ [美]道格拉斯·诺斯:《经济史上的结构和变迁》,厉以平译,商务印书馆1992年版,第21页。
④ [美]巴泽尔:《国家理论:经济权利、法律权利和国家》,钱勇、曾咏梅译,上海财经大学出版社2006年版,第12页。

有代表性的理论观点不多，也未形成有影响力的研究范式和研究学派。学者唐贤兴在《产权、国家与民主》一书中通过比较中国和西方国家不同的发展历程，运用马克思主义的所有制与民主制度的基本理论，系统论证了产权、国家与民主的关系。① 刘承韪通过比较中西方产权与政治的关系，认为西方是"私人产权决定政治"，而中国是"政治决定私人产权"；② 刘金海通过对国家在集体财产权利的形成、发展、变迁中作用的历时性研究，认为国家、集体和农民的关系重心处于不断变化之中，但国家权力发挥的作用始终处于首位。③ 另一些学者则探讨了政权与产权的关系。刘烈龙指出政权与产权应该边界明晰，产权和政权分开，政权应该保护产权而不是侵害产权，让产权回归民权的本质。④ 丁栋虹认为政权不但要保护产权，而且政权和产权必须相互制衡，并依照这一原则推动国家制度建设。⑤ 周其仁、刘守英通过梳理改革开放以来我国产权改革与国家制度变迁的关系，探求"在国家政权职能曾被滥用的约束条件下如何重建产权秩序"，并提出政治权力应该允许国民享有"部分退出权"。

邓大才在总结前人研究成果的基础上，提出产权政治学的解释模式和分析框架，他认为产权与政治关系的研究一直遵循三条发展路径：第一条发展路径的关键词是产权、阶级和革命，以产权关系为基础探讨生产关系、社会关系和政治关系；第二条路径的关键词是产权、法律与国家，主要探讨产权在国家、法律以及权力的形成过程的相互关系；第三条路径的关键词是产权与市民社会、民主，

---

① 唐贤兴：《产权、国家与民主》，复旦大学出版社 2002 年版，第 2 页。
② 刘承韪：《产权与政治——中国农村土地制度变迁研究》，法律出版社 2012 年版，第 23—24 页。
③ 刘金海：《产权与政治：国家、集体与农民关系视角下的村庄经验》，中国社会科学出版社 2006 年版，第 292 页。
④ 刘烈龙：《产权与政权、官权、民权》，中国商办工业 1994 年版，第 11 页。
⑤ 丁栋虹：《论产权与政权关系的制度重构及其在中国的实践》，《战略与管理》2000 年版，第 52—57 页。

主要从财产权的角度研究近现代公民社会及其民主基础。当前多元分散的研究方向需要建构一个分享基本共识的宏观框架和平台,所以他提出从产权结构着手研究权力配置,或是通过权利的实施、变更、取消来研究权力的变化,研究"产权结构—权利结构—权力结构"之间的关系。①

(二) 产权与乡村治理相关研究

国内外学者对产权与乡村治理的相关关系进行了大量富有成效的研究,所形成的高质量论文、专著汗牛充栋,数以万计。不同学者从自身的研究偏好出发,从产权(主要是土地产权)的性质、结构、类别及变迁与乡村治理方式、治理主体、权力分配、乡村发展转型等方面的相互作用出发,提出了不同分析变量和解释模型,开展了广泛而深入的学术对话。产权性质决定乡村治理方式,乡村产权的不同决定了乡村治理主体和治理方式的不同。只有深刻研究各类场域下不同产权主体之间,产权主体与社会规范(社会环境)之间的相互关系,才能深入产权的本质和治理之间的关系,真正理解产权的政治建构、社会建构的本质。② 本节主要从产权性质的视角粗线条梳理产权与乡村治理的关系。

1. 产权"国王"所有与乡村治理

"如果不是私有土地所有制,而是像在亚洲那样,国家既作为土地所有者,同时又作为主权者而同直接生产者相对立,那么,地租和赋税就会合为一体,或者不如说,不会再有什么同这个地租形式不同的赋税。……在这里,国家就是最高的地主;在这里,主权就是在全国范围内集中的土地所有权。但因此那时也就没有私有土地的所有权,虽然存在着对土地的私人的和共同的占有权和使用

---

① 邓大才:《产权政治学研究:进路与整合》,《学术月刊》2011年第12期。
② 史亚峰:多权威复合治理:《产权分置与社会秩序的建构——基于洞庭湖区湖村的形态调查》,华中师范大学博士学位论文,2018年,第5页。

权。"① 马克思认为在东方亚细亚模式下面，全部土地的最终所有者是君主，君主有权没收或者重新分配其统治范围内的土地，君主王权凌驾于社会之上，乡村社会不存在真正的自我治理，只能依附于王权及其官僚的枷锁之下。

与马克思的观点类似，魏特夫认为由于水利在东方农耕文明国家的重要性，所以治水政权必须掌握专制的、决断的权力来调配统治区域的各种资源来治理水患，兴修水利。所以在治水国家中，人民的私有财产只能是"软弱的财产""治水国家在农村十分有效地维持其财政能力""治水政权因为是一种武装和无所不在的组织力量，故它在动产的战略地点——城市和不动产的主要地区——农村占着上风。"② 在东方社会因为治水而确立的专制王权，通过自上而下选派官吏治理广大农村地区，并通过权力而不是契约和交换来获取村内包括土地在内的各种资源。美国学者哈特·伦斯基也认为在所有农业社会中统治者对其统治范围的土地等财产拥有最终的、实质的所有权。农业社会的统治者可以将其所属土地租借、分配或授予贵族功臣作为采邑庄园，也可以任意对其征税用于个人的奢侈消费。"通过税收、进贡货币、税金和服务所行使的所有权无疑是大多数农业国家统治者的主要来源。"在这种所有权关系之下，王权对村庄最关心的就是选派收税、募役的官吏。历史学家秦晖认为在中国传统农村不存在真正意义上的土地私有者，封建地产都是宗法共同体中等级权力的物化，都是"特权即例外权的类存在"，土地所有者并不是"土地所有权的经济体现"，而是"统治—服从"关系的体现，占有土地并治理乡村的乡绅只不过是皇权在乡村的代表。③ 瞿同祖认为官吏和乡绅都隶属于同一个集团，只不过在形式

---

① 《马克思恩格斯选集》第 25 卷，人民出版社 1998 年版，第 891 页。
② [美] 卡尔·魏特夫：《东方专制主义》，徐式谷、奚瑞森、邹如山等译，中国社会科学出版社 1989 年版，第 60—81 页。
③ 秦晖、金雁：《田园诗与狂想曲：关中模式与前近代社会的再认识》，语文出版社 2010 年版，第 166 页。

上存在行使正式权力与非正式权力的差别,"他们是同一个权力集团在控制社会,这个权力集团在公共领域表现为官吏,在私人领域表现为士绅。"①

综上所述,以上学者大都认为土地"普天之下、莫非王土"的产权结构与封建专制制度相适应,王权通过官吏和乡绅控制乡村社会,乡村社会被高度整合进国家政权体系,其自身几乎没有任何独立性、自主性和自治性可言,由此王权控制土地下的乡村治理主体和国家治理主体在本质上是一体的。

2. 产权"小农—地主"所有与乡村治理

恩格斯曾经对传统小农经济下过经典定义,"我们这里说的小农,是指小块土地的所有者或者租佃者——尤其是所有者,这块土地既不大于他以自己全家的力量通常所能耕种的限度,也不小于足以养活他的家口的限度……家庭是自给自足的,几乎生产他所需要的一切,货币几乎根本不需要"。②"他们的生产方式不是使他们互相交换,而是使他们互相隔离"。③ 列宁也指出,"小农耕种自己的一小块土地来勉强维持生产"。④ 徐勇教授则从两个方面界定了小农,其一是经营规模之小;其二是家庭人口之小。⑤ 卜凯、马若孟等学者认为"中国传统时期鲜有大地主,是小自耕农的天下";⑥ 秦晖先生也认为关中无地主,无租佃,是自耕农的世界。⑦ 邓大才认为"小块土地是小农家庭命根子,其综合特性就是自给、自足和自闭"。⑧ 钱穆认为中国农民"一切都平铺散漫,很难得运用。

---

① 瞿同祖:《清代地方政府》,范忠信、何鹏、晏锋译,法律出版社2011年版,第267页。
② 《马克思恩格斯选集》第4卷,人民出版社1972年版,第296—311页。
③ 《马克思恩格斯选集》第1卷,人民出版社1972年版,第693页。
④ [苏]列宁:《列宁选集》第16卷,人民出版社1959年版,第439页。
⑤ 徐勇:《"再识农户"与社会化小农》,《华中师范大学学报》2006年第3期。
⑥ [美]马若孟:《中国农民经济》,江苏人民出版社1999年版,第293—294页。
⑦ 秦晖、苏文:《田园诗与狂想曲》,中央编译局出版社1996年版,第53页。
⑧ 邓大才:《小农政治:社会化小农与乡村治理——小农社会化对乡村治理的冲击与治理转型》,中国社会科学出版社2013年版,第49页。

因其是平铺的、散漫的，因此也是无组织，不凝固的"。①

在我国，小农所有其本质是小农家庭所有，"中国家庭是自成一体的小天地，政治经济单位主体是家庭而不是个人，家庭才是当地政治生活中负责的成分。"② 而村庄中的士绅地主一方面依靠身份和科举功名获得声望、土地，瞿同祖认为许多士绅像《儒林外史》所述，在取得士绅身份后才获得土地；③ 另一方面他们又具有通过自身有效经营或通过高利贷、典当、甚至谋骗等方式巧取豪夺成为大地主的可能。村庄的士绅地主因为与官僚集团的密切关系及自身声望、学识等因素而享有治理乡村的权力。"士绅与官吏属于同一个集团"，"尽管有正式权力和非正式权力的差别，实际上就是同一个集团在控制社会。"④ 在我国传统社会，"皇权不下县"，乡土社会与国家上下分离，分别按照各自的逻辑运行。在乡村地区，士绅主导乡村治理，控制地方社会。⑤⑥ 由于村庄的闭塞性和内向集聚性，"士绅、头人是乡村社会的'小主权者'，是农民和政府的缓冲阶层、中间人，他们既是村庄实际控制者、组织者，也是乡村社会与国家的沟通者和隔离者"。⑦ 在乡村社会中，士绅拥有非正式权力，他们既能够影响农民，又能够影响地方政府，除非发生叛乱或危机，士绅在村庄的领导地位和权力从未受到过挑战。⑧ 所以传统乡土社会通过"皇帝—官僚—县"和"乡村—士绅—县"的"双轨政治"进行治理，⑨ 乡村士绅利用他们"上下

---

① 钱穆：《中国历代政治得失》，台湾东大图书股份有限公司1990年版，第159页。
② ［美］费正清：《美国与中国》，世界知识出版社2003年版，第22页。
③ 瞿同祖：《清代地方政府》，法律出版社2003年版，第285页。
④ 同上书，第258页。
⑤ 费孝通：《乡土中国》，上海人民出版社2008年版，第155页。
⑥ 张仲礼：《中国绅士研究》，上海人民出版社2008年版，第57页。
⑦ 徐勇：《"政权"下乡：现代国家对乡土社会的整合》，《贵州社会科学》2007年第11期。
⑧ 瞿同祖：《清代地方研究》，法律出版社2003年版，第282—283页。
⑨ 费孝通：《乡土中国》，上海人民出版社2007年版，第275页。

联动"的特殊身份一方面尽量满足官府提取赋税和劳役等资源的要求,另一方面又保护乡民免受专制政权过度压榨,从而在皇权和乡民之间达成某种平衡,由此使得传统乡村社会呈现一种超稳态结构。① 晚清民国时期,随着西方列强的入侵和国内地方军阀混战,多如牛毛的苛捐杂税以及官员贪腐给乡村社会带来沉重负担,乡村"以德服人"式的乡绅耆老转变为以暴力和强权为基础的地方恶势力,这些恶势力团伙一旦形成就又与官府及宗族势力相互勾结,巧取豪夺,横行乡里,原来相对均衡的超稳态结构逐渐解体。②

3. 产权"宗族"所有与乡村治理

在宗族产权与血缘关系上,费孝通认为宗族产权以血缘伦理关系为基础。③ 方钦认为宗族产权在封闭血缘关系中的分配,主要依赖个体在宗族中的伦理身份和伦理权威。④ 梁漱溟认为传统"伦理本位"时期"财产殆属伦理所共有";⑤ 日本学者滋贺秀三提出"同居共财"概念,家族内部并非按份共有而是共同共有宗族财产,成员之间并无明显界限,宗族财产一般由家族中有阅历的老年男性按照族规予以管理分配。徐勇提出与西方"天赋人权"相对应的"祖赋人权"概念,他认为基于共同祖先的子孙后代共同享有宗族财富,所以宗族内部共财的乡村治理与"士绅地主—农民"意义上的乡村治理存在本质差别。桂华、林辉煌从祖业观念出发,认为我国传统乡土社会存在大量的家业产权。

产权宗族所有决定宗族村庄内部治理格局,在财产共有以及血缘秩序基础上形成的长老、族长、头人等内部权威,凭借其他宗族成员的虔敬、认同和服从,享有支配和统领宗族成员人身权和财产

---

① 金观涛、刘青峰:《兴盛与危机——论中国社会的超稳定结构》,法律出版社2010年版,第193页。

② 黄宗智:《华北小农经济与社会变迁》,中华书局出版社2000年版,第300页。

③ 费孝通:《江村经济》,上海世纪出版集团2007年版,第28—29页。

④ 方钦:《传统中国社会财产权利的性质——以清代闽北土地买卖文书为例》,《南方经济》2016年第103期。

⑤ 梁漱溟:《梁漱溟选集》,吉林人民出版社2005年版,第185—187期。

权，管理宗族内部公共事务的权威。① 秦晖将其概括为："国权不下县，县下惟宗族，宗族皆自治，自治靠伦理，伦理造乡绅。"② 杜赞奇认为，"中国南方宗族的共同财产及超村级联系成为乡村政治及冲突的根源，它不仅沟通向上浮动的渠道，而且保护同族弱者，并具有北方宗族所缺乏的共同意识"。③ 弗里德曼在考察中国南方村庄的基础上指出，"宗族的政治力量是由一批年长和有影响力的男人组成，而这些有影响力的房内长老往往也就是地方士绅，因此，在宗族内部形成了长老统治和士绅治理，宗族治理的本质上仍然是拥有经济地位的地主士绅主导的治理"。④ 费孝通先生将这一形态下的农村特征高度概括为"国家—士绅—农民"的三层结构，村庄长老通过"同意权力""横暴权力"和"教化权力"来维持宗族和村落的社会秩序。⑤ 根据乡村士绅主要为谋取私利还是保护乡村利益，杜赞奇将其区分为营利型经纪和保护型经纪⑥，而且不同类型经纪人治理下的乡村社会差异较大。

4. 产权"集体"所有与乡村治理

与宗族产权建立在血缘伦理基础上不同，社区产权以地域为依据，费孝通认为社区边界构成土地权属的限制性力量。⑦ 臧得顺提出"关系地权"概念，社区产权虽然不依赖于血缘，但与一定地域范围内成员的社会资本、乡规民约、"小传统"等地方性知识有

---

① ［德］马克斯·韦伯：《经济与社会》（上卷），林荣远译，商务印书馆1997年版，第400页。
② 秦晖：《传统中华帝国的乡村基层控制：汉唐间的乡村组织》，商务印书馆2003年版，第3页。
③ ［美］杜赞奇：《文化、权力与国家：1900—1942年的华北农村》，王福明译，江苏人民出版社2010年版，第64页。
④ ［美］弗里德曼：《中国东南的宗族组织》，刘晓春译，上海人民出版社2000年版，第146页。
⑤ 费孝通：《乡土中国》，北京大学出版社1998年版，第27页。
⑥ ［美］杜赞奇：《文化、权力与国家：1900—1942年的华北农村》，王福明译，江苏人民出版社2010年版，第64页。
⑦ 费孝通：《江村经济》，上海世纪出版集团2007年版，第28—29页。

很大关联,"人—人"关系是"人—地"关系的核心和本质。① 张佩国也认为村落共同体意识对地权有较强制约力。②

1949年以来,为支持国家工业化建设,政府借助自身的政治权威,颁布一系列政策法规,实现对农民财富从私人性质到集体性质的强制转换和高度控制,在乡村地区形成高度封闭、一大二公的集体产权体系,对农民的生产经营、自由流动、财产劳动等进行严格管控,实现村庄政治、经济、社会高度合一的人民公社体制。大队内部忽视社员个体权利,强调干部与社员之间的支配与服从关系。③ 周其仁认为我国所谓集体经济并不是社区范围之内农户权利合作关系,而是国家控制农村经济权利的一种形式。④ 随着农村集体产权结构和社会结构的转换,权威内生的村庄精英被代表外在行政权威的社队干部所取代。⑤ 人民公社时期政府一方面利用村社内部通过"村议"舆论而形成的社会压力等非正式资源,一方面掌控自上而下对生产大队下达行政指令、生产计划以及统购统销任务的体制性资源,并通过赋予社队干部采用"批斗手段"构筑与社员之间刚性的"支配—服从"关系。⑥ 改革开放以来,随着人民公社解体和家庭联产承包责任制改革的推行,林毅夫认为这一产权制度改革的本质在于推动所有权和经营权的分离,村集体享有所有权,但村民享有不可剥夺的土地承包经营权。⑦ 多劳多得的经济效

---

① 臧得顺:《臧村"关系地权"的实践逻辑:一个地权研究分析框架的建构》,《社会学研究》2012年第1期。

② 张佩国:《近代江南的村籍与地权》,《文史哲》2002年第3期。

③ 李增元、李洪强:《封闭集体产权到开放集体产权:治理现代化中的农民自由及权利保障》,《南京农业大学学报》(社会科学版)2016年第2期。

④ 周其仁:《中国农村改革:国家和所有权关系的变化》(上),《管理世界》1995年第3期。

⑤ 周飞舟:《从汲取性政权到"悬浮型"政权——税费改革对国家与农民关系之影响》,《社会学研究》2006年第3期。

⑥ 杨晓民、周翼虎:《中国单位制度》,中国经济出版社2000年版,第59—71期。

⑦ 林毅夫:《制度、技术与中国农业发展》,生活·读书·新知三联书店1994年版,第50页。

益激励取代了以阶级斗争为手段的政治动员,但在土地革命和人民公社时期被强力消解的传统权威和宗族权威无力填补国家力量后撤后留下的"治理空间","乡政村治"治理体制应运而生。村庄中在宗族强弱、体制身份、经济、声望等方面占有优势的村庄精英迅速取代人民公社时期遗留下来的基层干部[1],农村社区精英广泛参与新产权制度的形成过程,并通过沟通和讨价还价与国家之间达成互利的交易。[2] 随着国家改革的深入和市场经济的发展,村庄新权力主体在监管软约束下出现了权力的非制度化运作,农户间利益分化,导致利益诉求也日益多元化;[3] 乡村拜金主义和道德虚无观盛行,"对乡村社会冲击最大的莫过于金钱主义不断地侵蚀着道德主义",乡村的"义务本位"和集体主义观念迅速被"权利本位"和私权观念取代,思想上的消极变化严重冲击人们集体主义精神和传统道德伦理观,管理的混乱、经济的分化带来的乡村失序给农村改革发展稳定带来巨大挑战,但逐步丧失权威的乡村干部无力应对村庄内部的经济性矛盾和伦理性矛盾,政府借助"严打"和"法律下乡"及其背后的惩罚机制强力介入并试图扭转村庄社会衰败混乱的困境。[4] 这一时期的乡村基层政治生态总体呈现出传统与现代、非正式与正式、感性与理性、礼俗与法治的多元秩序交叉状态。[5] 在国家税费改革后,基层政府治理所需资源和运行经费"从农村强行收取"变为"依靠上级转移支付",由此基层政府对乡村的行为模式也发生改变,"从汲取与服务相互牵制"变化为"松散

---

[1] 李祖佩、曹晋:《精英俘获与基层治理:基于我国中部某村的实证考察》,《探索》2012 年第 5 期。

[2] 周其仁:《中国农村改革:国家和所有权关系的变化》(上),《管理世界》1995 年第 3 期。

[3] 闫小沛:《村级权力运行下的公共资源治理之道——以豫南 X 村为个案》,硕士学位论文,华中师范大学,2014 年,第 5 页。

[4] 张丽琴:《从国家主导到草根需求:对"法律下乡"两种模式的分析》,《河北法学》2013 年第 2 期。

[5] 马华、王红卓:《从礼俗到法治:基层政治生态运行的秩序变迁》,《求实》2018 年第 1 期。

的悬浮型"。① 国家通过"工业反哺农业""城市支援农村"不断加大对"三农"的支援和投入,乡村政治也从"动员型民主"向"分配型民主"转变。② 乡村社会由分配责任与义务的政治向分配权利的政治转变,之前被乡村主导力量所压制的边缘力量崛起。③ 乡村集体产权制度的改革与变革,正在重新构建农民与集体、政府之间的权利关系,也将对乡村社区组织和权力结构发挥着重要影响。集体产权制度的每一次变革都体现着国家向基层社会下放权力,赋予乡村社会及农民更多的自主性和权利空间。④ 围绕着以农村土地制度为核心的集体产权结构及其治理,对农民生活及社会政治经济结构具有决定性的影响。⑤ 国家乡村产权制度安排都是为了矫正上一个时期的治理弊端和问题,但迄今为止尚未找到有效的国家乡村治理结构与秩序⑥。

5. 产权股份化与乡村治理

农村改革放权和国家"反哺战略"下的外在投入推动了乡村快速发展,但不同区位和资源禀赋的农村发展速度并不均衡,一些沿海发达地区和城郊接合部的农村在集体经济规模,成员身份和组织方式出现了与普通村庄较为不同的景观⑦,这些乡村地区高额的

---

① 周飞舟:《从汲取性政权到"悬浮型"政权——税费改革对国家与农民关系之影响》,《社会学研究》2006 年第 3 期。

② 贺雪峰、何包钢:《民主化村级治理的两种类型——村集体经济状况对村民自治的影响》,《中国农村观察》2002 年第 6 期。

③ 贺雪峰:《乡村的去政治化及其后果——关于取消农业税费后国家与农民关系的一个初步讨论》,《哈尔滨工业大学学报》(社会科学版)2012 年第 1 期。

④ 袁方成:《治理集体产权:农村社区建设中的政府与农民》,《华中师范大学学报》(人文社会科学版)2013 年第 2 期。

⑤ 李增元、李洪强:《封闭集体产权到开放集体产权——治理现代化中的农民自由及权利保障》,《南京农业大学学报》(社会科学版)2016 年第 2 期。

⑥ 刘守英、熊雪峰:《中国乡村治理制度与秩序演变——一个国家治理视角的回顾与评论》,《农业经济问题》2018 年。

⑦ 宋洪远、高强:《农村集体产权制度改革轨迹及其困境摆脱》,《改革》2015 年第 2 期。

集体资产与集体产权"模糊性"①之间的张力不断凸显，村干部与村民对集体利益的争夺，以及失地农民、本村村民与其他外来务工者在分享集体利益上分歧与博弈，给村庄干群关系、社会秩序及后续发展都带来了巨大挑战②，在此背景下，一些南方沿海地区乡村将全部集体资产折股量化到村民个体，并按照股份合作制的原则，将村民对集体资产的共同共有转换为按份共有③④⑤。股份化后的集体财产收益不再基于村庄成员身份，而是基于股权契约。村民个人及家庭不再享有土地承包权，而村集体则通过公司化和法人治理机构运作集体资产⑥；农村集体产权通过"市场化变革"与"股份化改革"，逐步实现了"资源变资产，资金变股金，村民变股东"的改革目标。不同地区乡村根据发展水平和现实基础的不同，出现了多种集体资产股权化的类型，贺雪峰将其归纳为"南海模式""苏南模式"以及"温州模式"，其中"南海模式"采取股份合作社方式，"苏南模式"采取"返租倒包"的方式，而"温州模式"则采取集体资产入股私营企业的方式⑦。折晓叶认为集体资产股权化改革及其村民权益保护的市场性合约作用较为有限，还必须依靠村社内部的社会性合约处理和解决内部的合作问题和矛盾冲

---

① 李稻葵:《转型经济中模糊产权理论》,《经济研究》1995年第4期。
② 应瑞瑶、沈亚芳:《苏南地区农村社区股份合作制改革探析》,《现代经济探讨》2004年第2期。
③ 温铁军:《三农问题与世纪反思》,生活·读书·新知三联书店2005年版,第341页。
④ 方志权:《关于农村集体产权制度改革若干问题的思考》,《毛泽东邓小平理论研究》2014年第11期。
⑤ 张晓山:《关于农村集体产权制度改革的几个理论与政策问题》,《中国农村经济》2015年第2期。
⑥ 舒泰峰、尹冀鳗、黎诚:《村治之变:中国基层治理南海启示》,北京大学出版社2014年版,第207—215页。
⑦ 贺雪峰:《农村集体产权制度改革与乌坎事件的教训》,《行政论坛》2017年第3期。

突①。曲福田、田光明认为集体产权股份化改革最为重要的意义在于打破了村庄的封闭性，本村人口和外来人口可以较低成本自由流入与流出。②郑凤田、程郁和阮荣平认为股份化改革将会重新调整村社区、村干部、集体资产经营者及村民股东之间的关系，形成新的公司型村庄。③随着集体资产股权化和政经分离改革的深入，不再掌控集体资产的两委主职干部将从"决策人"转化为"召集人"，从"运动员"转化为"裁判员"，这一方面可能推进乡村包容、合作、多元的村庄治理体系④，但另一方面也可能因为集体资产法人治理结构和村庄公共事务决策机制的不一致，导致村集体内部矛盾分化与权力斗争。⑤邓伟根，向德平认为集体资产的股份化改革有明显的积极意义，在固化村民集体资产收益的同时，改善了村民法治意识、市场意识和主体意识，但在村两委干部不能与集体经济组织交叉任职的地区，两委选举的吸引力有所下降，而集体经济组织负责人选举的吸引力则大为提高。⑥贺雪峰甚至认为股权固化、量化到人有可能在村集体内部产生一个与村支两委和基层政权渐行渐远，甚至相对抗的强大力量。⑦

6. 煤矿产权与乡村政治

在一些资源利益密集型农村，大量资源融入农村，各种获利机会涌现，为争夺新出现的密集利益，各方主体展开激烈的利益博

---

① 折晓叶、陈婴婴：《产权怎样界定——一份集体产权私化的社会文本》，《社会学研究》2005年第4期。
② 曲福田、田光明：《城乡统筹与农村集体土地产权制度改革》，《管理世界》2011年第6期。
③ 郑凤田、程郁、阮荣平：《从"村庄型公司"到"公司型村庄"：后乡镇企业时代的村企边界及其效率分析》，《中国农村观察》2011年第6期。
④ 陈亚辉：《政经分离与农村基层治理转型研究》，《求实》2016年第5期。
⑤ 赖少英：《我国集体所有制产权制度变革研究》，博士论文，厦门大学，2001年，第10页。
⑥ 邓伟根、向德平：《捍卫基层——南海"政经分离"体制下的村居自治》，华中科技大学出版社，第138—150页。
⑦ 贺雪峰：《农村集体产权制度改革与乌坎事件的教训》，《行政论坛》2017年第3期。

弈，从而出现与一般农村地区极不相同甚至刚好相反的治理景观①。作为中华人民共和国成立以来最为重要的战略资源，煤炭一直被称为"工业的粮食"，随着我国工业化、城镇化的快速发展，煤炭创造了巨大的财富。在资源型农村，村域范围内开办的各类煤矿成为村集体经济的支柱，并与村民的就业、收入等高度关联。改革开放以来，我国煤矿产权先后经历了多次改革，每一次改革都在资源管理和收益分配、权力运作、生态环境等方面引发了诸多问题，而且新旧矛盾纠缠、连接、聚合并不断激化，严重影响资源型地区的稳定与发展②。

董江爱教授的学术团队近年来对煤矿产权与乡村政治的关系进行了卓有成效的研究。她以中华人民共和国成立以来 60 多年煤矿产权变化为基础，将不同产权背景下的村矿关系从总体上划分为四类，分别是国家垄断与村矿合作，"有水快流"与村矿一体，无偿转让与村矿疏远，有偿使用后的村矿冲突。通过不同时段村矿关系的对比分析，她认为煤矿产权不科学和不合理的利益分配格局是导致资源型农村治理失序的重要原因③，而产权不合理主要表现在煤矿企业为获取高额利润长期掠夺性开采而不承担负外部性成本，这是引发村矿矛盾的根源之一④。煤矿产权不科学导致煤炭行业官商共谋攫取高额煤炭收益，煤老板、官员和村庄村民利益分配的不合理又导致资源型农村"资源诅咒"⑤。在进行类型化研究中，董江爱认为国有煤矿对矿区乡村的补偿从改革开放前的重安置轻补偿，

---

① 贺雪峰：《论利益密集型农村地区的治理》，《政治学研究》2011 年第 12 期。
② 董江爱、徐超卫：《基于煤矿资源的利益博弈与策略选择》，《中国行政管理》2015 年第 2 期。
③ 董江爱、李利宏：《资源型农村的治理困境及出路分析——以山西省为例》，《中国行政管理》2013 年第 1 期。
④ 董江爱、霍小霞：《矿权与乡村治理》，《社会主义研究》2012 年第 4 期。
⑤ 董江爱：《煤矿产权制度改革与资源型农村治理研究》，中国社会学术出版社 2016 年第 10 期。

到改革开放后转变为重补偿轻安置①；李利宏、董江爱通过个案分析认为由于国有煤矿内部管理松散混乱，煤矿领导与主要村干部合谋侵吞国有煤矿和村集体的利益，而由此又引发一系列不良政治社会后果②。在对集体煤矿下的乡村政治研究中，董江爱认为由于村民自治制度在资源型农村没有得到全面规范的执行，"导致村民自治异化为村干部自治"③，谁拥有村庄公共权力，谁就控制村集体公共资源的占有、使用和分配，所以资源型村庄的政治就是围绕"上台"而进行的权力争夺和权力运作。④ 要想保护集体煤矿下村民集体收益分享，必须通过健全民主制度和培养"保护型"村治精英相结合⑤。在私有煤矿体制下，董江爱认为私有煤矿及其煤老板与矿区农村的社会关联性较低，其结果很可能带来矿区乡村衰败、村庄内部贫富差距拉大和普通村民普遍贫困的不良后果，最终导致村矿矛盾无法调解和黑恶势力的介入⑥。而李利宏在此基础上综合比较了国有煤矿、集体煤矿和私有煤矿下的村矿关系，她认为煤矿产权结构并不与村庄治理优劣直接相关，而是通过产权主体、经营者价值偏好和村民对村庄公共事务的参与程度等中介变量产生作用，她认为集体煤矿因为具有利益清晰度适中、特殊的村庄内部关联和社会资本而更有利于资源型村庄的发展⑦。董江爱进一步分

---

① 董江爱：《煤矿产权制度改革与资源型农村治理研究》，中国社会学术出版社 2016 年第 10 期。

② 李利宏、董江爱：《村矿合谋：理论基础、形成原因及其社会政治后果——基于煤矿国有产权控制和影响下的村庄个案研究》，《中国农村研究》2014 年。

③ 董江爱、张毅：《集体产权与制度治理——农村集体资产资源的治理之道》，《山西大学学报》（哲学社会科学版）2016 年第 1 期。

④ 董江爱、王铁梅：《煤矿产权与农村政治——基于煤矿资源的农村公共权力运作分析》，《政治学研究》2011 年第 6 期。

⑤ 李利宏、董江爱：《煤矿集体产权下的村庄精英治理——基于山西 X 村的个案研究》，山西大学学报（哲学社会科学版）2012 年第 9 期。

⑥ 董江爱：《煤矿产权制度改革与资源型农村治理研究》，中国社会学术出版社 2016 年版，第 199 页。

⑦ 李利宏：《煤矿产权结构与资源型村庄治理：影响因素与运行模式》，《中国行政管理》2015 年第 8 期。

析认为，煤矿产权不科学、不合理"激励"了各级政府之间，政府与煤矿之间，煤矿、村集体、村干部与村民相互之间的利益博弈，而煤矿通过与掌权者的勾结侵害矿区乡村环境和村集体利益，最终导致资源型农村环境污染、贫富分化、社会冲突等不良后果。由此，煤矿产权制度不科学带来中央与地方政府之间，政府与煤企之间、煤企相互之间的利益博弈，造成官商勾结的恶劣政治生态和煤矿掠夺性开采的不当行为，导致资源型地区陷入难以自拔的治理困境，因此必须通过产权改革为煤矿开采负外部成本内部化提供保障与动力。产权与政治生态相互影响、互为条件，产权是形塑资源型地区政治生态的核心要素和关键变量，而政治生态反过来也影响产权变迁及功能实现①。

围绕产权和资源型农村治理问题，唐贤兴从矿产资源的国有属性出发，通过建立国家和政府的联结机制，推动煤矿产权与国家民主政治发展有利于乡村的善治②。而张丙乾、李小云、叶敬忠立足于从资源型地区乡村权力关系，提出了资源型农村资源开发的"权力经济网络"③；冯耀明分析了资源型地区"富人治村"现象的积极作用与消极作用④；于立对村庄因资源开发带来贫富差距，因贫富差距引起社会不稳定状态进行了深入剖析。⑤

（三）政治生态研究

政治生态这一概念来源于西方，主要是借助生态学理论和思维方式来模拟建构政治学理论体系，是开展政治学研究的一个新视域，它丰富了政治学研究的手段与方法。受《寂静的春天》《增长

---

① 董江爱、刘铁军：《产权视角的资源型地区政治生态问题研究——一个"资源——政治"分析框架的构建》，《经济社会体制比较》2016年第3期。
② 唐贤兴：《产权、国家与民主》，复旦大学出版社2002年版，第14页。
③ 张丙乾、李小云、叶敬忠：《基于矿产资源开发的农村社区权力运作探析》，《社会科学辑刊》2007年第5期。
④ 冯耀明：《浅谈资源型地区"富人当政"》，《理论探索》2008年第1期。
⑤ 于立等：《资源型贫富差距与社会稳定》，《财经问题研究》2007年第10期。

的极限》等著作和研究报告的影响，哈佛大学高斯教授借用生态学中生命个体与周围环境关系相互作用的理论和研究方法，来研究行政行为与外部环境的关系，并相继发表了《美国社会与公共行政》《政府生态学》和《公共行政学的思考》等有开创性意义的作品，他的突出理论贡献在于认识到研究公共行政行为不能仅仅局限于其本身，必须寻找公共行政系统之外的自然环境、文化等要素的影响[1]。受高斯研究的启发，里格斯区分了农业行政形态、过渡形态和工业行政形态三种行政生态，借用自然光折射现象中的三种模型：溶合的模型、棱柱的模型和衍射的模型来解释外在环境与行政系统的相互作用和变化机理。在进一步的研究中，他通过比较美国与泰国、菲律宾等东南亚国家公共行政与社会结构、经济结构和历史文化变迁的关系，更深入地认识到外部的社会、经济背景、文化历史变迁如何影响一定地区公共行政的特殊性，以及公共行政系统如何调适以应对外部多元环境的挑战[2]。

20世纪80年代以来，王沪宁、王邦佐等学者最早将西方政治生态理论和研究方法引入我国。王沪宁在1989年出版了《行政生态分析》，该书通过模拟生态学中生命个体与外部环境的相互关系来分析我国行政系统与社会圈之间的相互作用、相互影响与相互形塑[3]。在王邦佐、李惠康共同编著的《西方政党制度的社会生态分析》《中国政党制度的社会生态分析》等著作中，通过比较影响中西方政党制度的不同社会环境，开启了通过外在社会因素来探究政党制度变化发展的新尝试，开辟了政党制度研究的新领域[4]。刘京希在政治生态方面进行了长期、系统而且卓有成效的研究，取得了大量研究成果。他对政治生态的内涵外延进行了界定，并区分了政

---

[1] 刘京希：《政治生态论——政治发展的生态学考察》，山东大学出版社2006年版，第1—8页。
[2] 黄爱宝：《行政生态学与生态行政学：内涵比较分析》，《学海》2005年第3期。
[3] 王沪宁：《行政生态分析》，复旦大学出版社1989年版，第28页。
[4] 王邦佐等：《中国政党制度的社会生态分析》，上海人民出版社2001年版。

治外生态和政治内生态的边界，认为政治内生态产生于政治系统、政治结构本身，而政治外生态则是指政治系统与自然环境、社会互动的变迁过程①。在后续的研究中，刘京希进一步扩展了他的理论和分类，认为政治生态理论应该分为三个层次，分别是政治体系内生态，政治体系与社会环境的生态与反生态，政治体系通过社会环境与自然环境间的生态与反生态②。同时他也从宏观层面分析当前我国政治生态的现状及其成因，认为改革开放以来的物质条件改善，外来思想的冲击以及新时期利益格局的多元分化、社会成分的复杂化所带来的挑战是形成当前政治生态的主要成因③。而桑玉成认为政治生态仅包括刘京希所指的政治外生态，"作为整体的政治生态环境包括国家的领土及幅员、地理气候等自然条件、经济制度及经济发展水平、历史传统和文化因素以及国际环境④"。夏美武也强调政治外部生态包括经济生态、文化生态、社会生态、法律生态等，政治生态的治理要以其微观自系统的激浊扬清与外部生态环境的更新优化，来达到内外生态系统的良性互动⑤。一些学者从历史视角研究我国古代政治生态，探讨我国传统吏治，古代政治制度建设，官员道德精神等问题。齐惠认为明清时期的官员选拔、管理和裁撤制度对营造当时政治生态发挥了较大作用；白杨分析了诸葛亮在蜀汉的具体政治实践对蜀国政治生态演变的重要作用；展龙以元明时期的士大夫为对象，认为士大夫的个人道德情操等品行对构建良好政治生态的作用。朱小玲则分析我党在抗日战争时期面临复杂政治环境和恶劣政治生态，通过规范党内关系，整合政治资源和

---

① 刘京希：《生态政治新论》，《政治学研究》1997年第4期。
② 刘京希：《政治生态论——政治发展的生态学考察》，山东大学出版社2007年版，第4页。
③ 刘京希：《从政治生态视阈看加强和改进党的建设》，《当代世界社会主义问题》2002年第1期。
④ 桑玉成：《政治发展中的政治生态问题》，《学术月刊》2012年第8期。
⑤ 夏美武：《当代中国政治生态建设研究》，博士学位论文，苏州大学，2014年，第21页。

政治力量，扩大了党的政治基础，改善了党在特殊时代的政治环境①。随着政治生态学研究的进一步深入与分化，研究者不仅仅局限于政治生态基本理论等"形而上"问题的探讨，开始利用政治生态理论和方式分析不同区域、不同层次甚至不同行业的政治现象。一些关注基层治理的学者开始尝试借助政治生态理论方法研究农村和农民问题，如徐勇认为1949年以来乡村政治生态的变化是国家通过强有力的中央权威自上而下（如政权下乡、政党下乡、行政下乡、政策下乡和法律下乡等）建构和形塑的结果。但赵树理认为虽然农村建设发展水平不断提升，但仍处于"强发展、弱治理"的阶段，蕴含着系统性风险和政治危机②；郑永年甚至认为一些农村地区陷入"无政府状态""乡村干部把村民视为权和钱的奴隶，一些村民也被迫沦为权和钱的奴隶。"③ 贺雪峰认为当前农村权力的合法性基础不是文化网络或组织网络，而是利益网络④，在治理无力甚至无效的背景下，乡村干部遵循着"不出事逻辑⑤"。乡村社会维稳工作越来越陷入"成本递增收益递减"的"维稳怪圈⑥"，因为维稳不是依据明确而稳定的制度安排来解决，而是依靠一次次的非理性博弈。⑦ 董江爱、张嘉凌从基层党组织建设的视角分析乡村政治生态形成与优化，她们认为农村地区政治生态恶化主要是由于基层党组织软弱涣散，以及由此导致的村选乱象丛生，村民自治异化，村干部腐败猖獗，农村不稳定因素增加，所以通过

---

① 朱小玲：《抗战时期共产党政治治理的更张与政治生态的改善》，《江苏社会科学》2010年第4期。

② 赵树凯：《基层政府：体制性冲突与治理危机》，《学术前沿》2014年第5期。

③ 郑永年：《基层社会的政治生态气人堪忧同舟共进》，2009年第7期。

④ 贺雪峰：《论村级权力的利益网络》，《社会科学辑刊》2001年第4期。

⑤ 贺雪峰、刘岳、龚春霞、陈柏峰、郭俊霞：《乡村基层社会治理的治理与治理》，《学术研究》2010年第6期。

⑥ 金太军、赵军锋：《基层政府"维稳怪圈"——现状、成因与对策》，《政治学研究》2012年第4期。

⑦ 陈发桂：《基层维稳运行的路径选择——基于运行机制的制度性缺陷》，《福建行政学院学报》2010年第4期。

加强基层党组织建设优化政治生态能起到提纲挈领、事半功倍的积极作用。① 在对我国传统乡村政治生态的研究中，杜赞奇认为国家权力通过庙会、宗教、神话及象征性资源渗入乡村社会，由此遭遇乡村社会"权力文化网络"的抵制②，而董江爱认为传统基层社会政治生态的形成是官府对基层地方利益空间持续压缩，导致官绅民之间的非均衡利益博弈的结果，传统乡村政治生态呈现"利益博弈网络③"的格局。

十八大以来，政治生态研究成为学术界的热点问题，相关研究主要关注公权力异化导致的腐败、不良工作作风以及不良社会风气等问题，黄明哲将其全面总结为官场的系统性、塌方式腐败以及一些地区与部门较为普遍的山头主义、庸俗之风、媚俗之风、吹拍之风、虚假之风、拖拉扯皮之风、奢侈之风以及潜规则大行其道。④ 牛君等学者认为这些问题的根源在于"公共权力异化"后，权力运行的生态系统平衡被打破，引发公权力运行机制的系统性紊乱而呈现出生态变异现象。⑤

对于如何改善政治生态，一些学者也进行了探讨。张学娟，曹景文认为文化要素是政治生态要素最重要的软实力，政治文化是否健康是政治生态优化的关键环节之一。⑥ 蔡青荣认为"法治本身就是政治生态，是一种良好的政治生态。"⑦ 王长江提出"民主是良好

---

① 董江爱、张嘉凌：《基层党建视阈下的农村政治生态优化研究》，《长白学刊》2016年第6期。

② 杜赞奇：《文化、权力与国家：1900—1942年的华北农村》，江苏人民出版社2010年版，第2页。

③ 董江爱：《清代基层政治生态的变迁逻辑及启示——基于官、绅、民利益博弈的视角》，《社会科学辑刊》2018年第3期。

④ 黄明哲：《论地方政治生态环境的治理与优化》，《学习与实践》2011年第1期。

⑤ 牛君、季正聚：《试析政治生态治理与重构的路径》，《中共中央党校学报》2015年第4期。

⑥ 张学娟、曹景文：《国内政治生态的优化与困境——一个研究综述》，《求实》2017年第1期。

⑦ 蔡青荣：《法治：一种良好政治生态》，《河北学刊》2009年第5期。

政治生态的要件，建设良好的政治生态，归根结底要靠发展民主①"。政治生态的治理必须用领导干部这一"关键少数"引领"最大多数"，通过加强权力制衡，集体领导决策等方面净化政治生态②。政治生态建设的核心要素是区域人文精神，工作重心是狠抓党风政风，关键环节是优化用人导向，根本保障是加强制度监管③。任维德和乔德中认为需要规范中央与地方各级政府间纵向与横向关系以及政府、社会、市场的关系来构建良好政治生态。④

上述研究无疑具有重大启发性，这些理论成果对于深入认识产权与政治的关联，如何运用政治生态理论分析当前政治社会现象奠定了坚实的理论基础和可资借鉴的研究方法。但也存在一些不足之处，一些领域和内容还需要进一步深化和拓展，其一，以整体判断遮蔽多样事实。对产权与政治的相关研究过于关注产权与政治整体宏观关系的总体判断，将产权化约为公私所有权，将政治化约为国家、自由、宪政等宏观抽象概念，并以此为基础讨论产权对国家（性质）形态的决定作用，国家（性质）形态对产权的反作用（保护或者侵害），只是在价值层面进行推论而无法证实或者证伪，缺乏从实践多样性层面探寻产权构成要素与政治构成要素之间的相互作用。在产权、煤矿产权与乡村政治研究中，大多关注不同产权性质下呈现的政治实践与政治社会关系，而较少从乡村政治如何影响乡村产权变化的视角进行深入研究。其二，只将产权作为整体变量，宽泛探讨其对乡村治理的影响。产权是一束权利，其内部包含众多子权利，不同的产权子系统及其配置方式对乡村权力结构、利益分配以及社会治理都产生重要影响，所以，需要超越整体产权视

---

① 王长江:《民主是良好政治生态的要件》,《探索与争鸣》2015 年第 6 期。
② 牛君、季正聚:《试析政治生态治理与重构的路径》,《中共中央党校学报》2015 年第 4 期。
③ 周铁根:《加强县域政治生态建设的思路》,《领导科学》2011 年第 6 期（上）。
④ 任维德、乔德中:《当代中国区域治理的政治生态分析》,《内蒙古社会科学分析》2010 年第 5 期。

角而深入产权束下的子权利结构来探讨其与乡村治理的相互作用。其三,一般化论述较多,缺少复杂的个案分析。就政治生态相关研究而言,由于这一概念本身的模糊性和抽象性使其使用过于宽泛,缺少对其核心要素变量的分解、界定和分析,对其内涵和外延还未达成广泛共识,容易陷入政治生态涵盖一切却又缺乏独特研究对象的窘境。对于政治生态这一宏大抽象问题的新研究,需要从局部着手,采取在可控可及范围内的深度个案研究和区域研究方法开展多样化研究,并以此作为总结概括不同区域、不同领域甚至不同行业特殊政治生态的要素变量及其相互作用的基础。

三 主要概念界定

(一) 产权与煤矿产权

对产权概念的界定,不同学科、领域对其认识和理解差异较大,从经济学的视角来看,产权是一系列用来确定每个人相对于稀缺资源使用时的经济关系,是他们个人对他们所拥有的劳动、物品和服务的排他性权利[①],经济学强调产权的权利属性、财富属性,只有产权明晰且得到有效保护,才能通过公平交易实现资源的合理配置。而社会学则强调产权是财产基础上的人与人之间的关系,"产权不是指人与物之间的关系,而是指由物的存在及关于它们的使用所引起的人们之间相互认可的行为关系。[②]"周雪光、臧得顺甚至在此基础上提出"关系产权""关系地权"等分析性概念。恩格斯在著作中将财产权等同于产权,财产权并非单一的所有权,而是包括所有权和占有权,而所有权和占有权的形成发展随着社会生

[①] [美]诺思:《制度、制度变迁与经济绩效》,上海三联书店1994年版,第45页。

[②] [美]罗纳德·科斯:《财产权利与制度变迁——产权学派与新制度学派译文集》,刘守英等译,上海人民出版社2014年版,第148页。

产关系和交换关系而发生变化①；马克思强调"私有财产的真正基础，即占有，是一个事实，是不可解释的事实，而不是权利，②"而且"暴力可以改变占用情况③"。从马克思、恩格斯的论述可以看出，他们较早认识到财产权（产权）是多种权利的集合，且所有权和占有权可以分离。巴泽尔在批判总结前人观点的基础上，提出了"权利束"理论，认为产权作为一个整体的权利束，包含所有权、占有权、使用权、承包权、经营权、收益权、转让权、处置权等一系列权利④。本文的产权概念首先强调主体与对象物之间的归属关系，即主体对稀缺性物的"一揽子权利⑤"，同时认为产权分割存在"纵向—横向"的差别，所谓产权纵向分割也就是产权束分割为所有权、占有权等不同子权利，纵向分割是产权属性的分割，所有权是核心权利，由其派生的其他权利都从属于所有权，如收益权、处分权从属于所有权；而产权横向分割则是所有权本身的分割，如合伙企业或者股份制企业，企业的所有权分属不同的合伙人或股东，他们在自身享有的所有权份额内，有权支配或控制由所有权派生的其他子权利。

煤矿产权是指国家、社会团体（集体）或个体与煤矿的所有权关系，它是指对一定范围或一定种类煤炭资源及其附属设施和配套工程所享有的占有、使用、收益及其处分等的权利总和，按照煤矿所有者主体性质和结构的不同可分为国有煤矿、集体煤矿、私营煤矿和股份制煤矿等不同种类。煤矿产权包括资源产权与附属设施产权两个部分，资源产权是煤矿产权中最为核心的组成部分。资源产权反映的不仅是主体与资源的归属关系，也是人们占有、使用某

---

① ［德］恩格斯：《反杜林论》，人民出版社 1999 年版，第 169 页。
② 《马克思恩格斯全集》第 3 卷，人民出版社 2002 年版，第 137 页。
③ ［德］恩格斯：《反杜林论》，人民出版社 1999 年版，第 169 页。
④ 李中秋：《巴泽尔产权界定的逻辑思路》，《河北经贸大学学报》2015 年第 5 期。
⑤ 唐贤兴：《产权、国家与民主》，复旦大学出版社 2002 年版，第 27 页。

种稀缺资源的规则以及由此建立的权、责、利关系。① 它是由探矿权、开采权等组成的一组"权利束",它包含了产权的一般特征:排他性、有限性、可交易性等。我国早在 1954 年宪法中就规定矿产资源归属于国家。国家(通过全国人大授权中央政府)是法律上矿产资源的唯一所有权主体。在 1982 年宪法中进一步明确矿藏、水流、森林、山岭、草原、荒地、滩涂等自然资源,都属于国家所有,即全民所有。为推动矿产资源的优化配置,实现矿产资源的经济社会效益,政府通过行政划拨、收取资源价款、资源税、资源补偿费、矿业权价款等方式将资源开采权让渡给企业或者个人。

(二) 资源型村庄

资源是"资财之源",或者说资源是创造人类财富的源泉,资源按其属性可分为自然资源和社会资源两类②。自然资源主要包括土地、林木、湖泊、矿藏等依靠自然力形成的实物,而社会资源主要包括风俗习惯、人文风光、古物建筑等形成的区域性文化资源。本研究所指的资源型村庄指村域范围属于矿藏(主要指煤炭)的可开采区,且在村庄地域范围内开办了资源型企业(主要指煤矿)的行政村。与以人文风光为依托的村庄或者因城镇化而带动土地增值的城郊村不同,资源开采必然给采区村庄带来水土流失、土地塌陷等负外部性,所以村矿关系成为影响村庄社区和谐稳定与否的关键要素。

(三) 政治生态

政治生态作为一个宏观抽象的概念,对其内涵外延的界定是一个逐步深入的过程。张友渔较早提出政治生态是把社会系统、自然

---

① [南] 平乔维奇:《产权经济学:一种关于比较经济体制的理论》,蒋琳琦译,北京经济科学出版社 2000 年版。

② 孙鸿烈:《中国资源科学百科全书》,中国大百科全书出版社 2000 年版,第 1 页。

环境、政治系统看成一个有机的整体，并运用生态学的理论方法研究社会政治现象及其环境关系的一种理论和方法①。这一定义强调了学界关于政治生态的两点共识：其一，政治生态研究是借鉴生态学的理论和观点；其二，外在环境与政治体系是一个有机整体，它们相互影响。但对于政治生态、外在环境（自然、经济、社会、文化等广义的环境）与政治系统的关系，特别是在政治生态是仅包括广义外在环境，还是既包括外在环境也包括政治系统本身还存在明显分歧。如杨根乔等认为，政治生态是一种社会政治状态，是相对自然生态、环境生态、经济秩序而言的②。桑玉成认为，政治的生态要素即政治生态环境因素，包括自然地理条件、物质生产方式与水平、文化习俗、社会传统、民族构成等。他们认为政治生态指包括政治系统以外的影响要素，而不包括政治系统本身③；与之相对，燕继荣则认为政治系统中的各种要素都包括在政治生态中，而且是政治生态的核心要素④。在刘京希看来，研究政治生态，实质上就是把政治活动看成一个生态系统，探讨政治系统之间、政治体系内部各要素之间以及政治系统与其他社会系统之间相互作用、相互影响、相互制约所形成的生态联动关系⑤。王习贤认为，政治生态是一种相互制约的整体状态，包括政治诸要素的逻辑关系、内在结构以及运作方式等⑥；而董江爱在整合不同学者关于政治生态的理论价值和方法论价值的基础上，提出政治生态是运用生态学的思维、逻辑和方法对政治现象进行观察和分析的一种新的研究视

---

① 张友渔：《中国大百科全书政治学》，中国大百科全书出版社1992年版，第327页。
② 杨根乔：《当代地方政治生态建设的状况、成因与对策》，《当代世界与社会主义》2012年第2期。
③ 桑玉成：《政治发展中的政治生态问题》，《学术月刊》2012年第8期。
④ 燕继荣：《政治生态是怎么被污染的》，《探索与争鸣》2015年第11期。
⑤ 刘京希：《政治生态论——政治发展的生态学考察》，山东大学出版社2006年版，第11页。
⑥ 王习贤：《浅析新型党内政治生态的构建与优化》，《湖湘论坛》2015年第6期。

角，探索的是政治系统内外部各要素之间相互联系、相互制约、相互影响的生态联动规律①。本文主要从"要素—主体—关系"的角度来把握政治生态这一抽象概念，认为政治生态既包括外在环境也涵盖政治系统本身，在此基础上考察外在环境的主体要素与政治系统的主体要素之间的相互关系与相互作用。

四 研究思路与研究内容

本书以一个典型的资源型村庄为研究对象，以实证调研为基础，在梳理案例村煤矿从创办到被整合的产权变革及其村矿关系变迁的基础上，紧紧围绕产权、利益分配、乡村治理与政治生态的互动关系，分析资源型地区各相关利益主体的行为逻辑，形成"产权—政治生态"和"产权—治权"关系的相关理论性认识。文章沿着产权与村庄治理、利益分配及其政治生态变化这一线索展开，以资源型村庄煤矿创设为研究起点，将不同煤炭产业政策背景下的村庄煤矿划分为三个阶段进行研究。首先，在"有水快流"政策下合股办矿与联合经营时期，村干部借助自身权威并通过股份激励的方式筹资开办煤矿，形成了宗族式股份制煤矿。为解决资金问题，村干部采取与其他企业联营的方式将宗族式股份制煤矿转为集体煤矿，并维护宗族股东的利益。村干部与联营企业争夺煤矿经营权导致村庄内部混乱，乡镇政府介入后造成煤矿利益分化和村庄权力结构变化。其次，在"煤矿改制"政策下承包经营时期，新的村庄权力主体通过出卖集体利益的方式将煤矿承包给外地煤老板。村集体只享有名义上的产权，而煤矿经营权以及资源开采权归属煤老板，村干部通过依附于煤老板共同攫取巨额利润，而村民的利益却得不到保障，且无法通过合理渠道维护自身利益，利益失衡导致村民激烈抗争，各方的争斗导致村庄治理失能与整体混乱。最后，

---

① 董江爱：《产权视角下的政治生态优化机理》，《山西日报》2016年10月11日。

在国家资源整合政策下的煤矿国有时期，村煤矿被国有煤矿整合，原来围绕煤矿的利益关系得到调整，各利益主体的权益也得到一定程度的保障，利益分配日益均衡，并形成了与村庄利益结构一致的权力结构，实现了村庄的经济转型和秩序重建。本文通过研究得出以下结论：第一，产权与治理的关系形塑资源型农村的政治生态；第二，利益失衡、权钱交易是资源型农村政治生态的突出表现；第三，产权与治权的良性互动是资源型农村有效治理的关键；第四，公共政策是形成产权与治权关系的外部诱因。同时，在乡村振兴背景下，村民自治的有效运转和农村集体产权改革中农民集体产权权益与民主权利的保障是资源型农村需要进一步关注的重要问题。

五 研究方法与个案概况

（一）研究方法

研究方法，是人们在科学研究中认识和把握研究对象的原则、步骤、程序、角度和格式，是人们主观达之于客观的基本方式和法则。① 在本研究中主要采用了田野调查法、个案研究法、文献研究法、历史分析法。

1. 田野调查法

田野调查是在某一时间段内，研究者实地深入研究对象的生产生活环境，通过参与观察和询问，去感受和感悟研究对象行为方式及其背后所蕴含的意义，以逐步达到对研究对象及其社会生活的理解。② 在选定研究对象之后，从2016年7月开始，笔者在导师的支持下通过两种渠道介入案例村。其一是官方渠道。通过该市某职能部门领导逐级介绍到调研乡镇和村庄，官方渠道的积极作用在于便于查看各类档案文书，访谈相关基层领导干部，生活上也能得到

---

① 王浦劬：《政治学基础》，北京大学出版社2006年版，第33页。
② 风笑天：《社会研究方法》，中国人民大学出版社2013年版，第64—65页。

较好的照顾,但官方渠道的不利之处在于基层领导"只让你知道他想让你知道的信息,只想让你见他想让你见的人",所获研究资料较为有限且十分片面;其二是村庄内部特定关系人渠道。笔者就读的学院有一位师弟是该县人,而他的一位亲戚刚好就住在案例村,通过师弟亲戚的引入而"驻地"调研。驻村调研一共分为四个阶段,每个阶段持续7—10天,第一阶段全面了解村庄历史变迁、地理环境、人口宗族、经济水平、文化风俗等内容,收集所有与该村相关的各种资料;回校"去粗取精、去伪存真"地整理鉴别资料,并发现与研究主题相关的内容线索,再与导师确定下一阶段驻村调研的主要内容。这种"分阶段问题导向式"的驻村调研对于深入追踪研究问题所需资料很有帮助,而且后一阶段的调研对于印证前一阶段资料的真实与否也有积极意义,这一调查方法帮助笔者获得大量真实有效的一手资料。

2. 个案研究法

个案研究是集中关注个案,深入了解更广泛案例因果关系的研究策略,它是在无法取得跨案例数据时的唯一实证实地研究的选择,其主要缺点在于有效的外部限度、不确定性问题和难以复制性。个案研究的最大价值在于深入细致且可以使研究者掌握特定研究对象所有信息及其背后的社会关系和内在变化机理。其"深描"的魅力和"去弊①"的能力是问卷调查、数据分析等其他研究方法所无法比拟的。费孝通先生指出选择合适的个案单元,一方面要坚持"调查者必须容易接近被调查者以便能够亲自进行密切的观察"的原则,另一方面个案"应能提供人们社会生活的较完整的切片"。但也有部分学者认为个案研究"一案例一理论"并不具有代表性,且案例描叙冲淡了学术研究的学理性。王先明则认为任何区域个案都是整体中的一部分,而不是独立的"个体"存在物,个

---

① 李培林:《村落的终结——羊城村的故事》,商务印书馆2004年版,第7页。

案与整体区域通过内在有机联结而具有共同性。① 曹锦清也强调把当下局部的个案经验放在它的整体里面加以解读。② 在笔者看来，个案研究与区域研究除了内在有机联结外，更重要的在于其类型研究的意义，研究者所选择的个案都是在某一类型中的典型代表，具备该类型案例的显著特征与要素，通过对个案详细系统的分析，认清其特定的特征要素及其相互关系和内在机理，这在一定意义上就具有类型学的意义，不同学者通过对该领域内不同类型典型个案的研究，并在类型性意义上进行概括与抽象，就可以逐渐获取对该领域的宏观、深刻的认识与规律。本文主要通过对一个资源型村庄的深度调查，探讨集体煤矿产权变化与村庄治理及其政治生态变化之间的关联。

3. 文献研究法

文献研究是社会科学研究中的基础性方法，它在规范收集和分析大量涉及研究对象的文字、图表、影音视频等资料的基础上形成研究的初步基础。本研究的主要资料来源有三个方面，第一，各级政府关于乡村小煤矿产权改革、治理整顿、安全环保标准以及采煤沉陷区治理的相关法律法规和制度政策文件，特别是乡镇留存的下发给辖区小煤窑的"红头文件"以及有关专题会议记录。第二，当地的县志、乡志以及煤矿内部出版的工作周报和村庄会议记录、村矿签订的各种合同和纠纷调解书等档案资料。第三，访谈记录。在笔者四阶段的驻村调研中，累计访谈基层政府官员、新老村干部、煤矿管理人员、原股东代表、其他村民，以及村庄的"上访户"和刑满释放村民等累计50余人次，其中深度访谈30余人，形成20余万字的访谈记录和调研笔记。但由于案例村煤矿初创于20世纪80年代后期，迄今已有30多年，煤矿创建初期的部分相关资

---

① 王先明：《变动时代的乡绅——乡绅与乡村社会结构变迁》，人民出版社2009年版，第2页。

② 曹锦清：《如何研究中国》，上海人民出版社2010年版，第33页。

料已遗失且直接当事人或者去世或者离开村庄多年难以联系，只能以其亲属好友等特定关系人的回忆和口述为依据。

4. 历史研究法

历史研究法是按照研究对象历史发展的时间顺序，收集研究对象发生、发展和演变的历史事实加以系统客观的分析研究，从而揭示其发展规律的一种研究方法①。本研究通过梳理案例村在不同时期的产权变化，追溯煤矿的创建、发展、改制、整合进程中的产权结构变迁，以及由此导致的村矿关系、乡村治理及村庄政治生态的变化发展过程。全文以煤矿发展变化中重大产权关系变革为依据，总共划分为三个研究阶段：其一是改革开放初期，村庄在国家"有水快流"办矿政策鼓励下的合股办矿和煤矿联营阶段；其二是20世纪90年代后期在乡村煤矿改制、托管、承包改革政策的推动下，集体煤矿对外承包阶段；其三是2008年以来在国家资源整合政策的限制下，集体煤矿的国有化阶段。各阶段中国家对煤炭产业和煤矿经营的政策不同，煤矿产权也有所变化，不同阶段之间界限清晰，村庄治理、村矿关系以及政治生态也大相径庭。

（二）个案概况

SD村地处山西省吕梁市X县城东5公里，位于东经111°11′46″，北纬38°27′59″。据说在元朝时此村原名叫贾毛湾村，村内居住贾、毛两姓大户人家，两家相处融洽，并将儿女结为连理。由于贾姓男子早逝，毛姓女子将其儿子抚养成人并考上状元，贾姓人家为答谢毛家人将其子嗣抚养成人，决定将村名改为毛地湾。但状元郎抨击腐败朝政得罪了权贵，被迫带领村人隐名换姓逃到"塬峁纵横、偏僻幽静"之地避灾躲祸，繁衍生息，并将该地取名为"毛恩湾"，一直到1949年后才改名为"SD"村。当地极度缺水，年平均降雨量只有400毫米左右，古时候村里的一些老人甚至一辈

---

① 风笑天：《社会研究方法》，中国人民大学出版社2013年版，第22页。

子只洗三次澡，刚出生的时候洗一次澡，结婚的时候洗一次澡，去世的时候洗最后一次澡。由于地处黄土高坡，土地贫瘠，农业生产只能"望天收"，一年的收成好坏与当年的降雨量直接关联，在降雨少的年份，村民说"当地老鼠要吃地里的庄稼都得跪下两条前腿"，在收成不好的年份，一些村民往往到外地投亲靠友甚至沿街乞讨卖艺。然而，贫困的SD村地底下却埋藏着储量巨大的4号主焦煤，该煤因为含硫量低，热量高等特性而成为炼焦的必需能源，因而被赞誉为"煤炭中熊猫""国宝"。在人民公社时期，村集体为"大炼钢铁"而进行过无序的开采，但后来在当地政府整顿中被迫停产。后来公社和大队干部也多次向上级提出办矿申请，但因为当地没有乡村工业支撑等理由而被否决。村民自嘲为村下有一座金山，但村民只能坐在金山上要饭。

SD村自然环境较为恶劣，地处丘陵河谷地貌单元，是典型的黄土高原地貌，沟壑纵横，山峦起伏，梯田环绕，地形破碎，山高坡陡。地势南北高东西低，地貌类型主要是丘陵、山地。有一处高塬形似雄壮的公牛，村民称其为卧牛山。最高海拔1258米，最低海拔925米，相对高程333米。受地理位置的影响，村庄主要分布在蔚汾河流域东岸，地势狭窄。属温带大陆性季风气候，四季分明，春季增温快，昼夜温差大，夏季气候温暖湿润，秋季天高气爽，秋季干燥寒冷。常年气候特征为：春季多风少雨，夏季炎热干燥，秋季凉爽多风，冬季严寒少雪，传统农业生产易受干旱、冰雹、霜冻、风灾的影响，其中尤以干旱和风灾最为严重，素有"十年九旱""八日七风"之说，扬沙天气和沙尘暴天气较为频繁。

SD村总人口629人，其中城镇户口人口27人，农业户口602人。总人口中男性384人，占61%；女性245人，占39%；14岁以下82人，占13%；65岁以上145人，占23%。全部为汉族。村庄白姓、康姓、尹姓和孙姓人数较多，占到全村人数的33%左右，其他姓氏较杂，村庄内部通婚的人数较多。目前党员人数为53人，其中大部分年青党员是2010年之后入党，在2010年前因为村庄内部矛盾较大，发展的党员人数极少。近五年人口出生率6‰，人口死亡率4.1‰，人口自然增长率2‰。截至2015年年底，全村可耕地面积1887亩，人均3亩；粮食作物以谷子、高粱、玉米、薯类、杂粮为主，主要经济作物有核桃、红枣等。畜牧业以猪、牛、羊、鸡为主。每年春秋季，在荒山，荒沟，荒坡采用直播和水平台阶插扦法造林种植核桃、油松、山桃等经济林木，村中的经济林种植面积较大，核桃等干鲜水果林是村庄的重要收入来源。境内已查明矿产4种，分别为：煤、铝、铁、石灰岩，其中煤炭储量3.2亿吨，采区面积3.6平方千米，主要指标为：含硫0.9%、灰分1.1%、挥发36%、黏结度68%、发热量4400大卡、Y值13%。铝储量、铁矿储、石灰岩储量较小，不具备开采价值。

村民除庆祝春节、端午、中秋等传统节日外，最重要的地方性节日属"过庙会"，每年正月二十三到正月二十五，村集体筹资唱大戏、烧火塔、放烟花，村民家家户户皆在室内外设立天地、灶君、祖先神位，供枣山馍，点香祭祀，上午还要到坟上祭祖。门顶上放置柏柴、黑炭、蒜瓣等物，以镇邪祟。水缸和锅都要添满水并放入红枣，祝愿圆满仓流，日子红火。夜里鞋不能放在地上，孩子们枕下还要压上红枣，刀，剪等物以避邪。母亲晚上要给孩子们肩头缀上枣儿花馍，院内灯笼和室内灯火都要常明不息，直到日出。

村中革命英雄辈出，在抗战时期，SD村民李有年被晋绥边区军民誉为"地雷大王"、民兵英雄，依靠自制地雷，大摆地雷阵，痛击日本鬼子，威名远扬。高三小，15岁参加变工队，被推为组长。1949年加入新民主主义青年团，积极开展青年工作和民兵工作。1952年出席省军区民兵代表会议受到嘉奖，并于当年加入了中国共产党。他响应"绿化祖国"的号召，立志改变家乡荒山秃岭的面貌，1955年他带领青年民兵一年植树200多亩而受到表彰，并出席了共青团中央在延安召开的九省区青年造林积极分子大会。经过几年连续奋战，到1965年原计划的千亩林场，成片林存活面积已达700余亩。他因积劳成疾，于1973年不幸去世，年仅43岁。此外，SD村庄还有多名革命烈士：康多牛——1940年3月在离石战斗中牺牲；王四儿——1941年方山峪口战斗中牺牲；白康孩——1943年在甘里铺战斗中牺牲；白底杏——1946年在土河战斗中牺牲；王寨成——1948年在绥远凉城县西沟门战斗中牺牲。

第一章　产权创设中的治权演进与分利秩序

一　合伙办矿与个体权威式治理

(一) 有水快流与集资办矿

党的十一届三中全会以来，经过党中央拨乱反正，国家的中心工作转移到以经济建设为中心，社会秩序迅速恢复。这一时期农村治理的中心任务一是建立经济关系；二是理顺经济关系。① 随着家庭联产承包责任制的推行，农业生产上统分结合的双层经营体制有效激发了广大农民的积极性、主动性和创造性，农村发展呈现出勃勃生机。但在一些偏远的资源型农村由于干旱缺水、土地贫瘠、农业产出极为有限，当地村民生活水平普遍在温饱线上下徘徊，同时，农村产权改革所析出的大量"过剩劳动力"由于缺少耕地和工作机会，无所事事，严重影响当地社会治安。而基层政府公共财政收入少，无力承担日益繁多的公共事务和公共责任。在此背景下，资源型地区的基层政府迫切希望通过开发当地煤炭资源来增加财政收入，缓解就业压力，维护社会稳定。然而，长期以来国家对煤炭资源开采实施严厉的管控政策，资源型地区只能"望煤兴叹"，不敢越雷池一步。

---

① 陈锡文等：《中国农村制度变迁60年》，人民出版社2009年版，第340—350页。

"社会的物质生产力发展到一定阶段,便同它们一直在其中活动的现存生产关系或财产关系发生矛盾。于是这些关系便由生产力的发展形式变成生产力的桎梏。那时社会革命的时代就到来了。随着经济基础的变更,全部庞大的上层建筑也或快或慢地发生变革。"① 面对资源型地区"捧着金元宝要饭"的困境以及国家能源短缺的压力,各级政府开始高度重视资源型地区乡村的发展问题。要转变农村贫困与落后的局面,必须依靠乡村工业的发展,解决农村剩余劳动力的就业不足问题。随着国民经济的复苏,国家能源需求快速上涨,而以国有和地方统配矿局为主体的煤炭计划开采体制,已经远远不能满足经济社会发展对能源的需求,现实的能源困境倒逼各级政府想方设法扩大煤炭开采产能和计划供应量。在煤炭主产区,各大型国有煤炭厂矿企业通过引进先进开采技术,更新设备、扩大煤炭采区范围等多种方式增加产量,但作用较为有限。1979 年 9 月,山西省委、省革委会正式向中共中央、国务院提交《关于把山西建成全国煤炭能源基地的报告》,1980 年 3 月,国务院批复这一报告:支持山西做强能源基地,重金支持山西煤炭产业。20 世纪 80 年代初期,时任中共中央总书记胡耀邦在山西的大同、朔州等地乡村调研时发现,当地煤层普遍较浅,煤炭质量好,只需要简易的开采工具就可以开掘煤炭,但当地的村民却十分贫穷,很多村民连温饱问题都没有解决,村庄基础设施、公共设施破败不堪,胡耀邦总书记认为村民可以依靠本地的煤炭资源来改变贫穷的现状,国家应该放松对这些贫穷地区煤炭资源开采的管制,有水快流,帮助这些贫困地区加快脱贫致富。在这一思想的指导下,中央及地方各部门密集出台了一系列鼓励资源型地区办矿的政策文件,中央层面出台了《关于积极支持群众办矿的通知》,国务院批准煤炭部发布《关于加快发展小煤矿八项措施的报告》,山西省政

---

① 马克思、恩格斯:《〈政治经济学批判〉序言》,《马克思恩格斯选集》第 2 卷,人民出版社 1995 年版,第 22—23 页。

府出台《山西省小煤矿管理试行办法》及《关于开办社队煤矿审批权限的通知》等配套实施细则,要求各地政府在一切可能的地方、利用一切可能的形式鼓励煤矿开采,实行"国家、集体和个人一起上"的方针。① "有水快流" 及其配套政策的推行向资源型乡村释放了大量政策红利,规范并下放了社队集体和个体小煤矿的审批权、管理权,在"统一领导,分级管理"的行政体制下,政府通过逐级授权和层层委托代理,规定公社和大队办理集体煤矿,只需县级煤矿管理部门审批,并报上级煤炭局备案即可。② 要求大型国有煤矿放松对矿区储藏量不高、煤层不厚、不适合大型机械开采的"边角地带"和小脉矿的管控,可以划出一定范围的煤田供当地村民开采。③ 要求各级政府对乡村煤矿工程建设和技术改造提供财政支持,在贷款、物质供应、技术服务、技术人才等方面给予倾斜;④ 要求相关部门对纳入计划分配的煤按质论价以保证乡镇小煤矿有合理利润,对未纳入国家或者地方计划的煤炭允许自行销售、自定价格,解决乡镇煤矿的销售问题。"有水快流"释放的政策红利,为资源型村庄开办小煤矿创造了有利条件和宽松的氛围。

SD村位于国家集中连片贫困区之一的吕梁山区,土地贫瘠缺水,一方水土不能养活一方人。长期以来,村民主要种植土豆、小米和玉米,但无法种植主食小麦,每年要支付很大部分家庭收入从集市上购买面粉,辅之以土豆粉、玉米面勉强维持家庭的温饱。村庄公共设施破败,公益事业停滞。人民公社时期勘探部门发现村庄的地下储藏优质的4号主焦煤后,由于地方政府对开办煤矿、开采煤炭严厉管制,村民仍然过着"吃饭睡觉放山羊,背靠南墙晒日

---

① 中共中央:《关于积极支持群众办矿的通知》(1983—11)。
② 山西省人民政府:《关于印发〈山西省小煤矿管理试行办法实施细则〉的通知》(1984—03)。
③ 国务院转批煤炭工业部:《关于加快发展小煤矿八项措施的报告》(1983—04)。
④ 煤炭工业部:《关于地方煤矿调煤收入款及建设贷款管理的试行办法》(1984—11)。

头"的日子。在国家放开矿区乡村集体办矿限制并鼓励集体甚至私人开办煤矿后,SD村民的办矿积极性和村庄沉睡的办矿资源被迅速激活。

劳动力资源多。SD村位于贫困闭塞的吕梁山区,与外界的信息物质交流较为有限,他们一直固守传统多子多福多寿的文化传统,具有强烈的生育男孩偏好,在村里的白姓、孙姓、康姓等大家族为壮大本族的力量,族中年龄大、辈分高的"长老"积极鼓励晚辈早生多生。在人民公社时期,为保持村民劳动权利而导致农业"过密化"现象,"不容忍部分人失业,哪怕这意味着对其他劳动力更有效的使用①,大量劳动力"窝工"在较为有限的土地上,改革开放以来虽然从土地上"解放"了这些劳动力,但是信息的闭塞和眼界的狭窄使SD村的年轻人既缺乏到外面闯天下的勇气和决心,也缺少外出打工经商的渠道和门路。由于家长目光的短浅以及家庭本身的贫困,村民们并不真正懂得知识改变命运的道理,也缺乏足够的经济实力送孩子读高中、考大学从而彻底脱离村庄。长期形成的人口压力只能依靠干旱贫瘠的土地,村民生活水平越来越差,村庄也越来越贫穷落后。

村庄的红色传统。SD村位于黄河东岸X县,这里是当年八路军东征的重要战场之一,也是阎锡山发动"晋西事变"的主战场之一。一些老人认为:"X县是新中国解放的第一县,早在1938年就建立了革命根据地,建立了人民政府。"② 当地人民在长期的抗日战争和解放战争中,积极拥军拥前,贺龙领导的一二零师总部就位于该县。因此,省市新任的主要党政领导一般都要到当地的蔡家崖革命纪念馆参观学习,缅怀革命先烈的丰功伟绩。长期的革命传统使当地群众对党和政府认同度高,SD村的BYC从人民公社时期

---

① 黄宗智:《华北的小农经济与社会变迁》,中华书局1986年版,第4、168页。
② 由于当地人都讲方言,本文的访谈内容都不是受访者的原话,笔者根据受访者说话的内容和神态进行了技术性的语义转换。

长期担任村支书，早年当过兵，有一定的文化水平，在本家族中也是能人，辈分高，在村里和家族中都有很高威望。

村庄办矿的物质基础。由于 SD 村在人民公社时期干部有权威，大队对上级的要求严格执行，在 20 世纪 60 年代前后建设了集体食堂和养猪场，农业学大寨时期开山填沟建集体粮食打场、晒场，虽然这些公共实施并未产生预期的效果，并且很快就因为国家经济形势的恶化和政策调整而废置，成为被村民遗忘和遗弃的角落。集体废弃的窑洞、养猪场和晒场等在分田到户后进一步破败，在村庄的生产生活中实际作用微乎其微，"最多也就是一些村民堆放杂物和孩子们在那里躲猫猫"。但是，在国家鼓励乡村开办煤矿后，废弃窑洞、食堂和养猪场的砖石就成为修建煤矿井筒壁的上好材料，而集体晒场就成了储煤运煤的枢纽。

村民脱贫致富的强烈愿望。推行家庭联产承包责任后，获得生产经营自主权的农民，在"交足国家的、留足集体的，剩下的全是自己的"分配政策的激励下，开始重新考虑和规划自己家庭的生产生活。国家改革开放的春风也吹到 SD 村，随着收音机、电视机等电器进入个别较为富裕的村民家庭，村民们对外部世界的新变化，沿海城市的新发展和新生活逐渐有所了解，开始认识到当地与外界的巨大差距，自身只能勉强解决温饱的现状与外面"楼上楼下，电视电话"的生活水平相比也感到了困惑与压力。此外，SD 村作为革命老区，有两位在解放战争期间进入部队的"老革命"，他们在解放后留在了大城市工作，老革命的子孙偶尔在春节期间回村看望亲戚，祭扫祖先的墓地，他们的言谈举止、待人接物以及在衣食住行等方面表现出来的"现代性"，特别是随身携带的新型电子产品，在村庄和村民中形成了直接而强烈的冲击。作为土地产出极为有限的偏远山区、既不具备便利的交通，更不具备发展商业的区位优势，对 SD 村而言，似乎村庄下面的优质煤就是改变他们生活现状的唯一希望。

改革开放以来，我国乡村以血缘性、聚居性、等级性、礼俗性、农耕型、自给性、封闭性和稳定性为特征的传统村落家族组织，逐渐被市场经济带来的趋利性和社会大分工所整合。① 在国家"有水快流"办矿政策的推动下，SD 村在村干部带领下积极筹办煤矿，但开办小煤矿过程中的选址、开拓、掘进、提升、运输、通风排水、照明等建设环节需要聘请有经验的技术员现场指导，更需要大量资金购买相应的配套工具设施、炸药及汽油、柴油等燃料。SD 村虽然可以利用本村剩余劳动力、建矿砖石、储煤场地及村民高昂的建矿热情等有利条件，但办矿资金缺乏的现实难题严重影响了办矿进程的推进，村集体必须拿出真金白银来聘请技术员，购买开矿必需的炸药、汽油和"开矿四小件"（小绞车、小矿车、小水泵和小风机）等必备设施。当时的 SD 村是"一个典型的动员型村庄，村集体不具备支撑煤矿建设的资金实力，必须通过动员村民来汲取公共建设资源"。② 为了筹集办矿资金，时任村支书 BYC 等村干部通过各种渠道向乡镇等上级部门借款，到县机械厂、油站、修配厂赊购办矿燃料、设备的努力都无功而返。他们尝试号召甚至强迫要求全体村民集资办矿，但对大多数还在温饱线上下徘徊的 SD 村民而言，他们无法上交村集体分派的集资款，因此，村民强烈反对办矿集资，最终乡政府在村民的压力下介入并制止村干部集资办矿的行为，村干部们希望通过集资办矿改善村庄贫穷面貌的举措在村民与乡镇的共同反对下流产。

（二）作为权宜之计的"股权激励"

经过改革开放洗礼的新时代农民"对政治、经济、社会等一切问题都有着自己的认识、评价以及相应的行为态度，他们强烈地

---

① 王沪宁：《当代中国村落家族文化——对中国社会现代化的一项探索》，人民出版社 1991 年版，第 22—28 页。

② 贺雪峰、何包钢：《民主化村级治理的两种类型——村集体经济状况对村民自治的影响》，《中国农村观察》2002 年第 6 期。

要求维护自身的利益，提高农民的政治、经济和社会地位。① 但他们知道自身力量的弱小，所以在利益关系重大的问题上，首先求助于亲缘的圈子。② SD 村集资办矿的尝试失败后，村支书 BYC 等村干部不愿意就此放弃开办煤矿这一改变村庄贫穷落后状况的大好机会，他们转而依靠各村干部自身家族与亲友的力量筹资办矿。要求从主要村干部开始，从动员自己的亲戚朋友开始，共同筹钱筹物开办煤矿。

各村干部利用自己在家族、宗族及亲朋好友中的影响力和话语权，通过亲情动员和利益诱导，从自家的兄弟姐妹和朋友邻居开始，动员每家出一个成年劳动力，筹 1000 元钱物上缴煤矿，就可在煤矿中占有一股，最后村支书 BYC 生拉硬扯从家族中凑来了 11 户，其他村干部 KJE、STE、YZL 等也共从本家拉来了 19 户，煤矿一共 30 股份，并给 30 户村民发放了"入股证明"，其实这只是在特定背景下积累办矿资源、动员村民参与的手段方式，煤矿的所谓股份也不是固定的，加入一个村民并筹措 1000 元钱物就可以成为新的股东，也就占有"一个股子"。当时的乡党委书记尹某也认同 SD 村的做法，"承认该煤矿是村民联办，也是为了激励村民筹资酬劳的无奈之举，希望通过此举争取能在 SD 村成功开办一个小煤窑"。但经过再三动员和"高额股份"诱导，仍然只有主要村干部及其家族成员和好友参与，其他村民认为村干部不具备开办煤矿的实力和能力，非但拒绝参加，反而等着看这些"入股"村民竹篮打水一场空的笑话。当时参加煤矿的人员构成中，村支书 BYC 动员组织了本家族白某留，白某文，白某儿，白某勤，白某心，白某狗，白某文，白某婵，表弟张某新、张某炼，姻亲连襟高某留、尹某信，共计 11 人。村会计孙某儿动员组织了本家族孙某儿，孙某

---

① 陆学艺：《改革中的农村与农民》，中共中央党校出版社 1992 年版，第 378 页。
② 折晓叶：《村庄边界的多元化——经济边界开放与社会边界封闭的冲突与共生》，《中国社会科学》1996 年第 3 期。

狗，孙某驴，孙某万，孙某儿，孙某留（担任民兵连长兼村团支部书记），孙某儿，孙某成和妹夫张某迎等9人。妇女主任杨某兰动员组织了妹妹杨某儿，亲戚樊某孩，樊某儿，康某儿和康某儿等5人。村治保主任尹某奴动员了弟弟尹某农、堂哥尹某平、尹某安和尹某祥等5人，共计30位村民，也就是煤矿初创时期的30股东。在农民的亲缘圈子意识中，将亲族之间的相互合作放在首位，这种传统的意识在新的利益机会面前非但不会淡化，只会强化。①

为了明确和保障办矿股东的权利义务，村支书BYC以"SD合伙煤矿负责人"的名义与全体股东签订了《合同协议》，每个股东一份，具体内容如下：甲方：SD个体联营煤矿负责人BYC（本人签字并加盖名章）。乙方：合股村民×××（本人签字并按手印）。经甲乙双方协商，共同履行下列条款：一、凡是煤矿做工者，必须以安全生产为主，要服从甲方的一切指挥。二、乙方必须经家者（当地方言：家庭成员的意思）共同取得同意，时刻加强安全观念，做到万无一失，如若造成轻伤事故必须查明责任由肇事者付70%的医药费，甲方付30%，如有伤亡事故按发生情况查清责任，个人造成事故要由肇事人付70%，不是个人造成的事故由甲方付700元的人身伤亡事故费。

三、凡是入股者暂定为1000元，筹集300元的石料，700元的现金，绝不能随意抽股，等赚钱后按股分红。四、乙方中途要求退股，前段投的工和股金一律不予偿还，口说无凭，立合同为证。最后为双方签字。此后，村支书BYC考虑到开办煤矿中村集体的前期投入以及占用村集体的空地、房屋和砖石等资源，他们又将煤矿分成31股，其中30股为投资建矿村民的股份，村委占有1股，并明确一切建矿费用由煤矿自行负担，不再向村民收钱，收益按股

---

① 折晓叶：《村庄边界的多元化——经济边界开放与社会边界封闭的冲突与共生》，《中国社会科学》1996年第3期。

分红。同时在新协议上加盖了"AJW 乡人民政府"和"山西省 X 县煤炭工业管理局"的公章。为了维护合同的权威和效力,他们将签订的合同拿到县公证处进行了公证,公证书编号为 X 县司法局(87) X 证字第 309 号。

产权保护受利益相关者共同接受的缔约规则的影响,充分理解民间自发的产权形成、权利关系和配置方式是理解乡村产权保护有效性的前提。村干部利用个人权威对家族成员进行利益诱导和亲情拉动,通过"股权激励"的办法,最终动员了 30 位宗族成员筹资筹劳入股,由此促成了煤矿"股权结构"和宗族结构的高度统一,利益驱动和血缘关联成为支撑启动井筒修筑的结构性力量。在合伙办矿的过程中,村干部以手中公共权力和在家族中的个人权威来保障亲属股东的股权及其潜在收益,而村民股东基于对宗族精英的信赖和支持而投资投劳,公共权力和血缘信任所形成的巨大合力成为创办煤矿、修筑井筒的持续推动力,也成为创建 SD 煤矿最关键、最重要的力量。但这一为办矿筹集资金资源的权宜之计,特别是匆匆决定的"股权配置"方案存在诸多的问题和潜在的隐患。如全部的 31 股是指井筒的股份还是整个煤矿股份,在修建新的坑口过程中使用大量集体砖石和工具,渣土也主要倒弃在集体的荒沟里面,而且后续还将要使用大量的集体土地和集体设施,村集体仅占一股是否合理?村集体能分享多少收益?其他没有筹资筹劳的村民是否能够分享利益?股份配置的标准是按照筹资筹劳的 30 位村民"每人一股",村集体一股,共计 31 股,集体的投入和享有的权益明显不对等。此外,为获取更多的办矿资源,村干部仍在不断动员其他村民参加,股东人数可随时增加,并没有限制新股东加入的时间、需要支付的对价大小及数量,新旧股东的权益责任没有明确界定,导致每位股东的权利义务十分模糊,而且处于随时可以变化的状态。总之,匆忙制定的权宜之计在煤矿发展壮大之后,村干部、宗族力量、股东和其他村民围绕煤矿利益的争夺成为 SD 村冲突、混乱的重要根源。

（三）高度统一的股权结构与家族结构

在煤矿初创时期的 31 股中，除了村集体一股外，其他 30 股中村支书及其家族成员占有 11 股，村会计、妇女主任、村治保主任等各家族分别占有 9 股、5 股和 5 股，煤矿的股权结构和家族结构高度统一。村干部利用自身在本家族内"有号召力、讲得起话"的宗族精英身份，号召家族成员和亲朋好友积极筹资筹劳入股办矿，家族成员基于对村干部的信任和村干部的个体权威，相信干部们会维护保障自己的利益，并替自己"当家做主"。"普通村民效能感以及经济政治资源的缺乏，他们自己的行为及态度一般都被村庄精英裹挟，通过主动或被动依附于村庄精英谋取利益或参与公共事务。"[1]

这就相当于村干部在邀请本家族成员入股的同时，与他们签订了一份包含宗族内信任、互惠为核心的"社会性合约"，该合约以宗族内部基于血缘、地缘的社会资本为载体，形成人格化、定向化的特别权利义务关系，签约的基础不仅包含双方对未来的获利预期，更在于宗族主导者的声望、忠诚、声誉及其互惠承诺。社会性合约达成不太关注签约的成本与风险，而是受关系、血缘等内在观念和道德力量引导，权威人物在不均衡的权利义务、成本收益关联中享有较大决策权和代表权，但他必须拥有"兑现承诺"的良好声誉，必须对自己的机会主义行为有所限制。[2] 村干部自身既是股东成员，又可以基于家族中"社会性合约"而代表和支配其他家族股东的利益和行为；既可以在煤矿缺乏办矿要素时号召本家族村民入股办矿，也可在井筒开掘难以为继时改变煤矿的产权结构和股权结构。

---

[1] 仝志辉、贺雪峰：《村庄权力结构的三层分析——兼论选举后村级权力的合法性》，《中国社会科学》2002 年第 1 期。

[2] 折晓叶、陈婴婴：《产权怎样界定——一份集体产权私化的社会文本》，《社会学研究》2005 年第 4 期。

二 集体建矿与分利型村庄秩序

(一) 从合伙到集体：无奈的转型重组

1. 合伙煤矿的困境与停滞

合伙煤矿开掘巷道初期，在村支书的有力协调下，30股东分成三组夜以继日开掘井筒，但由于后期资金的极度缺乏和炸药、汽油等消耗品的供应不足，煤矿井筒开掘工程十分缓慢，因为迟迟没有发现井下有煤炭的迹象，部分股东信心越来越不足、压力越来越大，一些家庭负担重的股东甚至开始"三天打鱼，两天晒网"。开办煤矿是高投入、高风险的行业，特别是在缺乏机械设备，缺乏科学施工技术指导的条件下，仅仅依靠30个劳动力的肩挑人扛，SD村将井筒开掘到煤层的可能性极小，而施工的危险系数却成倍增加。在煤矿井筒开掘到40多米的时候，由于井上负责木质绞车村民的操作失误，将从井底提升上来的一大包渣土反向倒入井筒内，渣土大部分被设置在30米处的挡板拦住，但还是有少部分黄土和石块砸到井底两位负责放炮和装土的村民，一位头部流血，一位左肩受伤，虽然随后到医院检查并无大碍，但是村里开始流传"矿上出事了，差点把两人活埋，甩了命（丢掉命）"。乡政府也要求村里暂停施工，检查绳索和绞车部件，并要求开绞车的和放炮的村民取得"绞车施工证和放炮证"。当时担任妇女主任的杨某兰告诉我："其实施工哪能不破点皮、流点血，只是那次有人造谣说有村民被活埋，出了大事才惊动了上级，延误了施工，动摇了军心。"可是村民却不这么看，他们认为村里办矿发展经济，带领大家致富是好事，可是要出了事可就怕"有命挣，没命花了"。从那时开始，一些股东村民在家庭的压力下思想开始松动，三天打鱼，两天晒网，陆陆续续退出了修筑煤矿井筒的工程，等待观望。村支书BYC也因为不重视煤矿安全生产受到上级处分，并在全乡被通报批评。

祸不单行。由于前期对井筒开掘选址的地质构造、水文等勘探不深入、不科学，在井筒掘进到50多米的时候，井筒底部积水越来越多，采用绞车吊水的速度无法赶上底部渗水的速度，而且在井筒靠西的方向发现了一个小型水仓，小型水仓的水已经开始向井筒渗透，如果发生透水事故，井下放炮和装土的村民逃生的可能性微乎其微。经过县里技术员的进一步勘探分析，认为SD村的这一井筒必须立即停工，重新选址开掘斜井导引积水和通风，而开掘斜井工程量大，必须聘请专业施工队并使用大型开掘机械，这需要大量的资金投入，仅仅凭借30股东的力量根本无法实现，合伙煤矿停工的命运已经无法避免。当井口封闭停工的消息传到其他村民耳朵中，一些股东家属指责BYC"瞎指挥、瞎闹腾"，竹篮打水一场空，其他村民也冷嘲热讽说"从一开始就知道'闹'不成"。个别股东家属堵住BYC家的大门讨要集资款和工钱，在要钱无果的情况下便开始偷偷拆卸井口的设施当废品卖钱。村支书BYC在各方压力下被迫暂停煤矿井筒施工，只能安抚股东寻找其他生计，告诉股东们等具备条件了再开工。

工程停了，井筒废了，股东散了，煤矿还办不办？如果继续开办，从哪儿找设备、找施工队、找资金？这是SD村当时必须面对和回答的难题。

2. 集体煤矿的形成

集体经济的实现形式取决于产权结构与利益结构的组合，集体经济有效实现的程度和区间取决于产权、共同利益和比较利益之间的关系。[①] 安全设施不到位，事故频发，后续资金的缺乏以及30村民股东涣散无力，导致合伙煤矿被迫停工，一些股东村民开始离开村庄外出务工，合伙煤矿成了人们不愿意提及的"半拉子"工程。从1989年以来，国家加大了向老少边穷地区扶贫的力度，也

---

① 邓大才：《产权与利益：集体经济有效实现形式的经济基础》，《山东社会科学》2014年第12期。

将扶贫方式从"输血式扶贫"转变为"造血式扶贫",而 SD 村所在的 X 县既属于国家集中连片贫困区,也是群众基础良好的革命老区,山西省委省政府将 X 县作为扶贫重点县,X 县将人多地少、生态恶劣的 AJW 乡作为扶贫重点乡镇,由此 SD 村和中国农业银行山西分行结成了扶贫对子,中国农业银行山西分行安排某办公室副主任邓某蹲点扶贫。邓主任在了解 SD 村的经济现状之后,认为继续开办煤矿是帮助村庄脱贫致富最直接、最有效的办法。在他的沟通协调下,SD 村获得了 45 万元扶贫贴息贷款的机会,但银行方面提出只能贷款给村集体用于煤矿斜井建设和购买必要的机械采煤设备,不能将贷款用于个人合伙煤矿。此外,办理贷款的一切手续必须加盖村集体的公章,贷款由村集体负责偿还,煤矿的收益由村集体和全体村民共同分配,否则银行不会提供扶贫贷款。其实银行附加贷款条件的目的十分明显,就是要将合伙煤矿转变为集体煤矿,但限于 30 股东与村集体签订的有效协议(加盖政府部门的公章并经过了公证)而不能直接要求改变煤矿性质。村干部改合伙煤矿为集体煤矿的要求遭到部分股东的质疑,他们拿着入股证明质问:"白纸黑字上明明白白写着我们占 30 股,村集体只占有一股,怎么能随便全部变成集体的",甚至个别村干部也不愿意随随便便就转成集体煤矿。BYC 多次召开宗族内部会议和股东会议,反复强调两点:其一如果不能获得银行贷款,煤矿肯定不能继续开,只能废弃,大家前期的投资投劳就都打了水漂;其二他反复保证,只要他还是村支书,一定会补偿大家。BYC 的动员起到了积极效果,也帮助村民看清了煤矿现状和前景,股东们反对的声音逐渐消失。乡镇和银行方面则不断催促村干部尽快解决村民内部矛盾和问题。1990 年 12 月,时任县煤炭工业管理局的 LQL 副局长带领相关工作人员到 SD 村宣布:根据山西省人民政府 1990 年 10 月 9 日发布的晋政发〔1990〕65 号文件,即《山西省人民政府关于印发〈全省乡镇煤矿平鲁工作会议纪要〉的通知》,该会议纪要第五条明确规定:今后不允许个体开办煤矿,私人煤矿一律不再审批。由于省政府的政策规定和上级政府部门的介入，宗族股东在得到村干部口头承诺和村委会以会议记录的形式体现了他们的贡献和投入后，也就默认了煤矿集体所有并由村集体管理经营的现实。随后，通过县乡政府部门特事特办的"绿色通道"，SD煤矿很快办理了各项集体性质的办矿手续及基建证照。其中，最为重要的是山西省煤炭资源管理委员会批准开采的许可文件，即晋煤资字（89）第090号文件，煤矿编号为L121012，准许集体煤矿开采本村8#煤层。在县煤炭局和乡镇政府的大力支持下，村集体迅速办理完善了《筹建许可证》（煤矿筹字142325—3号）和《施工许可证》（证号为1409090200377）等各类证照，证照明确标注企业性质为集体（村办），负责人为BYC，企业开采规模5万吨/每年，矿区面积为1.4393平方公里。

  在煤矿实质性转变为集体性质后，乡镇政府积极鼓励SD村围绕煤矿发展集体经济，摘掉贫穷落后的帽子，村支书BYC一方面向乡镇保证一定要办好集体煤矿，不辜负乡镇领导的期望；另一方面考虑到合股办矿时期因为勘探技术不足、选址错误，最后导致透水事故，井筒开掘一半被迫停工的教训，请求乡政府帮助村里选新址开掘井筒。同时考虑到村中堰塘在下大雨后无法及时排出积水，长时间渗透煤层容易导致塌方，请乡镇调派一台抽水机帮助抽水。乡镇充分肯定SD村通过创办煤矿发展集体经济的举措，并在乡镇内部制定了一系列激励配套措施帮助村庄购进设备，开拓销售市场，全力支持SD村打造"以煤脱贫""以煤富村"的先进典型。首先，协助村集体勘探规划。由于SD村的煤层埋藏较浅，但煤层厚度分布不均，部分地域黄土黏性较弱，乡政府从县上请来技术员，通过勘探和土壤检测，选择了合适的建矿地点。其次，帮助培训工人。乡镇利用农闲时间，邀请国有煤矿的老工人和技术员对SD村民进行集中培训，并组织村民到国有煤矿井下现场学习，此外，为增强村集体开矿的技术力量，乡镇甚至通过各种许诺将在国营煤矿上班的个别SD村民动员回村建矿。最后，完善建矿的配套设施。开掘井筒会产生大量的土方,也需要从外面运进大量的建筑设施和建筑材料,为确保建矿的运输通畅,乡政府利用"冬修"机会向附近村庄摊派义务工,将一座黄土塬挖断并从中间修建了一条可通行骡车的山道。此外,将 SD 村的蓄水山塘接通到地势较低的邻村,以便 SD 村山塘及时排空,保持地面干燥,防止透水、窜水事件的发生。

在银行扶贫政策和乡镇的推动与支持下,SD 煤矿从村民联办煤矿转变为集体煤矿过程较为平稳,利益各方并未产生大的争议,这首先在于原煤矿中宗族结构与股权结构的高度统一,村干部从利益比较和情感动员两方面入手,帮助股东看清了形势,理清了思想。BYC 等主要村干部发挥了关键性作用,他们既是掌握村庄公共权力的干部,也是各个家族中的精英和代理人(集体股权和个体股权合一),在本家族中讲得起话,做得动思想工作,有较强号召力。更为重要的是,不管煤矿是股东合伙还是村集体所有,他们作为原股东兼村干部的双重身份可以使他们始终牢牢掌控煤矿的经营管理权,煤矿性质的变化对他们的影响微乎其微。其次根据上级政府部门特别是省里的政策精神,相关职能部门领导亲自到 SD 村宣布不再审批私营煤矿,如果村民股东仍然不同意转变为集体煤矿,那他们不可能办理合伙性质的证照,没有证照就是非法开矿、非法开采,上级部门可以随时查封煤矿并追究相关人员的责任。最后合伙煤矿由于缺乏资金、设施投入而停工停产,长此以往村民股东也不可能获取任何煤矿收益,而将合伙煤矿变为集体煤矿后,村干部已经承诺将他们的贡献和投入记录到账本,这为他们今后分享煤矿利益奠定了基础。此外,股东们也心知肚明,煤矿在创办初期占用了大量集体办矿资源,其他村民也以集体义务工的形式对煤矿运输通道建设作出了贡献,30 位股东筹资筹劳的投入与所分配的股份份额极不匹配,当时村干部给予的高额股权也仅仅是激励村民筹集办矿资源的权宜之举。

（二）双重代表权威与煤矿控制

所谓村庄权力是指村庄中占据优势资源者在村庄治理过程中影响或支配他人的能力。① 而掌握村庄权力的都是"农村社区经济发展中具有超凡能力、并卓有成就的能人"。② 现任村干部既是宗族和原股东的"主事人"，又是掌握村庄公共权力的"当家人"。在合伙办矿时期，村干部以"主事人"身份和权威主导井筒和巷道开掘进程；而在合伙煤矿转换为集体煤矿之后，村干部又以村庄"当家人"的身份权威继续控制煤矿。在集体煤矿背景下，村干部掌控煤矿的合法性不再来源于股东和宗族的"授权"，而是来源于制度法律授予村支两委的组织权威。村党支部作为中国共产党在农村的基层组织，是村集体各项组织和全部工作的领导核心，也是促进村庄发展，维护村庄稳定的核心力量；而村委会是农村基层群众组织，是村民自治事务的日常管理机构和执行机关，在行使公共权力对乡村社区公共事务进行管理时，村委会几乎负与"村里生活"有关的一切事务，村长的责任就类似于村落这个大家庭中家长的无限责任。③ 我国《宪法》《村组法》《民法通则》都明确规定：村集体的财产属于全体村民所有，由农业生产合作社等集体经济组织或村民委员会进行管理经营。虽然法律法规对村委会和村集体经济组织的权力职责进行划分，但分田到户后的集体经济组织大多数名存实亡，在村庄内部实际运作中二者"两块牌子、一套人马、人员职责交叉、高度一体"。就 SD 村而言，村干部既是国家管理村集体的"代理人"，也是村集体自己的"当家人"，他们对上代表村集体协助乡政府处理税费征收、计划生育等行政事务，对

---

① 金太军：《村庄治理与权力结构》，广东人民出版社 2008 年版，第 20 页。
② 徐勇：《由能人到法治——中国农村基层治理模式转换》，《华中师范大学学报》1996 年第 4 期。
③ 李培林：《巨变：村落的终结——都市里的村庄研究》，《中国社会科学》2002 年第 1 期。

内代表村民掌握村庄资源资产，发展集体经济，兴办社区公益事业。由此，村干部在兴办集体煤矿过程中，完全享有利用掌握的公共权力积极调集和配置村庄内部办矿要素，规划煤矿发展方向并代表村民管理经营煤矿的合法性与权威。

在 SD 村，村干部的"双重代表权威"保证煤矿产权变更前后的实际控制人不会发生改变。办煤矿的最初发动者、组织者和主导者都是时任村干部，而 30 村民股东也主要是各村干部的家族成员或者亲朋好友，村干部既是村庄的政治精英，牢牢掌控村庄公共权力和集体财产，也是各个家族的代表性人物，他们既可以规划和控制村集体的经济发展方向，代表村集体作出决策，也是本家族成员信任和依靠的对象，由此可以替本家族成员"当家做主"。为获得贷款他们可以在村集体代表和宗族代言人之间自由切换，既可以获得办矿急需的资金，也不会使控制煤矿的大权旁落他人，所以村干部有足够的动力利用自身的"双重身份"推动煤矿性质的转变。对各宗族股东而言，其原始权益只有在现任村干部掌控煤矿的情况下才能得到保障，他们会基于经济理性和情感全力支持现任村干部树立权威并牢固控制煤矿。村干部、股东代表及宗族精英的多重身份相互强化支持，成为现任村干部控制煤矿的政治社会基础。董江爱认为，村治的理想状态是权威与民主平衡状态下的参与式治理，精英主导和村民通过参与发挥权力制衡才能更好避免潜在的道德风险。① 但在 SD 村显然是村干部精英强力主导，30 股东依附于村干部，其他村民持冷漠观望的态度。

虽然政策支持、政府推动和村民期盼为资源型村庄开办煤矿提供了有利条件，但具体来看，煤矿的实际建设还需突破很多客观条件的限制并获取其他办矿要素。国家政策放开只是资源型农村开办煤矿的前提；乡镇政府限于自身权力、财力，真正能提供的实际支

---

① 董江爱：《权威与民主关系视野下村治模式探讨——村民参与村级治理的类型及效果分析》，《东南学术》2008 年第 2 期。

持也十分有限，集体煤矿的具体建设经营必须依靠村庄精英整合银行贷款和集体内生资源强力推行，所以掌握村庄公共权力的村干部是否有魄力，是否有眼光，是否具备资源筹集、整合能力就尤为关键。在 SD 村建设集体煤矿的过程中，村党支部书记 BYC 的作用和贡献首屈一指。BYC 作为村集体绝对权威，一方面是由于他当过兵，人高马大、孔武有力、性格直率，有一股"路见不平、拔刀相助"的侠气；另一方面是他从人民公社时期就开始担任大队干部，对公社、乡镇安排的工作任务从不讲条件，"有条件要完成，没有条件也要完成"是 BYC 常挂在嘴边的口号。乡镇也将 BYC 树为县里的"老红旗"，多次将 BYC 作为先进典型报送县委县政府，这些表彰、荣誉进一步激发了他办好集体煤矿，带领村民脱贫致富的热情和积极性。

为提高集体煤矿坑口和巷道的掘进效率和速度，他们重新选择了矿井渣土的倾倒地点，但新的倾倒点要占用其他村民的部分承包地，BYC 要求用村里的机动地与该村民调换，但是该村民认为村里机动地离家较远，而且土地更为贫瘠，所以不同意调换，最后 BYC 在他老婆反对声中将自家承包地与该村民调换，最后只是从村集体的机动地中划了一块贫瘠缺水的坡地作为自家承包地。为打通坑口和村主干道之间的联结道路，村治保主任让自己儿子和侄子负责工程中最危险、最陡峭的地段，而且自备草料，让自家的一头骡子和一头驴无偿在工地运送石料。为筹集开挖井筒和修建井筒壁的砖石，村干部组织村民将村集体所有老食堂、猪场等废弃公共建筑全部拆除，并要求村民将堆放的杂物半个月之内全部搬离，否则当成无主物全部充公；要求以前借用或者偷拿村集体的木料、石料和其他财物的村民要及时到村委会说明登记，限期返还或者作价赔偿，否则以盗窃集体财物报送公安机关处理。开办煤矿最重要的工程是开掘井筒和斜井，但以村集体当前的力量还无法启动斜井修筑工程，所以村干部在 BYC 的带领下，决定集中力量先挖掘井筒寻找煤炭，再利用煤矿收入建设斜井。BYC 也了解村集体办矿缺乏有效的机械工具,只能通过个人社会关系牵线搭桥从县里赊来雷管,采用雷管松土,村民自带工具提土、运土的方式启动,他们在"有条件要上,没条件创造条件也要上"思想的指导下,用更大的工作量、更高的工作强度来弥补投入不足和技术落后的短板,将有限资金用在刀刃上。

在调研访谈过程中,当笔者询问建矿初期的情形时,村民老郑和老康告诉我,"当时村民只知道BYC是一把手,不知道谁是村主任,因为其他几个村干部都是跟着BYC干,听候BYC的调配,就知道KSM的儿媳妇是管计划生育的,其他的具体啥职务村民闹不大清楚。后来乡里一个老干部告诉我,SD村的BYC是一把手,开会安排工作都只通知BYC,谁是村主任还真不明确,非要明确,也可以说就是支书主任一肩挑"。

SD村开办集体煤矿初期,要整合村集体有限的人力、物力等办矿要素,必须依靠有权威、动员能力强的强权人物。SD村人民公社时期的制度、思想、干部遗产仍然在发挥作用,BYC本身的人生经历、强势的性格特征甚至略显粗暴的工作方法都成为整合村庄资源必不可少的重要力量。此外,BYC对煤矿建成后村集体面貌改善,村民生产生活水平提升的乐观预期迎合了村民发家致富的内在冲动,这些因素的共同作用推动着村干部群策群力、不计得失地建设集体煤矿。村干部"双重代表权威"一方面有效整合宗族内部和原股东群体的思想行为并获取坚定的支持,另一方面获得了利用掌控的公共权力筹集公共资源,带领村民开办煤矿发展集体经济的合法性。此外,村干部在集体煤矿建设过程中不计个人得失,舍小家为大家的奉献精神得到村民的普遍称赞,使一些不相信能成功办矿而持观望态度的村民也积极要求加入,希望在煤矿获得务工机会和经济收入。

随着煤矿建设的快速推进,陆陆续续开始产出优质的工程煤和块炭,煤矿建设、煤炭运输、煤炭销售等各项工作日益繁重,SD村支两委就煤矿的管理经营进行简单分工,村支书BYC作为煤矿的法定代表人和矿长,主要负责银行分期下拨的贷款资金和工程煤销售收入的整体规划安排,同时聘请曾经在其他煤矿下过井的外甥担任技术顾问,与自己一起负责煤矿开采的技术指导工作。治保主任 YSL 主要负责煤矿建设工程,但对外工程的发包必须集体决定且经过村支书的批准;村会计 SME 负责煤矿账目和现金管理,所有资金的进出由他造册登记,此外煤矿工人的聘用及劳务费的发放也由他负责;妇女主任 YML 负责务工人员劳保用品和生活物质的采购,民兵连长兼村团支部书记 SML 负责工人劳动纪律和煤矿安全保卫。虽然村干部各自负责一块工作,但他们在作出具体决定前一般会询问村支书的意见,村支书也经常越过其他村干部直接安排具体工作,或者改变其他村干部作出的各项决定,村中并没有形成制度化、规范化的分工协作机制,其最终权力掌握在村支书手中,这与煤矿处于建设经营的交汇期这一特殊时段相关,也与煤矿的资源产出规模较小,制度不健全以及村支书在村中享有较高权威密切相关。

(三) 联营公司对村庄治权结构的冲击

煤矿在基层领导和银行扶贫干部的支持下获得了 45 万元的扶贫贷款,解决了建矿基础工程的资金问题,但对于地下开采的设备却无从着落。BYC 等村干部在煤矿建设中也深刻认识到矿井地质结构的复杂性,仅凭村里的几个"土专家"和"土办法"远远达不到复杂地质结构下办矿的技术要求和安全开采标准。此外,由于国家政策的放开和政府的积极推动,当地在短时间内开办了大量中小煤矿,煤矿运输和煤炭销售渠道成为制约小煤矿发展的新问题,仅凭几个村干部根本无力解决。因此 BYC 吸取了其他村庄自行办矿惨淡经营和失败的教训,并通过当时在县里做水果生意的村民 SQZ 引荐搭桥,决定与大同煤矿集团下的大兴实业公司(负责人赵某)联合管理经营集体煤矿,村民 SQZ 因为"招商引资"有功,也被任命为村委会副主任。经过多次协商并报乡政府同意,村集体与大兴实业公司签订了联合经营协议（合同原文见附件一）。

该合同对 SD 村（甲方）和大兴实业公司（乙方）共同创办联营煤矿的期限、双方分工、经营方式、利润分配以及各自的权利义务进行了规定。合同约定，联营期限为十年，自 1992 年 10 月 1 日起到 2002 年 10 月 1 日止。在煤矿经营中，联营煤矿为企业法人，法人代表由 SD 村（甲方）派人担任，其他主要管理人员和工人由甲乙双方协商决定，但主要经营管理人员以大兴实业公司（乙方）安排为主。在煤矿利润分配中，乙方在保证村集体（甲方）每年获取 3 万元收益的基础上，再对剩余利润进行分配，甲方 50%，乙方 50%，甲方所获利润优先保证偿还贷款及其他债务。为保障利润分配的公平性，甲乙双方分别委派一位会计组成财务室，共同负责煤矿财务工作。在甲方的权利义务中，合同特别强调联营煤矿经营所需土地等配套设施（包括储煤场、排矸道、材料场、办公室、道路等）由甲方负责提供，乙方无偿使用。如以后煤矿扩大再生产时所需占有土地的手续经双方协商后由甲方负责提供，供乙方使用。同时甲方负责拓宽加固煤矿井口至兴岚公路之间的道路并确保畅通无阻，如因为甲方原因出现断路现象、人为阻堵，由此而带来的一切后果，由甲方负责，并保证赔偿乙方在此期间所遭受的一切经济损失。合同还特别强调在联营期限内，甲方在任何情况下不得无故干涉和阻挠乙方在正常范围内的生产和经营工作。在乙方的权利义务规定中，乙方对甲方在合同签订生效前所负的债务均不承担任何责任，甲方所欠债务只能在年度结算后从甲方所获利润中缴扣。乙方在合同期内每年无偿供应甲方村内五保户和学校的用煤，但总量不得超过 30 吨。乙方在生产经营中，按照财政部和省政府的规定依法纳税，有权拒绝其他摊派。乙方按照国家法律、规章与合同约定优先招聘甲方村民，但同时有权拒招和开除不合格的劳力。最后通过其他条款进一步明确了乙方多种解除联营合同的情况，并就解除联营合同之后如何分割煤矿资产债务进行了规定，这些条款意味着联营煤矿持续还是终止的主动权完全掌握在大兴实业公司手中，如在合同"其他条款"中规定乙方终止联营合同的情形有以下几种：情形一，当乙方经过投资改造使煤矿达到正常生产要求而又获取利润时，由于外来因素干扰煤矿正常生产，迫使煤矿停产而甲方不肯或者不积极出面帮助解决，又不履行合同条款，在此期间造成的经济损失由甲方承担并负责赔偿。乙方被迫提出终止合同时，甲方应赔偿乙方和煤矿生产改造的全部资金。如甲方不进行损失赔偿，乙方有权不交还矿井。情形二，井工煤矿开采系高风险作业，由于地质情况变化及各种不可预见的原因造成煤矿亏损与减产，乙方又无力继续经营时，乙方有权提出终止合同。情形三，因政策性因素变化或乙方上级主管部门不允许乙方继续执行合同时，乙方有权提出终止合同。但甲方应退还给乙方已垫付但还不到期的各项费用。而且在乙方合同终止后，这些设备及材料的产权属于乙方，去留由乙方独自决定，甲方不得以任何理由或形式扣押或者占用。甲方如需要，经双方协商一致，乙方按照设备新旧程度折价卖给甲方。合同条款双方必须认真履行，共同遵守，如有违约必须承担一切经济损失。为保障合同得到有效执行，乙方要求此合同经上级主管部门盖章同意，由双方签字盖章并经公证处公证方可生效。

　　SD村干部在充分认识到村集体自行开办煤矿的困难及自身在技术、设备和经验等方面的不足之后，邀请外部相对专业的煤业公司参与煤矿管理经营，这对于加快煤矿建设和改善煤矿安全生产是较为理性的选择，对发展村集体经济，改善村民生产生活水平也有重要意义。联营合同的签订意味着在合同存续期内，煤矿的所有权归属于村集体，经营权部分让渡给了外来公司，但这种经营权的让渡并不清晰、不明确、不彻底，大兴实业公司对煤矿内各级各类管理人员的任命必须与村集体协商，这就为煤矿实现盈利后双方对煤矿管理经营权的争夺埋下了隐患。此外，从村集体与大兴实业公司签订的联营合同来看，村集体在联办煤矿中承担了更多基础设施建设、煤矿安全配套设施甚至煤矿销售等方面的责任，但就村集体实际力量而言他们无法完成，村集体对于自身是否有足够的力量翻修合同要求的从坑口到兴岚公路的运煤道路,能否按照煤矿生产的要求征地,能否随时排除村民对煤矿的干扰,能否承担煤矿销售任务等问题都没有认真准备与思考,其实 SD 村干部只是希望将大兴实业公司"拖进来",借助他们的技术、设备及经验等要素帮助村煤矿"打开局面"。而大兴实业公司要求在联营合同中享有以市场销售不佳和上级单位不同意等原因单方面终止合同的权利,且不用承担任何违约责任。其实,村集体和大兴实业公司各有自己的打算,在法治意识、契约意识还较为淡薄的时代,大兴公司希望借此机会获取 SD 村下煤炭开采机会来赚钱,而村集体则希望通过合同"套取"大兴公司的设备、技术等办矿要素经营发展煤矿。虽然这一合同权利义务明显失衡,但联营合同的签订客观上加快了 SD 煤矿的建设,提升了煤矿的科学管理经营水平,煤矿产出的质量数量和经济效益也得到了保障,为村庄经济实力和村民生产生活水平的改善奠定了一定基础。

产权结构既包括依附于物的横向股份权利结构,也包括从权利中析出的占有、使用、收益、处分等纵向权利,前者指权利在不同人群之间的配置,后者指权利要素在不同时期的组合结构,横向权利结构和纵向权利结构的变化都会对权力结构产生影响。① 从 20 世纪 90 年代开始,各地乡镇企业异军突起,成为我国经济发展中的生力军。吕梁山脉作为我国煤铁资源富集区,在国家鼓励发展乡村工业政策的推动下,当地小炼焦厂、小炼铁厂如雨后春笋般出现。小炼焦厂、小铁厂等属于高污染、高耗能企业,需要大量的煤炭作为原料和燃料,但乡村集体或者个体开办的这些小工厂、小企业并不能通过政府计划指标获得足够的煤炭资源,他们必须自己解决燃料和原料供应问题。同样,乡村集体开办的小型煤矿也不具备通过国家计划向外出售煤炭的资格,他们必须自己开拓销售渠道。

---

① 金太军:《产权与政治研究:进路与整合——建构产权政治学的新尝试》,《学术月刊》2011 年第 12 期。

由此，供应煤炭的小煤窑和急需煤炭的小炼焦、小铁厂形成了一种"国家计划外"的供求互补结构。外部市场的扩大推动了煤炭价格的上涨，大兴公司投入机械采煤设备和采用新技术大幅提升了SD村联营煤矿的产能，压缩了开采成本，带来了可观的经济效益。村庄所获的煤矿利润在按比例偿还银行部分贷款后，越来越多的剩余利润壮大村集体的经济实力，村庄公共设施由此得到初步改善，务工村民的收入也水涨船高。

随着联营煤矿规模产能逐步扩大和规范运营，大兴公司要求村干部进一步拓宽渠道以获取更多贷款，加快设备技术更新以及占据更多更广阔的销售市场，同时还必须学会与工商、税务、环保以及上级安全监管部门打交道，并能够应对处理因各种外部因素、突发因素而引发的内部问题。考虑到国有煤矿产能的提升和与日俱增的乡村小煤矿，大兴公司认为煤矿产量将会呈几何级数量增长，SD煤矿要想在今后的竞争中立于不败之地，必须要加快办理开采13号煤层的审批手续，因为13号煤层储量丰富的4号主焦煤是炼焦必须添加的辅料，因此享有"国宝""煤炭中的熊猫"等美誉，尽早开采就可以在当地销售市场中取得垄断地位，获取高额利润。此外，煤矿属于高危行业，大兴公司认为必须加大煤矿安全设施的投入，将支撑煤层顶板的木支架更换为铁支架，这样一方面可以保障矿工的人身安全，另一方面可以进一步扩大煤矿产能。因为如果不幸发生安全事故造死伤矿难，政府部门将封停煤矿，那么SD联营煤矿前期的投入就会付诸东流。考虑到审批13号煤层以及巷道后续的延伸工程与更换顶板支架都需要较大资金投入，所以大兴公司要求煤矿降低利润分配比例，积累储备资金着手煤矿的改造升级。但SD村干部群体受限于自身眼界、知识结构和小农意识，他们并不关心煤矿和村庄以外的变化，只是仅仅盯住联营煤矿每月能给村集体上缴多少利润，还可以增加多少村民就业岗位等具体问题。他们认为煤矿经营主要由大兴公司负责，大兴公司所谓改造技术是想占有更多煤矿利润，所以坚决反对，村干部中只有SQZ支持大兴公司的做法，大多数村干部和村民的反对让大兴公司这些有利于煤矿可持续发展的超前规划胎死腹中。

随着国家对煤矿开采的进一步规范，各地政府不断加强对煤矿特别是中小煤矿的安全监管，要求煤矿完善安全设施，提高煤矿安全标准，并将煤矿监管处罚的权力上收成立专门部门，实行垂直管理，并将乡村小煤矿作为重点监管对象。SD 村的煤矿因为安全设施投入不达标，被监管部门检查和责令停产整改的频次越来越高，煤矿的生产节奏被打乱。煤矿开采隐患的增加和煤矿开采收益的减少让村民对村支书 BYC 的眼界和能力提出质疑，部分村民认为煤矿应该主要由大兴公司按照他们的想法进行管理经营，村支书专门负责村集体的事务，实现"政企分开"。但 BYC 始终认为他是为全体村民着想，为集体利益考虑，并没有错，也坚决不会交出集体煤矿法人代表的职位，只要他一天不死，就要充当集体利益和村民利益的守门神。

经过大兴公司和 SD 村干部这一回合的较量，很多村民对村干部特别是村支书 BYC 有了新的认识，认为老支书为村集体和村民办了很多大好事，但确实缺乏长远眼光和市场意识，而其他村干部都是跟在 BYC 后面的"榆木疙瘩"（副主任 AQZ 除外），没有自己的想法。随着煤矿安全专项整顿工作的结束，煤矿经济效益回到甚至超过了原来的水平，质疑村支书的声音也很快消失。但在副主任 SQZ 的多次劝说下，BYC 终于答应开始办理开采 13 号煤层的申请手续，并交由 SQZ 具体负责，同时 BYC 也强调只办手续，坚决不能降低村集体和村民的利润分配水平。

（四）乡镇的介入与治理复杂化

1. 乡镇介入的基础与策略

集体公有制既不是"共有的、合作的私有产权"，也不是纯粹的国家所有权，它是由国家控制但由集体来承担其控制结果的一种农村社会制度安排，这种体制在改革开放以来虽然有所弱化但仍然在延续。① 我国农村集体所有制本身的模糊性和产权的不明确为乡镇调配、侵占村集体资源提供了制度空间，乡镇通过行政权威和行政压力仍然可以有效地约束甚至管控村干部。

由于SD村贫穷落后，缺乏开办煤矿的各种要素资源，在建设集体煤矿初期，乡镇政府响应国家号召，调用乡镇范围内的公共资源支持SD村开办煤矿，协助村集体勘探规划，帮助培训工人，帮助完善建矿的配套设施，甚至将SD村的堰塘接通到地势较低的邻村，以便于SD村堰塘及时排空，保持地面干燥，防止煤矿发生透水、窜水事故。在SD村联营煤矿发展初期，良好的外部市场推动了SD煤矿的快速发展，煤矿产能效益也不断提升，但在进一步发展过程中也积累了越来越多急需解决的问题。首先，SD煤矿虽然在1987年获得山西省煤炭资源管理委员会批准开采的许可文件即晋煤资字（87）第090号文件，但1986年3月全国人大通过了《中华人民共和国矿产资源法》，并从当年10月1日开始颁布实施，该法规定乡村开办煤矿的各种条件，首次规定了资源型企业探矿权和采矿权的有偿取得制度，完善了各级各类煤矿采矿许可证的审批许可监管，并禁止采矿权的买卖、出租和抵押。虽然各资源型地区基层政府为了鼓励本地发展煤矿产业，对乡村小煤矿放松监管，对其是否证照齐全也不闻不问。但从1993年以来，随着乡镇企业对煤炭能源需求的增加和煤炭价格的上涨，各地乡镇小煤矿违规开采导致矿难事故频发多发，在上级政府的压力下各地方政府开始加强监管，要求各类煤矿特别是乡镇小煤窑证照齐全、依法开采，在此背景下，SD煤矿急需在乡镇政府的支持下办理采矿许可证。其次，SD煤矿在市场需求和价格的刺激下不断提高产能，但井筒所达的8号煤层赋存不稳定、矸石含量高，灰分高，经济效益差，所以煤矿要获得进一步发展，需要尽早将采煤工作面往下延伸

---

① 周其仁：《中国农村改革：国家和所有权关系的变化（上）——一个经济制度变迁史的回顾》，《管理世界》1995年第4期。

到 13#煤层，而延伸斜井及巷道等一系列手续需要乡镇政府的支持。最后，由于煤矿通往兴岚公路的道路基础较差，而拓宽道路因需要投入大量资金开山填沟而无法启动，狭窄的村道导致外地的大车无法进入，只能依靠本地的拖拉机、驴车等小型运输工具将煤炭运送到兴岚公路两侧，而乡镇政府为保证兴岚公路的畅通经常对外地拉煤车辆进行限制和驱逐，影响了 SD 煤矿的外运和销售。由此一来，无论是 SD 煤矿证照的完善和 13#煤层延伸工程的审批还是运煤车占堵公共道路问题，都需要乡政府的支持配合，否则 SD 煤矿随时存在停工停产的风险，这也就成为联营煤矿在处理与乡政府关系时需要重点考虑的问题。

在 SD 村创办经营煤矿初期，乡镇党委政府凭借自身权力权威可以完全控制村集体主要干部，而主要村干部凭借所掌控的村庄公共权力和乡镇的支持牢固控制煤矿。在村集体缺少公共积累和办矿要素的背景下，必须借助乡镇、村集体和村民等不同主体的各类资源才可能获得开办煤矿的基础条件，而作为建矿主导者的村支书利用自身双重代表权威，一方面协调乡镇可提供的各类资源用于本村办矿，另一方面调配村集体内部资源，利用自身威信汲取村民手中可资利用的劳动力、资金等资源推动矿井建设。由此而建立的煤矿必然由村支书牢牢掌控，而乡镇党委政府控制村支书就等于间接控制了煤矿。在煤炭市场好转，价格上涨的背景下，SD 煤矿依靠机械开采形成的高产能获取了巨大收益，村民生产生活水平显著提升，过上了让周围村民十分羡慕的好日子。

长期以来，公社或乡镇基层政权选拔大队干部的核心要素就是政治忠诚，能严格贯彻落实执行上级决议和命令。然而，在资源型村庄创办集体煤矿后，政治上靠得住的村党支部书记却缺少建设煤矿、发展集体经济的能力，他们在政治上或许能一丝不苟、一成不变地执行上级决议，如上级号召资源型村庄办矿，他们能很快在上级政府的支持下建成煤矿，但这类村干部在集体煤矿经营过程中却缺乏依靠市场规律和竞争规则赢得煤矿发展空间的意识和能力，常常将集体煤矿发展中的困难抛向乡镇政府，而权力和财力有限的乡镇政府越来越无力应对和解决。SD 村支书 BYC 虽然政治上靠得住，愿意听乡镇的安排，有困难也主要依靠乡镇来解决，但乡镇主要领导越来越认为 BYC 思想僵化，缺乏市场意识，不会经营管理煤矿。面对联营煤矿惨淡的经营和村庄混乱的现状，乡镇主要领导也希望在 SD 村另选一位能力强、有市场意识和眼光的村庄能人来推动煤矿的进一步发展。由此，乡镇选择 SD 村干部的标准从"政治忠诚型"转变为"能力主导型"。而且乡镇认为当前联办煤矿的主要问题在于村支书 BYC 和大兴实业公司在煤矿经营管理理念上分歧较大，村矿之间的利润分配不科学，所以建议村集体整合当前集体煤矿多头管理的联营模式，从村庄中选择一位双方都认可的能人精英协调双方关系。人类正常的社会生活离不开具有普遍约束力的公共行政权力，当传统的行政权力与体制内精英受到削弱，必有替代性的公共权力（往往表现为内生性的）精英出现。① 经过多方考察，曾经因"招商"有功而被任命为村委会副主任 SQZ 脱颖而出，得到大兴公司和 BYC 的认同和支持，以此为起点，SQZ 开启了他迈向了煤矿和村庄权力舞台中心的征程。

按照上级党委政府的统一安排部署，乡镇于 1999 年 10 月前后在全乡范围内开展了第六届村委会选举，SD 村也进行了第一次真正意义上的村民民主选举，选举的地点安排在村里的小学操场，虽然当地政府和干部进行了大量宣传和上户督促，但村民对行使自己的法定权利并不积极，也不关心，最后乡镇决定向凡是参加投票的村民发放一张电影票、一袋洗衣粉和一块洗衣皂，但村民只有在选举前签一次到，选举结束后再签一次到才能领取。村民到了选举现场后，每人发一张选票，上面列好了候选村干部的名字，要求村民在同意的名字下画"√"，在不同意的名字下画"×"，每户至少

---

① 金太军：《村庄治理与权力结构》，广东人民出版社 2008 年版，第 108 页。

派一个人领票并填写，有一些村民因为没有带笔就将选票全部交给小组长，让他"帮忙填帮忙投"；对一些没有派代表参加投票的家庭，则由相应的小组长一人领取选票，全部"代填代投"。其实大部分 SD 村民在选举前就明确获知乡镇领导和村支书都大力支持 SQZ，乡镇干部和现任村干部也在不断引导村民要投 SQZ 的票，由此村民中早已形成了 SQZ 必然当选的共识，所以对没有悬念的选举既不积极也不关心。这次选举是《村委会组织法》正式实施以来 SD 村第一次组织村民民主选举，乡村干部缺乏经验，准备不充分，对制度规范与程序要求不熟悉，只求顺利完成上级安排的选举任务。总之，乡镇主要领导和村支书的支持，以及村庄竞选中没有竞争对手是 SD 村民不重视选举的内在原因，SQZ 当选村委会主任也毫无悬念。

2. 利益汲取下的妥协与平衡

对于一种较为封闭权力组织的活动方式而言，其独特性在于一定社区范围的垄断地位，并通过自身掌握的国家权力把自己的各种行为强加于社会，但对由此产生的种种反映却表现出漠不关心。[①] 公共财政是各级政府的生命线，而中华人民共和国成立以来中央对地方财政一直管得过多，统得过死。改革开放以来，中央和地方在财政上"分灶吃饭"，推动财政包干制基础上的行政包干制。分灶吃饭，权力下放，乡镇政府拥有独立财政，承担发展地方经济的主要责任，但乡镇一级整体呈现财权和事权倒挂，上面千条线、下面一根针，财权少、事务多、责任大，乡镇为完成上级安排布置的各项行政任务，发展本地经济社会事务，以获取在政绩锦标赛中脱颖而出的机会。AJW 乡作为一个偏远地区的财政穷乡，由其直接控制的乡镇工业企业较少，只能以有限的农业税费分成返还、部分上级转移收入和"三提五统"作为政府主要收入来源，同时乡镇必须承担基础设施、义务教育、社会治安、环境保护、计划生育、优

---

① 金太军：《行政组织与环境的互动分析》，《天津社会科学》2002 年第 6 期。

抚、民兵训练等大量乡镇公共事务和公共建设，有限的财政收入无力对接和完成日益繁重的行政工作和五花八门的达标升级任务。在国家放开资源型农村开办小煤矿的限制之后，国家宽松的办矿政策和乡镇企业的快速发展为集体煤矿提供发展的契机，在 AJW 乡所辖村庄创办集体煤矿初期，乡政府通过调用自身掌控的行政资源为集体煤矿筹集发展要素，完善力所能及的配套设施，鼓励村集体多方筹集办矿资源。在集体煤矿建成并开始产煤盈利后，乡政府以国家政策法规规定的村庄对乡镇的协助义务为依据，想方设法从所辖村庄特别是集体经济较为发达的村庄汲取资源，分派行政任务。"有水快流"政策实施以来，AJW 乡一共创办了 4 座集体煤矿，分别是 SD 煤矿、SP 煤矿、WJY 煤矿和 CJZ 煤矿，其中 WJY 煤矿因为煤层较深，刚开办就因为无法解决井下积水问题，在一次透水事故中造成人员死伤后被县煤炭工业局强令关闭，而剩下的三座集体煤矿以 SD 煤矿的产能最大、运输条件最便利，可开采煤层最厚且埋藏较浅，因而其盈利能力也远远超过其他两个煤矿。所以，SD 煤矿成为乡镇汲取行政资源的主要对象。

按照国家《乡镇企业法》的相关规定，乡村工业企业应该承担依法缴纳税费，努力解决农村剩余劳动力就业、增收问题，积极支持农村的各项建设，根据企业经营、盈利状况合理使用企业利润，以工补农、以企促农，乡村集体与企业之间相互支持、相得益彰、共同发展。按照当时 X 县政府的规定，县内各集体企业在完成法定税费后，乡镇政府额外提取的建农支农资金不得超过企业总收入的 5%，利润提取不得超过企业年利润的 5%，所以，乡镇政府向各集体煤矿提取的支农资金总额不得超过煤矿总收入的 10%，AJW 乡政府以无法准确计算 SD 煤矿的具体盈利状况为由，要求煤矿每年缴纳 4.8 万元，每季度缴纳一次，每次缴纳 1.2 万元，由乡政府开具收据，所收资金由乡政府统筹综合使用，并无明确的使用规划和具体指向。

SD 煤矿在承担了法定税费责任和乡政府规定的 4.8 万元支农

资金外,乡政府在无法完成上级达标升级任务或缺乏完成临时性行政任务的资金时,乡镇领导便通过各种"威逼利诱"手段迫使SD煤矿满足他们的要求。在1986年《义务教育法》颁布实施以来,全国各地兴起了集资建校的高潮,从20世纪90年代开始,山西省为进一步贯彻落实国家加强基础教育、提高义务教育质量的精神,要求全省各人口较为集中的乡镇实现"一乡(镇)创办一所优质初级中学"的目标,并对所创办优质中学的建筑面积、人均经费、师生人数比例等指标提出具体要求。X县政府按照学生人数向AJW乡拨付了4.5万的"创优达标升级"资金,同时要求乡镇自行筹集4.5万元配套资金,但AJW乡由于财政困难,"创优达标升级"工作推进十分缓慢,随着"创优达标升级"考核验收日期日益临近,乡政府按照施工进度倒排工期,并要求辖区三大煤矿按产能大小分摊AJW中学"创优达标升级"的2.8万元资金缺口,其中SD煤矿承担1.2万元,CJZ煤矿承担8000元,SP煤矿承担6000元,AJW中学自行筹集2000元。当时参与乡镇"创优达标升级"筹资动员会的SD村干部康某告诉笔者,"在动员会上,村里坚持最多可以支持5000元,当场就有乡领导大声指责SD村的干部,说煤炭是国家的,你们往外运煤的道路是政府投资修建,你们不支持乡里建设中学,以后你们煤矿拉煤的驴车、拖拉机就不能上公路,要不然我们就扣押,你们村的孩子也不能到乡中学上学,来上学也是编到最差的班,给你们一个星期的时间筹钱,必须按时交到乡里。"迫于多方面的压力,SD煤矿最后缴纳了10000元建设费,乡里给SD煤矿颁发了一块"支教先进企业"的奖牌。

X县是八路军一二零师在晋西北抗日的主要根据地之一,AJW乡也是有名的"烈士之乡",其中SD村有三位抗日战争、解放战争期间的老战士和五户军烈属。上级党委和政府要求地方上关心抗日老战士、军烈属的生产生活,大力开展"双拥"工作。县政府也多方筹集资金,在春节和中秋期间看望慰问老战士和军烈属，送上慰问品和慰问金。一位县领导到 AJW 进行春节慰问时发现一些烈士家属生活十分贫困，该领导一方面批评乡镇领导对军烈属关心不够，另一方面建议乡领导可以向老战士、军烈属发放本乡自产的煤炭以解决他们的冬季取暖问题。随后，乡政府召集 SD 村的 BYC 和大兴实业公司的 ZXW "协商"，要求 SD 煤矿每年提供 42 吨优质"块炭"支持乡政府"双拥"工作。多年以后 BYC 仍然记得当时乡镇尹书记与他谈话时的神态，"尹书记对我说，你们拿点煤是应该的，不是老革命和鬼子拼命，我们都是亡国奴，你还能挖煤挣钱，你还能当书记？啥也不说了，你们把煤拉到乡政府前面的空地上，乡里每年召开一个'双拥'送温暖大会，给你们挂大红花，另外，乡里每年烧水做饭也缺炭，老革命、军烈属每户三吨，乡政府你给上 10 吨，中学你给上 10 吨，一共 44 吨，你也不想乡里干部和孩子们天冷挨冻吧。我表示老革命、军烈属要关怀，也不都是 SD 村吧，CJZ 和 SP 也要关怀老革命，你怎么不让他们也送点煤，送点温暖。尹书记马上变得不高兴，说他们那的是粉煤，烧起来雾大（烟大），还臭，你们那煤好，你别谈条件了，这点觉悟还没有，我以其他村干部不同意，村民也有意见继续推脱，他说村干部有意见，你告诉他煤矿是集体的，不是他家的，没这觉悟他就不要干了，你们要做村民的思想工作，这点思想工作都做不好，你们支部咋个领导村民，你啥也别说了，你回去处理吧"。

乡镇对 SD 煤矿安排的赞助和支持任务，只要有第一次就成为惯例，在乡中学需要维修或者改建操场资金不足时，乡里总会向 SD 煤矿提出要求。而每年春节前夕，乡镇农经站会不断催促 SD 煤矿尽快将"块炭"送到老战士、军烈属家中。乡镇官员的目标函数是完成行政任务、创造政绩，而集体煤矿目标函数是追求企业效益，提高村庄集体经济实力，但政府通过思想工作和行政手段逼迫集体煤矿承担更多公益事业建设责任，通过牺牲集体煤矿的经济目标函数来填补乡镇的行政目标函数。① 随着上级安排的各种"只派任务、不配资金"的公共事务越来越多,乡政府总是不断要求 SD 煤矿等辖区企业顾全大局、积极支持,否则就以各种方式变相要挟,导致 SD 煤矿负担越来越重,承担越来越多与煤矿发展无关的公共设施建设、公共产品供给、公益事业发展以及社区公益事业的责任。

如果说 AJW 乡政府要求 SD 煤矿支持乡中学达标升级,提供煤炭改善军烈属的生活水平等公益性行为具有道义正确性,SD 煤矿不能拒绝,那么乡政府及其主要领导要求煤矿为政府公务消费埋单,甚至要求为乡镇干部的特定利益关系人提供经营便利则既不合规也不合理,但煤矿仍旧无法逃避拒绝,尤其在煤炭市场供不应求、SD 联营煤矿盈利能力强,经济较为可观的时期。BYC 告诉我,"煤矿为完善办矿证照,村委会将申请 13 号煤层资源开采权的材料和表格上交到乡政府审核盖章时,当时分管工业的 X 副乡长说 SD 煤矿安全设施不达标,而且煤矿内部管理混乱,账目不清,甚至还有村民反映村干部有贪污行为,要求政府处理。他如果不调查清楚就随便签字盖章,那是要冒风险、承担责任的,万一出事那就吃不了兜着走"。以此为借口,乡政府一方面要求 SD 村完善安全设施,及时向村民公布煤矿账目;另一方面提出希望 SD 煤矿帮助乡镇解决出行困难的问题。AJW 乡政府当时只有一辆小汽车,乡党委书记和乡长谁有公事谁坐,随着各项行政任务越来越多、越来越重,书记和乡长经常同时有不同公务要出行,仅一辆小车无法排开。乡镇通过向上级打报告获得了 3 万元的购车资金,而另外 2 万元则只能自筹。在一位 SD 村民反映村煤矿账目不清的问题后,BYC 给笔者绘声绘色地回忆了当年乡党委书记找他谈话的情形,为了呈现 BYC 讲述这件事时夸张的语态神情,笔者尝试对

---

① 董江爱:《煤矿产权制度改革与资源型乡村治理研究》,中国社会科学出版社 2016 年版,第 146 页。

他回忆的内容进行了技术化处理,将陈述体改成对话体。

乡党委书记向我询问联营煤矿的账目公开问题,我回答说原来每年公布一次,现在每季度公布一次。

那村民为何反映账目不细,不能查看集体煤矿的账本。

公布账目不细,那是不是煤矿买一颗钢钉也要公布?矿上的账本随便可以让人看吗?哪个企业的账本可以随便让人看的?再说上面来个检查组你们都让去我们村,中午招待费哪次不是大几百?你说这账本能让人想看就看吗?

我知道你的难处,你也要体谅一下乡里的难处,村民就这样往乡里告,我也不能不闻不问,下次他们再来,我给他们好好讲讲。刚才说你要体谅乡里的难处,现在乡里的情况你也知道,我和乡长两个人就一台车,有时候一个要下乡,一个要到县上开会,轮都轮不开,县里体谅到我们的难处,就给了钱但还不够,还差2万,你很能干,你们村煤矿效益最好,你们再作点贡献,乡里给你记上一功。

我们现在哪有2万元,现在用户都赊账,我们账上没有现款,不信我拿账本给你看。

我看啥你的账本,你们村里、矿上的事你都办得挺好,我们放心交给你,用人不疑疑人不用,当然也有个别村民告你账务不公开,我们替你顶住,不会影响你,也不会影响煤矿,上次你们想让乡镇帮忙跑跑13号煤层开采手续,这都好商量,但是这个2万元你必须解决。

那尹书记要不然我给你两张欠条,你们自己去催一催,我都催了好几次了,但人家领导说要到年底,一家是罗裕口榨油厂欠了18000元;另一家是城关农工商联合社欠4000元。

那就这么说定了。

乡政府财政基础差,但各项工作千头万绪、错综复杂。上面千

第一章　产权创设中的治权演进与分利秩序

条线、下面一根针。上级政府"将行政压力层层传导、将行政责任层层下卸",为确保乡镇按要求完成县级局、委、办的行政工作和专项任务,上级各部门不断地组织和下派工作组进行检查督促和验收。然后根据检查验收结果进行排名和奖惩,对落实不力或者排名靠后的乡镇及其主要领导,轻则诫勉谈话,重则降职甚至撤职。因此,如果有上级检查验收小组来乡镇,乡镇主要领导必须放下手头一切工作,专司"陪查、陪吃、陪喝"。当地"工作没干够,桌上杯来凑","只要喝得够,工作咋干也优秀"等顺口溜广为流传。所以,验收期间乡镇领导都会将检查验收人员安排在乡镇最好的饭店(一般检查验收都是一天,所以不存在住宿问题,只解决吃饭问题),由此乡政府欠下饭店高额的招待费,但一般年底必须结清全年的欠款,否则饭店在下一年将不再让乡政府"挂账吃饭",所以每年春节也是乡政府党政办主任的年关,他必须在过年前筹钱归还饭店的全部欠账。BYC这样描述当时党政办郭主任来借钱的情景:"郭主任领着饭店老板来到SD煤矿找到我,说乡里年底财政实在困难,矿上先预支上10600元的支农款,乡里先还上饭店的欠款,他这一要求我当然不同意,我告诉郭主任,虽然县里、乡里规定的煤矿支农资金是每年48000,我看现在矿上一年10万都打不住了,又要预支10600,现在支农款已经预支到后年了,郭主任也不多说,直接写了一张欠条递给我,叫我年后直接找乡长要,还说啥一个乡镇还会赖你这万把块钱,说完就笑着走了,留下酒店老板等着找我领款。"

最后,煤矿拿给饭店老板反存的9000元现金,剩下的1600元算作酒店的购煤预存款。此外,乡政府购买新车后汽油费无力承担,又要求煤矿承担了3个月汽油费;乡长"三叔"开办的铁厂经营不善濒临倒闭,乡长请BYC帮"个人的忙",低价给他叔赊点优质煤,帮他叔叔渡过难关;乡综合办公室郭主任到集体煤矿,表示乡政府的干部同事们年底加班特别辛苦,乡里也无钱发补贴,要求煤矿支持支持,林林总总,这些都是乡镇的"实权"领导干部，谁也得罪不起，大多只能照办。

在自上而下的政绩评价机制下，县乡之间及乡村之间，很容易结成利益共同体，既可以摆脱农民自下而上监督，也可摆脱上级政府自上而下的监督，围绕政绩工程、形象工程和各项中心工作形成合谋并以此攫取自身利益。① SD煤矿的建立使SD村成为AJW乡经济实力较强的村，乡镇领导为追求政绩，有意将SD村打造为"脱贫致富示范村""集体企业明星村"。同时也为了平衡乡镇政府对煤矿过度索取而导致的反对声音，乡镇将从上级安排的各种惠民项目优先安排到SD村，但有些项目只是好看、好听而不适用的"形象工程"和"政绩工程"，乡镇只是象征性地下拨一些建设资金，而要求SD村提供大量的配套资金。

为加强乡村的文化建设，县政府要求各乡镇至少建立1—2个"乡村大舞台"，县政府为每个"乡村大舞台"补助1500元，要求乡镇配套1500元，其他建设资金缺口通过村民捐款、村公积金、公益金等渠道解决。乡政府为完成任务，决定将这一项目安排在SD村，并向SD村配套10000块红砖（当时红砖每块0.12元，10000块红砖大约1200元），而按县政府的标准建设的"乡村大舞台"造价至少在4000元以上，不足部分要求村集体自行筹措，当然，村集体唯一可以筹措的对象就是集体煤矿。乡政府将这一项目安排给SD村有多重考虑，一方面县政府安排部署的"文化建设任务"必须完成，而乡政府又不想提供配套资金，因此他们只能将这一项目安排给有一定经济基础、具有提供配套资金实力的村集体；另一方面乡政府经常要求SD煤矿支持乡镇公共建设和公益事业，他们将上级提供部分配套资金的项目安排给SD村，体现乡政府对SD村的"重视和关照"，以此减少SD村民对乡镇索取行为的埋怨。访谈中村民LDT对笔者说："村里花5000多元修建的乡村

---

① 贺雪峰：《当前县乡村体制存在的主要问题》，《经济社会体制比较》2003年第6期。

大舞台几乎没有举办什么文化活动,而是成为一些过往行人的'公共厕所',臭气熏天,一些村民将秋收后的玉米秸秆堆放在'大舞台'里面,后来不知怎么发生了一场大火,将大戏台烧成了一个'黑包公',现在早已坍塌。"

乡镇政府与 SD 煤矿之间呈现出复杂的关系变化。在 SD 煤矿创办时期,乡镇政府通过行政权力调集资源为集体煤矿建设提供支持,为村集体经济的发展壮大作出了积极贡献。但由于煤矿的集体性质,乡镇一方面支持 SD 煤矿的可持续发展,另一方面并不直接干预 SD 煤矿的内部管理经营,而是利用自身在煤矿证照办理、13 号煤层开采手续初审权等机会,逼迫煤矿及村干部满足乡政府的各种要求,并以此来强化对煤矿利益公益性或者"灰色性"的汲取。乡镇既支持煤矿做大做强,实现可持续发展,又利用手中掌控的权力权威大肆汲取煤矿利益。政府官员对乡镇企业实际上是一种收费服务,这就是戴慕珍所言的"乡土中国的官商联体"。①

三 利益均沾与村企联营失败

(一)"以煤补村"与"利益均沾"

产权有多种属性,与西方主要追求效率的经济属性和保障权利的政治属性不同,在我国产权还有很强的社会属性。乡村产权的社会属性与国家公共物品供给能力高度相关,在国家供给公共物品的能力较弱时,产权将承担更多民生性公共需求的社会属性,但在国家供给公共物品能力比较强时,产权的社会属性逐渐减弱。② 在集体煤矿获得国家 45 万元扶贫贷款以及煤矿产生经济效益之后,联营煤矿在利益分配时综合考虑村集体公共建设、公益事业以及村民

---

① 夏少昂:《中国乡村政治中的庇护主义——读戴慕珍的〈当代中国的国家与农民:乡村治理中的政治经济学〉》,《中国研究》2014 年第 1 期。
② 邓大才:《中国农村产权变迁与经验——来自国家治理视角下的启示》,《中国社会科学》2017 年第 1 期。

进矿务工、福利分享等多方面的需求，虽然在村集体与大兴实业公司联办合同的利润分配中，并未提及原 30 股东的个人权益，但村干部通过给予他们承包辅助工程的机会进行"曲线补偿"，满足了他们的股权利益诉求。

SD 煤矿从合伙性质变为集体性质，原 30 股东的股权并未体现在集体产权中，但他们的权益在与本家族村干部签订的"社会性合约"① 中得到维护和保障，在煤矿获得银行 45 万元贷款后，村干部便将大部分修筑煤矿的配套附坡和小涵洞工程以预付部分工程款的形式，承包给各家族的村民股东，以"曲线救国"的方式弥补他们的损失，履行"社会性合约"。配套工程的承包按工程量和工程款分配给各股东家族，其中小涵洞工程承包代表是原股东孙某儿，井上附坡工程承包代表是原股东白某留，外运道路工程分段承包给其他村民股东，分别签订承包合同并预付部分工程款（合同内容见附件二、附件三），在与原股东白某留签订的井上附坡工程合同中，虽然规定了附坡设计和质量要求地工离水面的距离为 2 米，宽度离夯石 2 米，地面材质黄泥筑背，填方水泥沙石一尺，灰泥嵌入 25 厘米，附坡路面全部用水泥均匀覆盖，具体用料标准要求使用水泥 80 袋，水沙 20 方，白灰 2.5 万头，其中有些用料如黄泥可就地取材，另一些材料如水泥可以从矿井修筑工地成本价获取，在单次用料较少时一般无须付费。为减轻承包村民经济压力，村集体还先行垫付部分资金，后来在承包者的多次请求下又三次追加预付资金，井上附坡的工程款在工程完成验收前就全部预付。在与孙某儿签订的承包修筑涵洞合同中，规定涵洞前后修筑的牵引道路每米 30 元，要求宽 2.5 米，地面以黄土为主但要见到石头块，做到雨停地干。主体工程涵洞建洞设计要求洞宽 3 米、高 2 米，洞顶 70 厘米，前后建设八字墙，铺底 30 厘米，洞面刷白石灰，洞口

---

① 折晓叶、陈婴婴：《产权怎样界定——一份集体产权私化的社会文本》，《社会学研究》2005 年第 4 期。

外部上墙铺 10 厘米红泥。用料标准要求使用水泥 45 袋，白灰 6000 斤，水泥沙 12 方，碎石用料由乙方自备，一切原料用款全部承包在内。与井上附坡工程一样，村民实际使用的物料也主要从矿井修筑工地获取，只支付成本价。承包费总计 8300 元，其中路面 1950 元，涵洞 6350 元，开工日甲方付乙方抵垫金 1000 元，竣工验收后全部付给乙方剩余承包款。由于涵洞工程要经过一场大雨冲刷后才能进行安全性能验收，所以虽然原股东孙某儿多次要求追加预付款，但村集体仍然扣押了 2000 元，在验收合格后，村集体在支付尾款的同时奖励了孙某儿 500 元。此外，在煤矿基本建成后，煤矿还优先保障原股东的就业机会。村集体一系列政策倾斜得到了村民股东的肯定，增加了他们的家庭收入。农民不是根据自己实际得到的好处来计算，而是根据与其他人收益的比较来权衡自己的行动，这就构成了中国农民特殊的公正观。① 对原股东的倾斜引起其他村民的不满，他们认为村干部偏向自己的亲朋好友，也提出要承包技术含量低、工程规模小的井上工程。在其他村民的压力下，原股东所承包工程的用工必须雇用一定数量的本村村民，通过村民"利益均沾"化解原股东和其他村民在利益分配中的潜在矛盾。原股东中的村干部放弃了承包工程及其获利机会，而是充当工程分配者和验收者。

在村集体与大兴实业公司签订的联办煤矿合同中明确规定：乙方（大兴实业公司）在经营煤矿过程中按照国家法律、规章优先招聘甲方村民，但同时有权拒招和开除不合格的劳力。虽然煤矿的复工复产给村庄带来了大量煤矿务工机会，但对于人多地少且劳动力过剩的 SD 村而言，并不能解决所有村民的就业问题，务工机会在村民之间如何分配也成为现实的难题。首先，煤矿必须优先解决原股东的就业问题，村干部认为如果没有他们的冒险办矿和筹资筹

---

① 贺雪峰、罗兴佐：《论农村公共物品供给中的均衡》，《经济学家》2006 年第 1 期。

劳就不可能有煤矿，保障他们的优先就业权也是为了补偿原30股东对煤矿产权变更支持的补偿。其次，对其他村民而言，由于煤矿所能提供的就业岗位较为有限，但很多村民都想到联营煤矿中务工挣钱，僧多粥少，所以村集体以年龄、性别等标准对村民进行"过滤"，以煤矿开采属于高强度劳动为由，将招工对象限制在22岁到55岁之间的男性村民，但这一标准遭到家庭未成年子女多或者纯女户村民的反对，为了平衡务工机会及其背后的利益分配，村干部采取了折中的方案，村里不论男女老幼，每四个人可以获得一个煤矿务工指标，但进矿工人必须是身体健康且年龄在22岁到55岁之间的男性，务工指标可以赠予或出售。最后，对于进入煤矿务工的村民，井下工种和地面工种工资差异较大，村民都希望获得井下工种以获得较高工资，煤矿通过轮班培训的方式实现井上井下工种轮换予以平衡。当然，对于采矿过程中技术含量较高的机电作业、井底鼓风及风路循环等专业工种，则必须从外面聘请有相应资格证书的专业人员，他们的工资待遇也是一般村民遥不可及的。此外，村庄优质劳动力进入煤矿上班减少了村民对自家承包地的劳动投入，村民便减少种植需要投入更多劳动和时间的胡麻、向日葵等经济作物，改种玉米、土豆等粮食类作物，所收获的粮食作物也主要用于自家食用。由此，在其他村庄主要依靠务农获取家庭收入时，SD村民却可以获得种地和煤矿务工两份收入，生活水平也大为改善。但是进矿务工对村庄优质劳动力的"虹吸效应"导致村民家庭改变承包地农作物种植结构，村民家庭的现金收入主要依靠煤矿务工获取，村民与煤矿联系更为紧密，逐渐成为一个共荣同衰的整体。

煤矿因为产能有限导致所需工人数量较少，村集体通过不断提高年龄、学历、身体健康状况等标准，以此减少因为村民争夺煤矿务工机会而带来的麻烦。此外，村集体还将煤矿务工与村庄管理紧密结合起来，其表现在于：其一，对于在村内有小偷小摸，不按规定上缴农业税费，超生且不缴纳社会抚养费的村民，一律不得进入集体煤矿务工。其二，对于村中精神文明先进户和军烈属给予适当倾斜。将进矿务工机会和管理村庄关联起来，使 SD 村的社会秩序和村风村貌发生较大改变，在其他村庄缴纳税款、计划生育还是"天大难题"的时候，SD 村每年都能顺利完成上级下达的各项任务。其实，SD 村之所以能够公平公正的处理村民对煤矿务工机会的争夺，是因为村干部无须利用自己手中的权力优亲厚友而厚此薄彼，他们的直系血亲大多属于煤矿初创期的原始股东，按照口头的约定，村里已经优先解决了他们的就业问题，而村民股东也不以"原始股权"为借口扰乱煤矿的正常开采，这在一定程度上可以理解为双方的默契与配合，也是村干部能够公开公平处理煤矿利益分配问题的潜在前提。

成功开办集体煤矿以后，村集体从煤矿分得的利润和村庄公共积累也不断增加，村干部既负责公共事务和公共建设，也是集体经济的经营管理者，有权决定如何分配煤矿所带来的集体收益。煤矿的集体性质要求利益分配的普惠性，但每年有限的煤矿收益如果在全体村民中"完全平均分配""分干吃尽"，对村民而言只是聊胜于无，并不能真正解决多少实际问题。而村集体由于长期的贫困，无力改善村庄公共设施，发展集体公共事业，SD 村整体呈现落后破败的景象。所以村干部决定首先从煤矿创造的利润中切割部分收益，发展村庄公共事业、公益事业，为煤矿的进一步发展和村民生产生活环境的改善创造条件。

除联营煤矿每年按照合同约定免费向村小学和五保老人提供 30 吨优质块炭外，村庄主要推动以下方面的公共建设。（1）生产生活设施的完善。村庄内部主干道全部用沥青硬化，既方便了煤矿往外运送煤炭，也方便了村民外出。购买了大功率抽水机，解决长期困扰 SD 村雨季排洪能力不足的问题。此外，为保障村民用电的安全性和稳定性，村集体将部分腐朽的木质电杆替换为水泥电杆，而且按国家电价的一半征收村民的电费。（2）翻新扩建了村里的土地庙。SD 村每年正月二十四要在村土地庙过庙会，但土地庙在人民公社期间遭到损毁，在村里老人的要求下，村集体对土地庙进行了扩建翻新，并从外县请回了一尊老君像，寄托村民希望煤矿安全开采、兴旺发达的美好愿景。（3）推动村庄公共文化事业建设。为丰富村民的文化生活，村里专门从集体收入中划出专款购买了威风锣鼓和"二人台"戏服，由村妇女主任负责组织村里有文艺特长的村民组建文艺队，在重大节日时登台表演。（4）针对村里一些大家庭因为兄弟多而在赡养父母问题上相互推诿、不肯承担责任的不良现象，村集体通过开展评选"精神文明先进户"和"精神文明后进户"的活动，大力表彰孝老爱亲、尊重长辈的先进家庭，并给予一定物质奖励；而对于那些不肯赡养老人的村民，村集体则严厉张榜批评并教育其改正。通过一系列教育活动的开展，SD村民的邻里关系得到明显改善、在村民与村民、家庭与家庭之间发生矛盾和冲突时，不再像以前那样通过打架斗殴或者"妇女上门对骂"来解决，而是倾向于找年纪大、德行高的老干部、老党员来评理、调解或者通过"打官司"来解决，整个村庄的精神风貌焕然一新。（5）改善村办小学的办学条件。村办小学由于年久失修，校舍陈旧、面积狭小，为改善村办小学的学习环境和办学质量，SD村重新翻修了小学的危旧教室，免费为学校提供粉笔、黑板擦等教学工具和学生课堂作业本。此外，村集体还提高了"五保户"供养标准、为考上大学的学生提供进城路费，在村民较为集中的生活区打了一口水井等。

在资源型村庄，村干部既负有村庄建设管理的责任，也享有经营集体资产、分配集体收益的权威，村庄管理者和煤矿经营者的"双重身份"便于他们调配村内各种资源，一方面以村集体的各类资源支持煤矿的创办与发展；另一方面利用煤矿产生的收益推动村庄公共事业的发展和基础设施的完善。两种责任、两种资源的合理切换和相互补充为村庄面貌的改善、村庄凝聚力的提升创造了条件。村庄在集体煤矿建设经营初期，能够维持村庄内部的稳定，首先在于煤矿在当时良好的市场背景下产生了较好的经济效益，为村集体创造了一定的可分配资源；其次在于村干部分配利益考虑历史贡献和村民诉求，坚持以公共事业、公益事业为先，而且将村庄治理与煤矿利益分享统一起来，在"利益均沾"的基础上推动了村庄的有效治理。

（二）封闭与差异化的福利分配

在煤矿收益主要用于村集体公共建设、公共事业的同时，村庄也根据煤矿收益的盈余状况，开始向村民发放白菜、土豆、粉条、米面和猪肉，在其他贫困村庄还在为温饱问题困扰时，SD村发放的福利让他们十分羡慕，附近村庄的未婚妇女都乐意在SD村找婆家，而本村的女人都不愿意往外嫁。但SD村福利发放对"村里人"和"村外人"进行了严格区分，具有一定的封闭性。村里人认为福利来源于集体煤矿的收益，所以福利只能在村集体内部分享，他们以是否有承包地、是否是农业户口等标准将村里人分为几种不同的类型，分别享受村里不同的福利待遇。其一是户口在村里且拥有承包地的村民（空挂户、国有厂矿工作村民除外）。这类村民从人民公社以来一直在村庄中居住生活，并通过家庭联产承包获得了耕地。这类村民及其子女可以获得村集体分配的所有福利，并享有在煤矿上班务工的优先权。其二是外嫁女及招赘的上门女婿（纯女户有一个上门女婿可以享有全部福利）。SD村原住民的子女成年以后，无论结婚成家与否，儿子可以一直享有村中的福利，但女儿外嫁（以在村庄办理婚宴为标准）当年享有全部福利，第二年减半享有，从第三年开始不再享有。而招赘的女婿则根据原住民的家庭情况区别对待，纯女户可以安排一个女婿及其子女享有全部福利，而其他招赘的女婿及其子女则不能享有。与此不同，外嫁进村的媳妇从结婚当年则可以享有全部福利。其三为村庄分田到户后搬迁到SD村的村民，他们拥有SD村的户口但没有承包地，这类村民可以到集体煤矿中务工，但是每年只能获得一半的福利。第四类为村小学的民办教师、外地来村务工的技术人员和通过招工、考学、搬迁等方式获得非农业户口的村民等。除技术人员外，其他人员都不能到集体煤矿务工，也不能享受福利。在每年教师节村干部以慰问的形式看望学校教师，但这与村民享有的集体福利在性质上根本不同。

村庄是一个社会有机体，在这个社会有机体内部存在各种社会关联，也存在着形式各异的人际交往的结构方式，这些社会关联和结构方式具有某种公共性。① SD 村福利分配的封闭和差异源于村民与村集体的历史关联和经济关系密切程度，他们以是否拥有"村籍"和集体承包地为标准区分村民是否享有完整的成员权，并以此与集体煤矿就业和福利分享相联结。这样的方式虽然便于村干部加强村庄内部管理，强化对松散村民的内在约束，但也潜藏着村庄内部分化和矛盾的风险。但在村民煤矿务工机会较为有限且福利分配较为公平的背景下，这种封闭化、差异化的内部分配方式得到绝大多数村民的认同，并未影响村集体内部的秩序和干群关系。

（三）经营权争夺与联营失败

受 1997 年东南亚经济危机的影响，许多乡镇工业企业效益下滑甚至停产倒闭，由此导致对煤炭能源的需求锐减，煤炭价格开始持续陷入低迷。与国有煤矿不同，在市场疲软和煤炭行业普遍亏损的背景下，集体小煤矿无法获得政府拨款、补贴，乡镇煤矿大量停工停产，哀鸿遍野。由于销售渠道较为单一狭窄，SD 煤矿开始大量滞销积压，买煤单位开始拖欠购煤款，甚至一些欠款大户因破产而导致煤矿应收货款成为无解的"三角债"。虽然 SD 煤矿开采产能大且开采成本低于当地其他煤矿，可以通过以价格换市场的策略维持惨淡经营，但仍无法按时足额支付务工村民工资，更无法向村集体上缴利润。由此村庄向村民分发的普惠性福利开始减少，村庄公共建设和公益事业减缓停滞，村集体更是无法偿还银行到期贷

---

① 吴毅：《记叙村庄的政治》，湖北人民出版社 2007 年版，第 15 页。

款。村民和村干部质疑大兴公司经营能力的声音开始出现，村支书BYC也多次公开警告甚至威胁大兴公司，如果煤矿不能给村集体创造收益，不能给村民补齐工资，村集体将收回煤矿经营权自己经营。在煤炭市场持续低迷的外部压力下，联营煤矿的合作双方本应携手共渡难关，但一些村干部却开始大肆指责大兴实业公司经营能力差，拖欠和降低集体的约定收益，BYC以维护村民利益为旗号要求大兴公司履行合同，按时足额向村集体缴纳三万元保底收益。而大兴公司则认为在外部市场疲软的背景下，双方应该节省开支，共渡难关，同时指责SD村没有履行修通井口至兴岚公路之间的道路等合同义务，导致煤矿外运通道受阻，从而不能完全享有合同约定的各项权利，并以此坚决要求降低保底分红金额，甚至扬言要从此前捐资的校舍维修资金和给村中孤寡老人供应的煤炭中抵扣。作为集体性质的联营煤矿，能否为村集体和村民带来收益及其带来收益的大小在很大程度上决定了村企联办方式能否持续，但煤矿能否盈利受到多种外在客观因素的影响，当联营煤矿无力给村集体和村民带来利益而又无力突破困境时，双方的冲突也就不可避免。大兴实业公司进入村庄并参与经营煤矿之后，SD村从同质村庄变化为异质村庄，在同质村庄内各主体持有普遍主义的态度，但在异质村庄却是持有特殊主义的态度，由此在不同村庄类型下，各主体所援引的支持力量和利益诉求就大为不同。① 煤矿拖欠村民工资和集体保底收益的行为导致部分工人私自停工，并辱骂威胁大兴公司派遣的管理人员。在大兴公司经理赵某得知村民"罢工"是因为村支书BYC和治保主任在背后教唆和指使，其目的就是为了解除联营合同，逼走大兴公司后，他私下加强了与村副主任SQZ的联系，希望SQZ能替代BYC在村庄权力结构中的位置，并承诺每年可以提供10000元的"活动经费"，用于拉拢其他村干部，一起"搞

---

① 贺雪峰：《面子、利益与村庄的性质——村支书与村主任关系的一个解释框架》，《开放时代》2000年第11期。

垮"村支书。SQZ表示同意,同时告知大兴公司,村支书BYC的儿子BDL利用负责看管储煤场的便利条件,经常半夜用小车偷偷往外拉煤,连夜运往临县低价出售,但BYC不知情。没过多久,BDL在一次监守自盗过程中被大兴公司的人抓住现行,他们将BDL五花大绑带到BYC面前,一口咬定是BYC经常指使自己的儿子偷煤,导致煤矿连连亏损、入不敷出,坚决要求将BDL移送公安机关法办。BYC被逼无奈,只能私下向赵某求情并答应不再鼓动村民停工,而且保证大兴公司可以继续经营煤矿后,BDL才被"从轻发落",仅将他开除了事。但这件事严重影响了村支书BYC的个人权威,一些比较霸道或者十分贫困的村民开始肆无忌惮地到村中储煤场拉煤,甚至在煤矿运煤车从他们房前屋后经过时,强行拦下车辆卸煤。对于这些村民的行为,负责看管储煤场和运煤的村干部都睁一只眼闭一只眼,一则因为煤炭不值钱还卖不出去,煤矿又是由外来公司具体经营,没有必要较真而得罪这些村民;二则因为如果强行阻止村民拉煤或卸煤,双方可能发生严重冲突。大兴公司将村民"拉走"的煤炭计入账本,并要求以此冲抵村集体的保底分红,而村干部则认为大兴公司管理不善,导致煤炭被"不明身份的人"偷走,责任应该由大兴公司自己负责。

大兴公司进入后,村支书无法独自左右煤矿的重大决策,其他村干部也不能掌控煤矿各具体经营管理部门,村集体和村民的收益分红也因外部市场的恶化而越来越得不到保障,原来的分利秩序不断受到冲击,潜在的矛盾逐渐浮出水面。大兴公司与村干部的矛盾与博弈使SD村以村支书为中心的一元化权力结构受到严峻挑战。村民对村干部的不信任感增加,甚至开始怀疑村干部都从联营煤矿捞取了个人好处,村干部对村民的制约能力下降,这反过来进一步瓦解村干部的权威。

更为棘手的是,村集体还欠银行28万元的贷款,银行对村集体和承担担保责任的乡政府多次下达催还贷款的通知书,并扬言要查扣乡镇和村集体的公共资产。因村集体、村民与大兴公司之间龃龉不断而导致的村矿矛盾引起了乡镇主要领导的重视,他们认为要解决 SD 村的问题必须从联营煤矿的煤炭销售、资金回笼入手。而副主任 SQZ 一直负责联营煤矿的销售工作,一直与几个用煤大户的主要领导建立了良好的个人关系,要改变当前联营煤矿的困境,SQZ 的个人作用非常关键,而且村中无人可以替代。BYC 综合考虑了乡镇领导的建议、联营煤矿的当前困境和村庄的现状,便大力支持 SQZ 全面负责煤矿的各项工作。

随着 SQZ 顺利成为村委会主任并掌握了村委会公章,村庄权力结构的改变直接影响村集体、大兴公司和联办煤矿三者之间的关系,大兴公司在联营煤矿管理经营上开始架空村支书 BYC,悄悄和村委会主任 SQZ 决定煤矿的生产经营和收益分配中的各种重大事项,而且这些决定都得到了乡镇的认可。察觉到危机的 BYC 提出为了让村集体和大兴公司建立更密切的合作关系,应该让现任其他 5 位主要村干部参与联营煤矿的具体经营管理工作,而不仅仅限于财务室和煤矿销售两项工作,煤矿的每个部门都应由村集体和大兴公司共同派人负责。这一提议遭到大兴公司的坚决反对,他们认为按照联营合同约定,煤矿主要管理人员应由大兴公司安排,而且村干部并不懂煤炭开采技术,贸然参与可能导致严重的安全事故,BYC 这样做是想用村干部取代大兴公司安排的各部门负责人,这是过河拆桥、卸磨杀驴的无耻行为。双方多次协商不成,BYC 单方面宣布停止与大兴公司合作,并扬言要派人"接收"联营煤矿。但他的"宣布"没有得到 SQZ 的赞同,更不会得到执行,这件事情导致 BYC 和大兴公司及 SQZ 关系的完全破裂。

愤怒的 BYC 和孙某带领一些村民向上级政府举报大兴公司越界开采,越层偷采还未正式审批的 13 号煤层,长期拖欠村民工资,搞对内对外"两套账目",侵占集体的保底分红等问题,并阻挠煤矿开采和煤炭外运,要求收回煤矿并由村集体自行开采经营,煤矿的收益全部归村集体和村民。在与 BYC 等村干部谈判失败后,大兴公司转而指责村集体不履行联营合同义务,村支书 BYC 收取了大兴公司贿赂并且每年私下从煤矿收取固定分红，并公布了村支书BYC每月私下领取分红的亲笔签名表。大兴公司与BYC相互指责所透露的大量内幕引起村民的极大愤慨，村民一方面派人把守煤矿的储煤厂，要求彻底公开煤矿账目，支付务工村民工资和集体福利款；另一方面要求乡政府调查村干部的贪赃枉法行为。为维护村庄稳定，县乡组建联合调查组进入SD村，经过半个多月的彻底调查，调查组得出以下结论：(1) 大兴实业公司与大同矿务局无隶属关系，大兴公司负责人赵某是原大同矿务局旗下大斗沟煤矿的机电副矿长，但在1989年从大斗沟煤矿停薪留职下海经商，与SD村合办煤矿是其私自盗用大同矿务局的名义，而且其从大斗沟煤矿赊购的设备系二手淘汰设施。(2) 经过对联营煤矿财物账册和固定资产的清查，发现联营煤矿账目不清楚，且已经严重亏损，井下开采设备存在严重的安全隐患，现立即封停关闭并将井下设备作报废处理。煤矿现有的大量积压煤炭和应收货款由村主任SQZ负责出售和催款，所获款项优先按比例偿付村民在煤矿的务工工资和银行欠款。(3) 村支书BYC严重失职，从煤矿谋取不正当利益，决定撤销BYC党支部书记职务，开除党籍留党察看一年，并处罚款30000元。至此，联营煤矿无法正常经营，村庄又恢复往日的平静，一些村民离开村庄到外地打工。

其实，在SD煤矿由合伙性质转变为集体性质之后，村集体与大兴实业公司采用联营的形式共同经营煤矿，联营前期煤矿效益较好，但所获利润全部分配；联营后期受经济危机影响销售市场低迷，联营煤矿本身由于权责边界不清晰以及内部管理混乱等问题导致双方围绕煤矿经营权展开激烈争夺，赵某利用村矿在煤炭产出总量上信息不对称的漏洞，将大量优质煤炭运到自己开办的洗煤厂，联营煤矿最终也因收支倒挂、入不敷出而濒临破产。在联营煤矿经营失败后，赵经理离开了SD煤矿，但他并未就联营期间大兴实业公司对SD煤矿的人财物投入主张权利，联营煤矿的资产债务都归属于SD村，与赵经理再无关联。他这样做的原因在于：其一，大兴实业公司以同煤集团的名义与 SD 村合作，但大兴公司实质上与同煤集团没有任何关系，乡村干部获取这一消息后，认为赵经理欺骗村集体和地方政府，扬言要追究赵经理的刑事责任。其二，联营煤矿在东南亚经济危机后，市场低迷，管理混乱、经济效益极差，大量拖欠村民工资和村集体保底分红款，而煤矿账上无钱，按实际债务计算煤矿早已资不抵债。其三，双方约定大兴实业公司的收益只能从联营煤矿的盈利中分配，并且联营煤矿优先满足村集体收益。其四，SD 村从银行借贷的 45 万元扶贫款只偿还了一半，而无论煤矿还是村集体均无力偿还剩余欠款。

在 BYC 和大兴实业公司赵经理"携手"退出 SD 煤矿的经营舞台之后，随着能源市场价格的小幅波动，SQZ 也尝试重新经营煤矿，但政府基于安全和成本角度的考虑，要求村集体必须先办理 13 号煤层的开采手续，打通 8 号煤层到 13 号煤层的斜井和巷道，并使用符合国家煤炭开采要求和安全标准的机械设备和配套设施才能重启，而满足这些条件所需的巨大投入对村集体和 SQZ 来说，在既无财政拨款，又无银行贷款的情况下根本无法实现。SD 煤矿再一次被关停，在风雨的侵蚀下，再一次成为村庄中的铁锈地带。

四 小　结

在 SD 煤矿创设经营的不同阶段，村集体的权力主体与治权结构也随之发展变化。办矿初期通过个别村干部的权威式治理，在宗族支持下能够短时间内集合启动办矿的人财物资源，但这种不规范、投机式的动员激励与管理，为村干部、村民以及煤矿之间的利益争夺埋下了严重隐患。在合伙办矿转变成集体办矿后，村干部享有宗族股东代表的"主事人"和村庄集体经济"当家人"的双重代表权威，更加牢固地掌控煤矿的管理经营权。随着外来公司的进入以及煤矿所有权与经营权的分离，虽然联营初期为村民带来了一定收益，但最终还是形成了内部人控制、关联交易等鲸吞蚕食集体资产的问题;① 外来公司及煤矿联营方式对原有的"一元化"治权结构带来了强力冲击,不同的社区产权结构及其运营形式在相当程度上决定和制约着社区权力资源的不同配置和运用方式,进而形成不同的社区权力结构和治理方式。② 而乡镇的介入及其对煤矿利益的汲取,使村庄治理更加复杂化,村企联营中,采取均沾式的利益分享,只能维持表面上的和谐均衡,随着市场形势的变化、经营权争夺以及由此带来的村庄混乱、分裂,最终导致联办煤矿的失败。

---

① 周其仁:《产权界定与产权改革》,《科学发展》2017年第6期。
② 项继权:《集体经济背景下的乡村治理——南街、向高和方家泉村村治实证研究》,华中师范大学出版社2002年版,第369页。

第二章　产权变更中的利益失衡与治理失序

产权制度不解决好，一个社会就难以构建有序的政治秩序，难以形成稳定的行为预期，难以营造有规则的社会环境。① 产权结构的变动导致煤矿控制主体的变更，并逐渐形成与新控制主体相适应的利益结构与权力结构，不规范的产权变更将导致新旧"利益—权力"结构的冲突与对立，从而带来严重的治理问题。

一　两委分歧与村书记之争

（一）国家的煤矿改制政策

在我国经济体制改革和市场化的推动下，从20世纪90年代开始，国家煤炭产业实行有限放开、放任发展的积极政策，逐渐放开政府对电煤的指导价格，同时对煤炭产业发展过程中出现的问题进行规范化整顿。改革开放初期的国家能源需求和政府对乡村集体开办煤矿的积极支持，一方面促进资源型农村经济的快速发展，另一方面由于资源型地区一哄而上，乡村小煤窑如雨后春笋般遍地开花，导致大量的无序开采和个人偷采行为，煤炭行业管理混乱、安全事故频发、环境破坏严重、行业效益普遍偏低。随着市场价格呈

---

① 刘守英、路乾：《产权安排与保护：现代秩序的基础》，《学术月刊》2017年第5期。

现周期性疲软和波动，大量抵御市场风险能力差的集体小煤矿煤炭滞销、利润下滑，煤矿运营难以为继。资源型地区乡村工业的衰败给地方政府尤其是基层政府带来沉重的财政压力，财政压力反过来又倒逼资源型地区进一步深化煤矿产权改革。① 财政体制中的激励和约束机制、干部评价体系、国家政治和市场环境影响地方官员所愿意支持的产权形式，② 特别是在1994年"两税制"改革以后，基层政府基于财政压力，对辖区乡村企业的产权改革考量因素以税收贡献和就业容纳力为主，对于亏损严重，不能创造财政收入的乡镇企业进行彻底改制或对外承包，以减少基层政府和村集体的经济压力。

一些资源型地区基层政府积极通过改制、托管、租赁、承包等方式转让煤矿的所有权或经营权，以此扭转乡村集体煤矿停工停产的困境。为规范地方政府的转让行为，中央政府于1994年出台《矿产资源法实施细则》，补充完善了开办、经营煤矿的主体资格与条件。1996年全国人大通过修改《矿产资源法》，确立探矿权、采矿权有偿取得和特定情形下转让的法律制度，允许矿业权按规定条件流转，禁止在矿业权交易中倒卖牟利，为矿业权市场化提供法律保障。1998年，中央相继出台《矿产资源勘查区块登记管理办法》《矿产资源开采登记管理办法》和《探矿权、采矿权转让管理办法》，并制定具体配套政策推动与规范地方政府的煤矿改制。

随着国家对煤炭产业法规政策的转换调整，山西煤炭产业实现了从以促进煤炭产业快速发展和促进煤炭工业技术进步、规范作业为目标的政策转向以促进煤炭产业初步实现计划管理和承包机制相结合的政策调整，在财政投资政策上，由"全方位、高强度、大规模的区域投资"转向为"重点项目投资"，开始实施"拨改贷"

---

① 王铁梅、董江爱：《企业主导农村城镇化的缘起、问题及对策——一个典型案例的调查与思考》，《山西大学学报》2014年第3期。

② ［美］白苏珊：《乡村中国的权力与财富：制度变迁的政治经济学》，郎友兴、方小平译，浙江人民出版社2009年版，第222页。

政策；在价格政策上，开始实施国家宏观指导下的市场调节政策。政策上以支持煤炭企业市场化改革、加大煤炭企业内部整顿和现代化市场管理力度为主，促进了煤炭企业逐渐实现从计划经济管理体制向市场经济管理体制的转变。制定煤炭货款拖欠处理办法，严格执行"三不"政策和"以销定产、以运定产"的产业政策方针。政策上鼓励煤炭企业实施"以煤炭生产为主、多种经营为辅"的经营战略。1998年，山西省确立了"理顺管理体制、重审发展规划、调整发展政策、制订整顿方案"的煤炭产业政策方针，提出了"统一领导、联合竞争、优质廉价、占领市场"的煤炭经营16字方针。在这一宏观政策背景下，SD煤矿拉开了对外承包的序幕。

（二）乡镇委派村书记的困境

村庄的集体财产法理上属于全体村民，但由村干部负责管理经营，所以村中权力核心的更替不仅意味着村集体资产管理主体的变更，集体资产的管理方式也将随之发生变化。在SD村，原党支部书记BYC因为"从联办煤矿获取不正当利益"而被撤职后，由于村庄内部矛盾较大而且其他党员并不具备担任村支书的权威和维护村庄稳定、处理善后事宜的能力，因此乡镇党委决定委派刚从部队转业的乡武装部长张某代理SD村支书，以维护村庄的和谐稳定，推动SD村集体经济的恢复与发展。新的两委班子都认为SD村要发展，只能在煤炭资源上想办法、做文章，但如何利用村里的煤炭资源来带领村民致富，代理村支书张某和村主任SQZ却有不同的思路，张书记认为应该将煤矿卖掉，因为村里并不具备经营煤矿的资金、技术、人才和设备，而且煤矿采掘属于高危行业，在缺乏足够煤矿安全投入的情况下，井下发生事故的可能性较大，而将集体煤矿出售后可获得一笔资金用于改善村集体基础设施和发展新的集体产业。而村主任SQZ认为煤矿是村庄唯一的经济支柱，不能一次性全卖掉，只能出租给经济实力强、开采技术高的企业或者个人，获得的收益主要用于村民福利和村庄公共开支。在双方多次协商无法达成一致的情况下,张支书和 SQZ 决定分别向党员和村民代表征求意见,张支书通过村广播召集党员和村民小组长到村小学教室开会征求意见,但当时全村 23 名党员只到了 5 名,7 个村民小组长只到了 1 名,随后张支书在广播中以略带威胁的口吻要求全体党员和村民小组长必须在 40 分钟内赶到村小学,否则要给予严肃处理,后来又陆陆续续来了 4 名党员和 2 名小组长。其他一些村民听到通知后自发来到村小学质问张书记,"煤矿是村里的命根子,村民的生活主要就靠它了,你把它卖了我到你家吃饭去"。一些村里的妇女也附和,"你是国家干部每月有铁工资,村民啥也没有,这矿是老汉们(男人们)用命换回来的,你敢卖不害怕村里人找你拼命,煤矿还有俺家的股份,你凭啥卖?"甚至有村民扬言要到县里告他倒卖村里的煤矿。协调会因到会人数少以及其他村民的干预无法正常进行,最终虎头蛇尾,不了了之。从那以后张书记就很少回村里,听说不久后就向乡镇党委提出辞职。村民嘲讽张书记是在"谩骂和围攻中夹着尾巴灰溜溜逃跑了"。

在后来的调研访谈中,张支书讲述了他当时的考虑,"SD 煤矿不论是村民合股办、村集体办还是与其他企业联办都失败了,而且期间还多次发生安全事故,SD 村并不具备开办煤矿的条件,选择出售煤矿获取一笔资金来改善村庄面貌,推动村集体经济转型发展难道不对?"但他的问题在于仍然按照在部队带兵的习惯管理村民,在没有向本村较大家族中辈分高的老党员、老村干部等有影响力的村民征求意见的情况下,贸然通知开会,在部分老党员、小组长迟到缺席时甚至扬言要"严肃处理"。在缺乏村庄内生宗族、人情等社会资本支持的情况下,张书记不了解村庄为人处事的惯例和规则,不懂得利用乡土资源和乡土规则来推行自己的意图和目标,反而以居高临下,采取命令—服从式的军队工作方式开展工作,最终在村民的激烈反对下而不得不离开,就变得不难理解。

（三）扑朔迷离的村书记之争

乡镇党委政府期望通过下派干部的方式解决SD村的难题，推动村集体发展的尝试失败后，转而支持村主任SQZ兼任村支书，这样一方面可以杜绝今后因村支书和村主任对集体经济发展思路、方向不一致而产生矛盾的可能；另一方面也是因为SQZ在负责联办煤矿销售工作时积累了大量的市场人脉，在"以销定产、以运定产"的办矿压力下，SQZ可以更好地发展经营集体煤矿。但在乡镇征求党员意见时，原支书BYC、孙某等一批老党员积极推荐原30股东之一的康某担任村支书，康某为人蛮横，甚至在人民公社期间有偷盗附近公社粮食的前科，但为人豪爽，敢作敢当，而且与BYC私人关系十分密切，支持康某的老党员以BYC等老股东为主，他们期望康某担任村支书后能够维护原股东的股权收益。

在选举新村支书的支部大会上，乡镇委派乡党委委员、副乡长计某参加并主持会议，并代表乡党委提名SQZ作为村支书的候选人，但党员们反映SQZ并不是党员，没有资格作为村支书候选人时，计副乡长坚持说SQZ已经入党，其党员档案在县委组织部。经过当时参会的16名党员共同投票，其结果康某获得7票，SQZ获得6票，其他党员3票，计副乡长在统计票数后表示要将选举结果向乡党委汇报，经乡党委研究后批准任命新支书。后来，计副乡长到SD村宣布得票较少的SQZ担任村支书，理由是双方都没有过半数，而康某在人民公社期间被公安机关打击过，政治上有问题不能担任村支书。后来BYC等党员联名向山西省黄河电视台举报，电视台派记者到村调查，并向县委组织部求证SQZ是否有党员档案，县委组织部工作人员明确表示组织部没有SQZ的党员档案。在舆论监督的压力下，乡镇既没有明确表示SQZ是村支书，也没有宣布SQZ不是村支书，只是向SD村党员、村干部解释SQZ的党员档案在移交过程中遗失，正在向上级组织申请补办，村党支部具体工作由SQZ负责，由此，SQZ实际上成为SD村的权力核心。

村庄权力结构在长期的相互作用中形成了以宗族、地域（片）为特征的模化，破坏了模化的权力结构，也就破坏了村级权力的平衡。[①] SD村白姓、尹姓和康姓是村中宗族势力最强的三大家族，但三大家族占全村人口的比例不到30%，杂姓村民比例超过50%。在煤矿创办初期的30股东当中，主要以白姓、康姓、尹姓和孙姓为主，他们因为共同的股权利益关系更为紧密。在股权利益和家族利益的较量中，孙姓股东更多支持康某，因为SQZ并不是30股东之一。但随着SQZ实质上担任"村支书"兼村主任，意味着合股办矿时期形成的股权结构、宗族结构和权力结构高度一体的局面解体。

二 妥协与平衡下的煤矿外包与产权变更

（一）煤矿外包合同的草草签订

随着我国加入WTO后外向型经济的快速发展，国家放开了电煤的计划指导价格管制，煤炭市场逐渐复苏，揭开了煤炭产业"黄金十年"的序幕。在当时国家政策的支持下，资源型地区的基层政府加大向外招商引资的力度。浙江福建一带手握巨资的商人们也在寻找新的投资机会，他们在山西各级政府的引介下，频繁到各煤炭资源富集地区考察。与此同时，煤炭价格的攀升导致山西一些资源型村庄违规开采日益严重，特大、重大安全事故频发给山西各级官员带来巨大压力，面对严峻的煤矿安全形势和考核追责压力，山西省各级政府一方面加大煤矿安全开采监管力度，严格要求各煤矿按照国家法规依法开采，并加大安全设施投入；另一方面按煤矿采区可采资源存储量征收资源价款，同时要求扩大煤矿产能，单井产能不能低于15万吨每年。政策调整提高了煤炭产业的准入门槛，

[①] 贺雪峰：《论村级权力结构的模化——兼论语村委会选举之间的互动关系》，《社会科学战线》2001年第2期。

也要求煤矿经营者拥有更强的资金和技术实力。在上级政府官员的引介下，SQZ 与福建煤老板 LRP 建立了联系，并多次邀请他到村里考察和投资，随后 LRP 带领技术人员对 SD 煤矿进行多次勘探考察后，认为 SD 煤矿采区 4 号主焦煤储量丰富，有广阔的市场前景，于是专门成立了福兴能源有限责任公司（以下简称"福兴能源"）承包 SD 煤矿，在基层政府和村干部合力推动下，SQZ 代表村集体与福兴能源公司签订了《X 县 SD 村煤矿承包协议书》，但这一涉及集体重大资产经营权转让的承包合同却十分简单，总共三条 375 字，承包合同主要强调 SD 村委同意将 SD 煤矿整体承包给福兴能源，SD 煤矿的经营权、占地使用权全部无期限转让给福兴能源，并由福兴能源承担该矿后续一切建设投资及其相应法律责任。承包煤矿后福兴能源每年只需向 SD 村委缴纳 3 万元承包费，此外一次性补齐大兴实业公司拖欠的村民工资款 7 万元，代偿 SD 村拖欠银行的 28 万元贷款及其延期利息。所签合同的具体内容并没有向全体村民公开，发放拖欠工资时也是与这些村民一对一进行，后续贷款偿还也直接由福兴公司与银行对接。

当产权模糊且存在利益博弈时，在缺乏健全制度约束，信息不透明、不对等的情况下，力量较为强大的两方可能形成合谋，从而最终损害第三方较为弱势者的利益。而这将导致利益受损的弱势者降低社会信任，政治参与更为冷漠甚至在一定条件下成为秩序的破坏者。① 村主任 SQZ 与福兴能源公司签订的承包协议，并未通过村民大会或者村民代表大会研究讨论，村民只是模模糊糊了解到福建大老板来开发 SD 村的煤炭资源，帮助 SD 村发展集体经济和偿还贷款，并补发联营时期拖欠村民的工资，每年还给村里缴纳 3 万元承包费。对村民而言，村集体与大兴公司联办煤矿失败后，逐渐荒废的矿井并不能给村集体和村民带来任何实际收益，他们也希望煤

---

① 李利红、董江爱：《村矿合谋：理论基础、形成原因及其社会政治后果——基于煤矿国有产权控制和影响下的村庄个案研究》，《中国农村研究》2013 年。

矿能早日重新开工，所以对外地大老板承包集体煤矿并未表示明确反对。

　　福兴能源通过一次性缴纳资源价款的方式从政府获得SD煤矿剩余资源的开采权，而且从浙江聘请专业的建筑队修通了14号煤层的延伸斜井和巷道，购买了双滚筒采煤机组，重型可弯曲刮板输送机，强力钢丝绳胶带，吊挂胶带输送机等现代化开采设备。SD煤矿在获得福兴能源的大额投资后，煤矿的产权性质发生了复杂的变化，在福兴能源进入以前，SD煤矿实际上只有一些半荒废的基础设施，虽然煤矿仍然是集体性质，但福兴能源购买了新设备，重新修建了井上附属设施，缴纳了高额的资源价款，新煤矿的产权性质和煤矿实际投资错位，福兴能源实质上是借助煤矿合法手续而重新建设了一个新矿，由此遗留了很多潜在的问题。首先，虽然煤矿的办矿手续仍归属于村集体，但煤矿建设的实际出资人是福兴能源，而且在福兴能源公司缴纳资源价款后，SD村的资源开采权已经与SD煤矿发生分离，换一句话说，没有福兴能源的授权或者同意，任何人无权开采SD村下的煤炭资源，而福兴能源却有权无须经过村集体或者SD煤矿同意单独处分村下煤炭资源的开采权。其次，与联办煤矿时期村庄所获收益相比较，福新能源只需向村集体缴纳3万元的承包费及其他一次性偿还责任，其他如支持村集体公共建设和公益事业，为五保户、村小学提供过冬用煤，给村民分发福利等义务全部免除，合同也并未提及招聘本村村民进矿务工的问题。再次，村支书SQZ利用村民急切盼望煤矿复工复产的愿望，在煤炭价格上涨的市场背景下以极低承包费与福兴能源签订了"村集体明显处于不平等地位"的承包合同，自己却获得了大量煤矿建设承包工程，村民认为他是靠出卖集体利益来谋取个人好处。最后，合同并未规定煤矿承包期限，也未规定在何种情况下可以解除与福兴能源的承包关系，所以只要SD村下的煤矿资源不枯竭，福兴能源就可以一直开采。巴泽尔认为产权的各种属性分属不同各方、归属不同个人，同时部分属性置于公共领域之下，这样效率会更高。① 但在 SD 村，集体煤矿被外来煤老板控制之后，虽然通过技术设施更新提高了煤矿产能，但不合理的产权制度为煤老板追求高额利润而采取粗放式经营、掠夺式开采甚至贿赂官员寻求庇护提供了条件。②

（二）产权变更后的主体结构及关系变化

推进农村产权制度改革的功能在于规范治理主体的职能、定位和作用，形成相关利益主体依据自身资源禀赋，既能限定利益边界又能平衡利益分享的新乡村治理机制。③ 但在 SD 村，煤矿产权改革非但没有规范治理主体的职能、定位和作用，形成限定利益边界和平衡利益分享的新治理机制，反而在村干部主导下通过签订权利义务明显失衡的无期限合同，将 SD 煤矿采矿权、占地使用权、经营权全部让渡给福兴能源公司，村集体只能获得每年区区 3 万元的承包费。更为重要的是，福兴能源通过一次性缴纳资源价款的方式从政府获得当地存储资源的开采权，这就意味着 SD 煤矿采区剩余资源的开采权及其转让权只与福兴能源公司有关，而与村集体无关。SD 煤矿实质上牢牢被李老板掌控，村集体已经彻底丧失了煤矿资源开采权、经营管理权、处分权以及煤矿收益分配权。

对于承包后的 SD 煤矿，村集体只享有名义上的所有权，每年固定收取 3 万元的承包款，租金并不能根据煤价涨幅和煤矿的实际利润收益相应增加，3 万元承包款由村干部掌握，主要用于村干部日常开支和村支两委办公经费，由此一来，煤矿原来向村小学和军烈属提供的过冬用煤，支持村集体公共建设、公益事业的惯例和传统也一并取消，村民也不再能获取集体办矿时期年底分发的米、面、油等福利。而村主任 SQZ 则成为福兴能源的"座上宾"，获得

---

① 巴泽尔：《产权的经济分析》，上海三联书店 1997 年版，第 162 页。
② 董江爱、霍晓霞：《矿权改革与乡村治理》，《社会主义研究》2012 年第 4 期。
③ 黄韬、王双喜：《产权视角下乡村治理主体有效性的困境和出路》，《马克思主义与现实》2013 年第 2 期。

李老板的"赏识"和"重用",被吸收进煤矿的经营管理层,协助李老板负责煤炭销售和协调村矿关系。为便于煤矿管理,福兴能源所雇用的矿工全部从四川、贵州和河南等地招聘,本村村民丧失了到煤矿务工的机会,但外地矿工的涌入产生了大量生活上的需求,村民获得开设小卖部、小澡堂、小饭馆甚至小歌厅赚钱的机会,大多数村民的家庭收入与以前相比并没有减少。

SD煤矿承包给福兴能源后,30位村民对集体煤矿的原始股权并未在承包协议中得到承认,也无法获得李老板的认可。办矿初期虽然BYC等村干部利用自身"双重代表权威"来保障30股东的利益,但并未代表村集体与原股东签订具有法律效力的协议来确认他们的贡献,只是口头承诺将给予一定的补偿。在村庄权力结构发生更替后,SQZ认为煤矿证照上明确标记为集体性质,所谓原股东的股权问题与本届村委会无关,且原"30股东"在联营煤矿期间已经额外获得大量预付工程款的承包机会,早就获得了远高于办矿时期投入的回报,所以对30股东的利益诉求一概拒绝,不予理睬。

在福兴能源承包煤矿初期,主要进行煤矿基建工程扩建改建,其间只产出少量工程煤,并未形成多少实际收益。但参加基建工程的外地工人给村民开设的小卖部、小饭馆带来大量客源,村民的家庭收入不降反升。在此背景下,基层政府、村集体、原股东及其他村民和煤老板之间达成某种平衡,村矿之间并未发生多少摩擦,也没有发生多少冲突,但在表面平静的村庄下有多股暗流在涌动。

三 产权变更后的利益失衡与自治异化

(一)煤矿承包下的权力变化与利益失衡

在市场经济的冲击下,构成村庄权力合法性基础的文化网络和组织网络逐渐被利益网络取代,理性化的人际关系日益将利益权衡作为自身行动的依据。① 在 SD 煤矿初创、联营的不同阶段，乡镇政府、村干部、村民股东、外来公司及其他村民等不同利益群体在 BYC 主导的村庄权力结构下，在乡村之间以及村庄内部形成了以煤矿收益为核心的分利秩序。但随着 SQZ 掌握村庄公共权力之后，将煤矿承包给福建老板 LRP，原有的权力平衡和分利秩序解体，各利益主体围绕 SD 煤矿展开了新一轮的权力争夺与利益博弈。

在承包煤矿的李老板与村干部的关系上，因为承包 SD 煤矿是在政府招商引资政策和地方官员的直接引介与推动下达成的，在投资考察的过程中，李老板在与地方政府官员的频繁接触中建立了良好的私人关系，当地官员也按照政策提供了很多优惠条件，甚至该县一位分管煤炭工业的主要领导当众向李老板承诺，有事情"可以直接打他电话"。按照老支书 BYC 的话说，李老板通过"政策、官员一把抓"获得了承包煤矿的绝好条件，他所谓的"政策一把抓"就是地方政府希望借助煤炭价格上涨的良好市场环境，通过引进资金，盘活辖区大量亏损严重、停工停产的各类小煤矿，以此发展当地能源经济，增加政府财政收入，为当地村民提供更多的非农就业机会，所以地方政府在税收、贷款、证照办理等方面提供了较为优惠便利的条件；而"官员一把抓"主要是指李老板借助与官员招商引资的接触机会，与分管煤矿工业、安检的各级各类官员建立良好的"私人关系"和沟通渠道，有的甚至结成了"拜把子兄弟"。李老板十分清楚，他作为一个"外地人"要想在当地能源领域真正打开局面，没有地方实权官员的支持绝无可能。此外，在"打通上层关系"的同时，李老板也认识到"县官不如现管"的道理，与 SD 村主要村干部相互勾结，结成利益同盟，这样做一则可以保障双方签订的无期限承包合同能得到严格执行，一则希望借助村干部的权力权威"搞定"村庄内部影响煤矿运营的各种麻烦。通过与地方政府主要官员建立错综复杂的联系，在煤矿开采经营中

---

① 贺雪峰：《论村级权力的利益网络》，《社会科学辑刊》2001 年第 4 期。

遇到监管压力或者发生严重村矿冲突时，李老板可以借助从上到下的各种力量摆脱自身的困境，通过"以点带面、一通百通"的方式来嵌入当地原有的权力结构和利益结构，牢固掌控 SD 煤矿并维护有利于煤矿开采的外在环境。

在 SD 村长期形成的权力结构中，村支部书记是绝对"一把手"，村支书同时兼任村委会主任，其他村干部只需听从村支书的指挥，执行村支书的命令。普通村民有事情、有矛盾一般也只找村支书反映解决。但 SD 村权力结构发生变化之后，以 SQZ 为首的村干部群体本应成为村民和煤矿利益联结的关键人物，但 SQZ 并没有和村民站在同一战线上，反而通过充当李老板的工具来换取个人利益。在煤矿所有权和控制权发生分离之后，权力的行使依靠工作职位掌握的控制权，依赖在生产组织中的地位。[①] 由于自身权威不足，SQZ 通过将自身获取的利益向其他村干部进行再次分配的方式，与其他村干部结成利益同盟，共同服务于外来煤老板。当然，由此村干部与村民之间出现裂痕，尤其以 BYC 为首的原 30 股东对 SQZ 极其不满。

李老板与原村民股东的关系较为复杂。原村民股东在本家族精英掌握集体煤矿的经营管理权和利益分配权时，他们的股权利益得到了保障，但在 BYC 丧失了对集体煤矿的掌控权后，原股东认为自己的原股权及其潜在收益失去了支撑的权力基础，特别是在煤炭价格开始攀升的刺激下，他们对自己"被剥夺股权"的态度就由"消极默认"变为"积极维权"。而对于李老板来说，他对集体煤矿过去的股权变化历史不清楚，或者装着不清楚，更不会承认 30 股东所谓的"原始股权"，在村里他只和 SQZ 等村干部对话协商，关于煤矿原股权的一切纠纷由村集体和村民协商解决，他不过问更不想参与。同时李老板利用各种机会在村民中散布 30 股东要独吞

---

① 弗雷德里克·L. 普瑞尔：《东西方经济体制比较》，中国经济出版社 1989 年版，第 29 页。

承包款,不分给其他村民,村干部为维护村民利益坚决不同意他们的无理要求等言论,导致 30 股东与其他村民出现裂痕,其他村民对 30 股东的制衡确保双方都不会作出过激的"维权行动",这为李老板在承包 SD 煤矿初期的建设经营创造了"稳定的外部空间"。

乡镇在处理与李老板的关系时也明显感到投鼠忌器。无论 SD 煤矿属于合伙性质还是集体性质,乡镇原来都通过控制主职村干部(特别是村支书)和利用证照办理的初步审核权来间接控制煤矿及其利益分配。但煤矿被承包后,李老板既享有政府招商引资各项优惠政策的保障,也与上级分管煤炭工业的相关领导建立了良好的私人关系,他们借助自上而下的行政权力向乡镇政府施压,乡镇政府无论是对上级招商引资发展煤炭经济政策的贯彻落实,还是基于上级官员个人要求关照支持李老板的私下安排,乡镇都必须在所有公开场合积极配合,对于李老板反映的困难及诉求积极应对,时任副乡长的李某在访谈时表示:"煤老板在经营集体煤矿中遇到和反映的困难乡里都必须积极应对,乡镇能解决的必须解决,不能解决或者不愿意为其解决的只能找客观上不能解决的原因,不能说主观上不愿意或者乡镇干部个人的难处,否则上级就会过问;有时候上级在过问 SD 煤矿的发展困难时,我们也可以反映乡镇必须解决的其他问题,或许还能在上级的支持下同时解决煤矿和乡里的困难。"李老板承包煤矿只需缴纳国家法定的各项税费,乡镇既无法定权限向辖区煤矿征收税费,也因为上级压力不敢向煤矿搞集资摊派,但乡镇的底线是煤矿必须主动解决因煤矿经营而造成的各种矛盾、上访和群体性事件,并承担解决这些问题的协调费用,所以双方约定因村民上访而产生的截访租车、差旅甚至上访者"观光旅游"的费用主要由煤矿承担,以此保障乡镇及时解决各种与煤矿相关的矛盾冲突事件。

(二) 利益分化下的村干部选举

资源产权与农村政治的内在关联在于围绕煤矿资源利益冲突而

进行的权力争夺和权力运作，争斗村庄公共权力的实质是争夺煤矿控制及其攫取煤矿收益的权力。① 从 SD 煤矿低价转包给福兴能源李老板以来，煤炭工业开始进入价格高涨的"黄金十年"，李老板为维持煤矿的承包权和稳定的经营开采环境，一方面尽力排斥其他村民介入煤矿内部经营，一方面将村主任 SQZ 吸纳进煤矿管理层，通过将部分技术含量低的井上工程承包给 SQZ，而 SQZ 则将工程分成小段分包给其他村干部来笼络人心，由此 SQZ 个人财富快速增加，村内贫富分化逐步显现，一些村民开始公开指责和反对 SQZ 及其他村干部出卖集体利益换取个人好处，"穷庙富方丈"，特别是一些原股东村民集体举报村干部出卖集体利益换取个人好处的行为，村内矛盾逐渐凸显。

在 SD 村第七届村委会选举中，以原村支书 BYC 为首的股东群体认为自己辛辛苦苦挖下的煤矿交给了村集体，最后原股东和村集体都没有获得多少利益，而村干部却挣得盆满钵满，他们一方面在村内大肆宣传 SQZ 通过出卖集体煤矿谋取私利，一方面积极鼓动本家侄儿白某山参选村主任，并将"一定要帮村里拿回煤矿"作为参选口号。白某当过民办教师，后来给县里某局领导开过几年车，这几年在县城里经营一家酒楼，有较强经济实力和雄厚的社会资源。但福兴能源的李老板和村主任 SQZ 已经结成为牢固的利益共同体，他们反感甚至害怕白某提出的"一定要帮村里拿回煤矿"宣传口号，李老板更不愿意村民选举改变村庄中的权力格局而影响他对煤矿的承包经营，因此积极利用自己的经济实力和社会关系全力帮助 SQZ 竞选，充当 SQZ 竞选背后的"金主"。仝志辉将竞争性选举分为家族竞争、派系竞争等表现形式，家族竞争是基于血缘联结的动员，而派系竞争是基于利益的个人性关系的动员，② 但在

---

① 董江爱、王铁梅：《煤矿产权与农村政治——基于煤矿资源的农村公共权力运作分析》，《政治学研究》2011 年第 6 期。

② 仝志辉：《精英动员与竞争性选举》，《开放时代》2001 年第 9 期。

SD 村，因为煤矿原始股权结构和宗族结构高度一体，所以其竞争性选举既包含血缘联结的要素，也包含利益联结的要素，其激烈程度和对抗强度远高于其他村庄。中国农村村民自治中普遍存在的贿选问题，根源在于农村集体产权失效，集体产权失效又缘于制度缺陷所导致的村民自治异化为村干部自治，造成了村干部对村集体资源的霸权。①

在以 SQZ 和白某为核心的两大对立阵营中，白某主要支持者为老支书及其原村民股东的亲朋好友，而 SQZ 的主要支持者以承包煤矿的李老板和现任村干部及其亲朋好友。对乡镇而言，虽然福兴能源承包经营集体煤矿的收益主要被李老板和村干部获取，并未给村集体带来多少实实在在的好处。但是 SQZ 在李老板支持下，通过利益输送获得乡镇个别主要领导和包村干部的坚定支持，此外，煤矿承包后乡镇工作人员在一些重大节假日或多或少都从李老板和 SQZ 手中获取福利甚至红包，进一步考虑到对村庄日常工作的熟悉程度，也并不反对 SQZ 连任。在村集体 2005 年 11 月乡镇按照以前的惯例公布了 SD 村的选举安排和选举办法。该选举办法和工作安排总计 650 余字，只是简要介绍了选举的时间、地点安排，粗略的规定了村委会竞选人的原则性条件，如年满 18 周岁，享有选举权和被选举权的本村村民；遵纪守法，办事公道，廉洁奉公，作风正派；办事认真、负责，勇于坚持原则；关心集体，能反映村民意愿；热心为村民服务，在村中有一定威信；身体健康，年富力强，有一定文化水平，能胜任村委会的各项工作。此外还简要介绍了选举中一人一票，选举村委会委员四人，然后由村委委员内部选举产生村委会主任等选举程序。

乡镇为了顺利完成辖区内的村民选举任务，在制定各村选举办法时参考了各村的实际情况和本地习惯，并不完全遵照《村组

---

① 董江爱、张毅：《集体产权与制度治理——农村集体资产资源的治理之道》，《山西大学学报》（哲学社会科学版）2016 年第 1 期。

法》。以 BYC 及白某为首的原股东村民以《村组法》为依据，指责村选举委员会公布的选举办法违反《村组法》，不能在 SD 村实施。BYC 等人质疑的焦点主要在以下三个方面：第一，村选举委员会成员应该选举产生，而不应该由乡镇和上届村干部私下指定。按照《村组法》规定，组织村委会选举必须先由村民选举产生村选举委员会，且村选举委员会成员不得作为村委会成员的候选人，按照 SD 村以前惯例就由乡镇指定几名村支部（不兼任村委）和老党员、老教师等有一定见识和文化的村民担任，村里象征性地发一些补贴，但在乡镇和村干部推荐的选举委员会成员中，BYC 等原股东村民及其直系亲属无一人入选，这激起他们的强烈反对并要求严格按照《村组法》选举产生村民选举委员会。第二，对于一些享有投票权但在外打工的村民，因为请不到假、距离远等原因无法赶回村内参加投票，应该准许他们委托他人代为投票。在 SD 村中，SQZ 等现任村干部由于享有承包、分包煤矿井上工程的机会，他们的亲朋好友也可以享有更多在村务工的机会，所以很多在村村民因务工机会而与 SQZ 等现任干部关系较为密切，而 BYC 等原股东因为丧失对煤矿的控制和对煤老板的影响力，他们的亲朋好友并不能在村获得务工机会，所以大多选择到太原、西安、北京甚至浙江、广东等地打工，这些在外地打工的村民很难在选举日从外地赶回村庄投票，但这些村民是白某的主要支持者。第三，村主任和其他村委会成员应该分别投票，不能先选村委会成员，再由村委会内部选举村主任。BYC 等村民表示，如果村内的选举方案不符合国家法律规定，他们将拒绝参加投票选举并向上级和新闻媒体举报。在遭到 BYC 等村民的强烈质疑后，乡镇收回了选举办法，决定重新讨论制订村里的村民选举方案、选举办法和各类具体细节。

　　乡换届选举工作领导组为顺利完成 SD 的选举工作，重新按照推荐、自荐等渠道产生选举委员会候选人，按照一户一票的方式产生新的村民选举委员会，委员会内部选举产生选委会主任。严格按照《村组法》的各项规定制定了新的选举办法。在 SD 村新选举办

第二章　产权变更中的利益失衡与治理失序

法中，对于《村组法》没有明确规定的户在人不在、人在户不在等情况下，经过各方博弈妥协，最终达成了一致意见，公布了新的《SD 村第七届村民委员会换届选举办法》。新的换届选举办法总计3096 字，完全按照《中华人民共和国村民委员会组织法》和《山西省村民委员会选举办法》等法律法规的规定，对于相关法律法规较为模糊或者较为宏观的规定，乡选举工作领导组也通过向上级请示后再向外公布。在选民资格认定中，为避免争议，明确规定享有选举权人的出生年月日，要求以身份证或户口簿为依据，凡年满 18 周岁（1987 年 10 月 1 日前出生）未被剥夺政治权利的村民都有选举权和被选举权，在规定期限内登记的选民，计入本届选民人数。而且明确规定了十类情况的人员不得成为村委会成员竞选人，这十类成员的排除既有政策法规依据，也在村庄内有明确的人员指向。在村庄内部争议最大的是不在村村民是否能委托他人投票的问题，村选举委员会区分了多种情况：（A）户在人在（户籍在本村，人居住在本县），登记计入选民人数。（B）户在人不在（户籍在本村，居住在县外）：出嫁女子按外出县外、县内规定分别确定登记与否；全户外出和户内个别选民外出县外，不申请暂不登记且不计入选民数，申请者登记计入选民数。（C）人在户不在（人在村居住，户籍不在本村）：结婚媳妇，按选举法规定登记，须出具：①本人申请；②户籍证明；③未在户籍所在村进行选民登记的证明；④村民选举委员会确认；非农户允许登记，须本人申请、户籍证明、选委 2 人以上签字确认、乡指导员签字方可登记；其他在村居住外籍人员不登记。（D）特殊户：寄挂户不登记。而且所有选民登记时外出在六个月以内的选民，可委托其他选民登记，但必须符合以下条件可以进行选民登记：①须提供委托登记证明（委托书、短信、传真）；②身份证等户籍证明；③并经登记员、选举委员会核实确认后，方可计入选民人数。

乡换届选举工作领导组和村选举委员会新公布的《SD 村第七届村民委员会换届选举办法》无论从选举程序上，还是从具体细节要求上都严格按照《村组法》的规定，但在因外出务工而不能在 12 月 5 日参加现场投票村民的问题上，各方经过多次协商，最后达成以 2005 年外出（指离开县域范围）是否超过 6 个月为限，村民如果外出（离开县域）超过 6 个月则必须本人回村参加投票，不得委托他人；而外出（离开县域）时间在 6 个月之内，则可以委托他人代为投票。这一规定是在 SQZ 和 BYC 支持的白某之间反复博弈和妥协的结果，而且双方保证不会在这一问题上提出异议或者"找碴"。

在正式选举过程中，SQZ 通过公开和秘密两种方式拉票，一方面，煤矿李老板为了帮助 SQZ 赢得选举，雇了 6 辆大车到西安、北京、广州等城市"迎接" SQZ 的支持者中在外打工超过六个月的村民回村"参加投票"，承诺选举结束后将按照村民要求及时送回打工工厂，并按天补偿村民的务工损失。为替 SQZ 造势，李老板给每位村民发放一袋面、一袋米，并宣布如果 SQZ 当选，再发放二袋面，一桶优质食用油。另一方面，SQZ 私下在村中各个小圈子中物色收买"掮客"，承诺该"掮客"只要在自己的圈子中拉来一票，就"奖励" 600 元，其中 500 元发给投票村民，而另外 100 元则奖励给"掮客"，但掮客必须想办法确保该村民必须投票给 SQZ。在白某得知 SQZ 拉票后，也悄悄向村民承诺一票 500 元，但他只同意先付 300 元，等到成功当选后再付剩下的 200 元。其实对白某而言，在得知 SQZ 在李老板的支持下用 500 元买选票后，他并不愿意将自己多年的积蓄投入这场选举竞赛当中，但又骑虎难下，只好硬着头皮上。最终 SQZ 获得了 65% 的选票，白某只获得 30% 的选票，SQZ 当选为新一届村主任。

选举结束后，BYC 等村民举报 SD 村选举存在贿选行为，违反国家法律和自己已经签订的杜绝贿选承诺书，要求乡镇选举指导委员会宣布本次选举无效，乡镇经过调查只认定李老板而不是竞选人 SQZ 向村民发放了福利，但发放面粉和大米等福利的对象是全体村民，并不是特定的村民，不应认定为贿选，只能认定为李老板个人向全体村民发放的福利；而对于 SQZ 个人花钱买票的反映则查无实据。在 SD 村选举的贿选调查中，有两个问题引人思考，其一是在村委会竞选中，非候选人的其他个体为支持某一候选人而向村民发放财物，是否可以认定为贿选？其二是如果发放财物的对象是全体村民且一视同仁，而不是只发给有利益关联的特定对象，是否应该认定为贿选？对乡镇而言，在辖区各行政村的民主选举工作中，他们通过操纵选举来帮助特定人当选的意愿很小，他们最关心的是顺利完成辖区的村委换届选举工作，保持村内的和谐稳定。正如 SD 村的包村干部计副乡长所说："村内选举双方都贿选，真要调查证据很容易找到，但无论谁当选，乡里都不会以贿选的名义宣布选举无效，因为现在各村或多或少都有贿选现象，如果宣布某村因贿选导致选举结果无效，那么这将导致其他村庄竞选失败的村民纷纷仿效，举报本村选举中的贿选行为，那么整个乡镇的换届选举将陷入混乱，我们也无法完成本乡的换届选举任务。"

（三）以股权为依据的利益争夺

在李老板承包 SD 煤矿以前，由于市场和产能等原因，SD 煤矿赚取的收益较为有限，而且煤矿的收益也主要以乡村公共建设、村民工资福利等方式在村庄和村民中相对均衡的分享，并在一定程度上改善了村庄落后面貌，提高了村民的家庭收入水平。经过李老板投资系统改造后煤矿产能大幅提升，煤炭市场价格也开始全面复苏。在煤矿正式开采后，李老板以煤矿机械化开采需要专业的施工队伍为由，坚决拒绝 SD 村民到煤矿务工，而是从河南、四川等地招募大量外地民工进入煤矿，只有极少数本村村民可以在村主任 SQZ 所承包的工程中打零工。在李老板看来，煤矿开采属于高危险行业，不可避免会发生工人受伤甚至死亡的事故，雇用本村村民的麻烦就在于如果村民受伤或者死亡，煤矿支付的善后代价是外地工人的 3 倍以上，而且还可能因为家属闹事导致停产停工而带来二次损失。此外，本地村民不好管理，经常因为附近亲朋好友婚丧嫁娶等红白喜事请假甚至旷工，严重影响煤矿的正常开采运营。

SD村民从煤矿获取收益的方式也随之发生了变化，大体可以分为三类不同的获利方式：其一，村干部主要靠承包煤矿小工程来获取利益，村主任SQZ将其承包的较大井上工程分段承包给其他村干部，以换取其他村干部的支持。其二，煤矿从外地招聘了大量民工，人口的集聚带来了大量生活服务需求，一些在煤矿坑口附近居住的村民将自家房屋改造成小饭馆、小商店、小洗澡堂和小卡拉OK中心，甚至有村民开设小赌场和播放黄色录像的放映室牟取非法利益。其三，极少一部分村民购买了"驴蹦跶"（一种适合山地运输的小型三轮车）为煤矿拉煤，但村民拉煤的总量受到严格控制，所获收益较为有限。但随着煤矿内部生产生活配套设施的逐步健全，特别是煤矿住宿工棚和小食堂正式投入使用后，矿工到村里消费的频次越来越低，村里经营小饭店、小浴池村民的生意越来越差。由此，只有村干部从煤矿中以承包工程的方式获取了较大利益，变得越来越富裕，而村干部雇佣的村民也可以分享部分工程利益，这些村民都是村干部直系亲属和亲朋好友。此外，SD村还有一些"特殊村民"通过他们特有的方式从煤矿索要利益，这些"特殊村民"属于村里最为底层也"最不要脸面的人"（当地村民语），他们只要手里有钱就赌博、嫖娼甚至吸毒，在钱挥霍光后就经常到煤矿，以"孩子没钱上学、没钱看病、家里没钱吃饭"等理由直接向矿上要钱，矿上不给，他们就不停地追着负责人，采取软磨硬泡、坐在办公室不走等方式变相要挟，严重影响煤矿特别是办公人员的正常工作，管理人员避之不及又摆脱不了，同时又考虑到他们也确实贫困，往往就让出纳给上几百元了事，但他们索要钱物的频次越来越高、金额也越来越大，煤矿逐渐改变策略，不再给他们钱，而是直接报警，警方以扰乱社会秩序先教育训诫，警告如果再到煤矿索要就是敲诈，就要刑事拘留。受到公安机关警告训诫后，这些村痞停止了直接索要的"低级手段"，他们发现煤矿每个月都有很多置换下来的报废铁管和木材，就以收废品为由和煤矿

"谈生意"，不停缠绕煤矿材料科、供应科的负责人，要求以极低的价格收购煤矿的废铁和木头，他们交替使用"搞关系"拉拢各级各类负责人和"老子没钱吸毒了"的软暴力威胁管理人员，煤矿选择报案但这些村民是"谈生意、谈业务"，事后最多也就批评教育，同时考虑到村企之间的长期关系和他们自身或多或少受到的潜在威胁，煤矿材料科、供应科的工作人员多方权衡，隔三岔五以较低价格卖一些废品给这些村民地痞，以此维持双方某种吊诡的"平衡和秩序"。

随着煤炭价格的上涨，煤矿工人的工资也大幅提高，越来越多的村民要求到煤矿务工，在遭到李老板拒绝后，村民要求村干部收回集体煤矿的经营权，威胁煤矿的车辆不能从村中道路上通过，甚至一些村民开始在拉煤车必经的道路上堆满大石块。煤矿要求乡镇和村干部保证道路的畅通，确保煤矿的正常运营秩序，否则将减少甚至停止支付承包费，同时要求村干部轮流在村庄的主干道上值日，带领由"村霸村痞"为主体的护矿队日夜巡逻，但依然有村民（村干部说主要是原股东）在半夜往村道上倾倒垃圾、黄土，甚至将报废的拖拉机横挡在道路上，在李老板的压力下，村痞开始对"有嫌疑的原股东村民"进行恐吓、辱骂甚至推搡，这些村民认为村痞是受 SQZ 鼓动和指使，便集体上访状告 SQZ 私下卖掉了村里的煤矿，贪污村集体资金，村里的承包款、账目不公开。上级迫于村民集体上访的压力，派乡农经服务中心工作人员清查村集体上一年的账目，形成了《关于 SD 村民上访反映问题的财物审计报告》，报告公布了 SD 村 2005 年度财务收支情况：（一）村集体总收入为 92491.36 元，其中 2004 年煤矿承包费 30000 元，水利局人畜吃水款 58011.36 元，过庙会集资 4480 元。（二）总支出 84637元，其中吃水工程 37520 元，过庙会开支 24480 元，招待费 11886元，书报费 336 元，打印费 566 元，租车费 1000 元，杂工开支 2492 元，干部补贴 1900 元，优抚补助 940 元，学校开支 1000 元，杂项开支 125 元。（三）付往来款 5300 元。村民并不认同调查报告公布的账目，认为村里水井逐渐干涸主要是由于煤矿挖煤造成的，所以要求煤矿为村里打一口深井并修建水塔，彻底解决村里的吃水问题；此外，村里一年高达11886元的招待费花在哪些地方？招待了哪些人？是否必须进行招待？要求乡政府进一步调查解决，最后经乡镇党委研究决定，鉴于SQZ2005年在村委账内列支招待费11886元，但不能详细说明招待对象及其合理缘由，构成挥霍浪费错误，依据《中国共产党纪律处分条例》第七十八条第四款之规定，决定给予SQZ党内严重警告处分。村民认为上级给予的处分太轻，要求将SQZ撤职并帮村里要回煤矿，由村集体自行经营。

对福兴能源而言，现在煤炭价格不断上涨，他们只想快速开采煤炭赚钱，一方面扩大产能并保证运煤通道畅通，另一方面让村干部承包工程与煤矿形成利益共同体，迫使村干部严厉管控村民，保证煤矿的开采与运营环境。但是对于村民的抗议和堵路行为，村干部并无权威进行有效遏制，自己甚至还被调查处分。因此，福兴能源不再仅仅依靠村干部，而是直接深入村庄内部与村民建立直接的联系，构建以"人情"为核心的村矿关系。李老板让自己的表弟王某专门负责与村民拉关系，在村民家有红白喜事的时候，王某代表李老板给村民上礼，并专门送上办酒席的优质用煤；在村民孩子考上大学后，第一时间送上3000元奖学金。王某也常年在村里的棋牌室打麻将，与村里的牌友、赌棍关系日益密切，而村里的混混也愿意与出手阔绰的王某交朋友，他们私下都称王某为老大，一呼百应。煤矿与部分村民建立直接联系的努力改善了一些村民对煤矿的态度，也改变了村民与村民之间的关系。村干部因为直接利益关系极力维护煤矿，而一些得到煤矿人情好处的村民或村痞也因为人情关系或者义气等原因不好意思再"闹事"，但对大多数村民而言，福兴能源承包了村集体的煤矿但不准村民进矿务工，而且也不给村民发放福利的行为较为不满，其中尤以30原股东最为激烈。但有些村民内心却十分矛盾，他们一方面惧怕李老板及其笼络雇用的村痞村霸，也不愿意与SQZ等村干部发生直接冲突；另一方面煤老板和王某采用人情收买的方式让部分村民得到实实在在的好处,出于人情上的亏欠和面子他们也不能直接干扰煤矿经营开采。但随着煤矿基建工程的完成和煤炭市场的复苏,面对日益高涨的煤炭价格,李老板经营的煤矿获利日丰,除了每年固定上缴的 3 万元承包款外,大多数村民几乎不能从煤矿获得其他直接收益。所以其他村民也私下支持甚至怂恿 30 股东向李老板索要"原始股权"和举报揭发村干部的违法行为,以此倒逼福兴能源重新考虑与村庄及村民的关系,给予村民就业机会和更多的煤矿利益。

张静在研究产权纠纷时发现,地方政府或者司法部门在裁决产权纠纷时的规则并不一致,裁决结果取决于争议双方的利益主张和力量对比。她将这一裁决机制称之为"利益政治模式",以此说明在权力和利益的界定上,还没有形成稳定统一的规则。① 在 SD 村中,由于福兴能源分化瓦解村民的策略并未取得预期效果,煤矿利益分配的不均让越来越多村民转而暗中鼓动 30 股东向煤矿索要股权,以此向煤矿施加压力,在此紧张的氛围下,一件偶发的小冲突成为 30 股东暴力维权的导火索。原 30 股东之一村民 YSN 在夜间骑摩托车时不小心摔伤,因为伤情严重需要高额的医疗费,其妻李某到煤矿中向李老板和王某索要股份收益用于丈夫的治疗,但李老板拒绝承认原股东的权益,认为福兴能源是承包集体的煤矿而且按照合同约定向村委会缴纳了承包费,对于以前的股权纠纷他不了解,也与他无关,她应该去找村干部而不是找他,但考虑到 YSN 受伤的现实情况,他个人可以捐献 2000 元用于伤者的治疗。但李某表示她不要这 2000元的"同情款",而是要求按照煤矿总价值的 1/31 进行补偿。双方在激烈的争吵中李老板的表弟王某不小心将李某推倒在地上,李某躺倒在地不肯起来。在老村支书 BYC(YSN 与 BYC 是邻居和好友)了解到这一情况后,立刻组织部分原股东围堵煤矿的过磅房,他们

---

① 张静:《土地使用规则不确定:一个法律社会学的解释框架》,《中国社会科学》2003 年第 1 期。

要求行使股东权利,解除村集体与福兴能源签订的协议并"严惩打人凶手",最终在乡政府调解下以李老板个人名义向伤者家庭"捐献"了5000元了事。此后,30股东经常以各种困难到煤矿要求获得"股权分红",已经影响到了煤矿的正常经营开采。

在李老板的授意下,村主任SQZ以村集体名义将原30股东起诉到法院,要求法院确认煤矿的集体性质,排除30位村民对煤矿正常开采的妨害。法院经过调查审理认定了以下事实:1986年BYC等30村民与当时村干部约定合伙开办煤矿,村民以投资、投工、投料出资,每股折合现金1000元,而村集体以土地使用权出资。协议达成后,双方共同开掘竖井并修筑附属设施,村委又贷款45万元购买了采煤设备。1989年冬季,县煤炭局有关领导到SD村宣布了省人民政府的文件精神,不允许个人开办煤矿,并召开了有村民及村干部参加的会议,传达了文件精神,决定煤矿由集体经营,煤矿的固定资产及债权债务移交村集体,在后续办理煤矿审批手续中,煤矿的所有证照均为集体性质。在煤矿经营期间,无论是村集体自行经营,以及与大兴公司联办煤矿,还是福兴能源承包煤矿初期,30位村民都没有主张过权利。2005年冬煤炭市场好转,30位村民提出他们在煤矿有股份,时常纠集村民阻挠、破坏煤矿正常生产。最终作出以下判决:(1)从历史的事实及其证照显示的信息可以确认BYC等三十位村民已经退出SD煤矿的合伙。(2)三十位村民不得干扰、阻拦SD煤矿的正常经营管理。村民股东代表当庭表示对判决不服,要求上诉。

利益主体在国家文本支持其利益诉求时,希望或者试图在实践中遵循和依据包括法律法规在内的国家文本,而当不利甚至会影响自身利益诉求的实现时,他们又会转而依赖正式正规文本之外甚至不符合文本规定的行动策略。[①] 在等待上诉法院开庭期间,村民BYC、康某、白GL、白CG等股东代表不断向山西省、吕梁市各

---

① 申恒胜:《土地纠纷与基层政治生态的重构》,《天府新论》2012年第6期。

级党政部门上访举报 SQZ 等村干部，举报集中围绕 SQZ 非法转包煤矿，贪污上级政府下拨的饮水工程款以及个人生活作风等方面的问题，他们在多份举报信中指出："2004 年国家给 SD 村下拨款项和设备共计 11 万元，用来修建人畜饮水工程，此款到位以后，村委账上只反映 5.8 万元，其余款额和设备均未上账。国家花了这么多的资金，到现在，村里只挖了一口十几米深的水井，修了一个小水池，其余任何提水设备都没有配套。至今村民们的吃水状况不但没有得到改善，反而比往年更加恶化，为了吃水，有的村民只能自挖浅井，每到洪水季节，浅井被淹，村民只能雇车到外地运水。"村民到省市党政部门上访并提交举报材料，省信访部门一般给予书面回复："××同志，你们反映的问题，我们根据《信访条例》的有关规定，将转送吕梁信访局，特此告知"。村民到吕梁市各级部门上访，市信访部门则回复"你（们）反映的问题，按照《信访条例》规定，属于不予受理第四类情况，请向 X 县县委、县人民政府提出，特此告知。"而村民到县里上访反映问题，县信访部门的领导则直接要求乡干部将上访村民带回，并调查处理村民所反映的问题。在多层次、多频次、多村民上访压力下，乡镇对村民反映问题再一次启动调查程序，"乡镇调查结果显示：（1）村主任 SQZ 非法转包煤矿问题属于涉法涉诉案件，应通过法院解决；（2）反映村支书 SQZ 生活作风问题查无实据；（3）对于水利局人畜饮水工程村委账目不公开，存在贪污行为的问题，乡镇调查报告指出，2002 年至 2003 年，县水利局投资款物 11 万元用于改善 SD 村人畜饮水问题，具体支出为：2003 年工程材料费 21955.64 元，税款 1971 元，人工费 36073.36 元，合计 6 万元；2005 年工程安装费 2592 元，水质化验费 200 元，预制板 2268 元，水泥 4200 元，材料 22728.64 元，石头、砂、人工工资 18011.36 元，共计 5 万元。2002 年、2003 年两年度实际投入现金 54084.72 元。2003 年在主要工程挖深水井、安装水泵、修泵房、修高位水池、安装上下水主管道竣工后，SQZ 私自借出人畜吃水工程材料水管三盘及部分铝线,对 SQZ 进行批评教育并责令立即收回外借的材料。至于该工程至今不能受益的原因,主要是入户费筹集不到位,入户困难造成的。"调查结果公布后,村民认为乡政府调查账目不真实,包庇村干部,于是继续上访举报,其上访举报的主要问题变为村干部 SQZ 非法转包煤矿,侵吞股东财产,同时上级拨款维修村党员活动室的经费和上级下拨的 3000 元救灾款被 SQZ 贪污。但上级拨付的村集体党员活动室和上级下发的救灾款都由乡干部直接经手办理,村干部只是协助配合,所有账目明细都在乡农经核算账目上体现。为了进一步规范管理 SD 村的集体账目,乡政府要求 SD 村的财务全部移交乡政府,实行村账乡管,村只设一名报账员,村级各项支出必须经过分管副乡长签字审批。村民继续上访,举报煤老板、村痞以及村干部殴打村民,而村主任 SQZ 则针锋相对,指责村民无事生非,煤矿承包经过上级部门审批同意,村民向上级反映他的问题是自讨苦吃,他不怕查。这些言论进一步激怒 30 位原股东,他们又掀起了新一轮的举报、告状高潮。

为安抚不断上访、告状的股东村民,福兴能源退还村民当时筹资筹劳入股的 1000 元,但村民股东只承认 1000 元是股份分红,而不能算作村民退股资金。最后双方协商以股东村民遗漏工资款的形式每人领取 1000 元,并帮助村里解决吃水困难的问题,但要求他们必须停止上访告状并撤回上诉。在 30 村民领取 1000 元遗漏工资后,虽然暂时停止上访告状,但在撤回上诉的问题上无法达成一致,一些股东认为 1000 元补偿太少,另一些股东坚决要求取消承包合同,要回他们的煤矿。在股东们拒绝撤回上诉后,部分其他村民的想法开始发生变化,他们不再私下支持 30 股东的上访闹事行为,反而认为 30 股东言而无信,太过于贪婪,为了自己的利益而不管村民吃水的困难,一些村民甚至开始公开指责 30 股东想侵占集体煤矿,转而支持村干部"保护集体煤矿"的行为,而村干部也认为 30 股东在胡搅蛮缠,他们公开表示不管股东们上不上诉,他们将不会到吕梁中院参加庭审,也未按要求向吕梁中院提交民事答辩书。吕梁中院在村委会缺席的情况下开庭审理此案，认为1987年原30股东与村委签订的联办煤矿协议明确了双方的股份及权利义务，事实清楚，且双方当事人对合伙事实均予以认可，一审法院以1989年冬天因为有关部门领导到村里宣布不允许个人开办煤矿而确认30村民自动退出股份，但SD村委不能提供双方签订的退股协议，也不能提供30村民逐年退还股金的凭据，所以村委无法提供30村民退伙的充分直接有效证据，30村民有权分享煤矿的收益，但不应该干涉煤矿的正常生产经营，确保各方的利益均不受损害。依照《中华人民共和国民事诉讼法》第一百五十三条第一款第（三）项、第六十四条的规定，判决如下：1. 撤销X县人民法院（2006）兴民初字第92号民事判决；2. 一审诉讼费5580元，二审诉讼费1665元，由原审原告承担。本判决为终审判决。

二审胜诉后，30原股东村民及其家属立即要求福兴能源停工，重新与30股东协商签订煤矿承包合同，遭到福兴能源拒绝后，便纠集股东及其家属将煤矿大门、斜井、竖井及过磅房层层围堵，将煤矿正在使用的水管、绞车房的彩钢墙砸烂，辱骂、威胁工人离矿，造成风井施工停工。当天下午，村民樊某、白某、张某等三十余人聚集在SD煤矿风井施工现场将旧矿区调度值班室、工人宿舍的门窗玻璃打碎，威胁工人离开，造成风井施工停工。并在此之后进行长达2个月的围堵，案发后，煤矿方面经过价格认证中心鉴定，SD煤矿损失被毁财物基准鉴定价格2680元；停工期间重大经济损失包括SD煤矿副斜井提运设施停工损失1341863元，煤矿回风立井扩刷作业被迫停工期间经济损失为316243元，以及被迫停工期间闲置设备价值及闲置资金贷款利息为55483元，共1716269元。煤矿的停产也严重影响村民的收入，而30村民围堵煤矿的目的是争夺煤矿的所有权，并不是为村集体和其他村民争取利益，相反是为了与村集体和其他村民争夺利益。在村干部的鼓动下，SD村其他村民联名向吕梁检察院、山西省高级人民法院、检察院提交了申诉书，并大规模到省市政法部门上访。省市检察院向吕梁中院下达了抗诉书，山西高院也下达了民事裁定书，要求吕梁中院重新审理，而吕梁中院则发回 X 县基层法院重审。经过又一轮的初审、上诉、二审、申诉、上访，最终法院还是认定煤矿归集体所有，30 村民已经退出股份。

乡村干部在人民公社时期的制度、思想、干部威信等遗产逐渐削弱，基层干部威望、号召力等权威性、权力型资源日益流失，村庄和谐稳定中精英个体的权威性要素已经让位于利益性因素，村干部开始利用利益分配来获得群众的支持。在 SD 村争夺煤矿的诉讼战争中，一方面消耗了大量的国家司法资源，另一方面造成村庄内部的撕裂，村庄中 30 股东日益被村民孤立，而村干部 SQZ 开始得到一些村民的支持。30 村民不断围堵煤矿的行为严重影响煤矿的正常经营，造成了巨大损失，在煤炭价格不断上涨的刺激下，福兴能源为了避免 30 位村民进一步围堵可能造成的更大损失，私下同意以每股 3 万元的价格收回村民手中的股权，限定在 1 个月之内与村集体签订退股协议，最终有 18 位股东领取了"退股款 3 万元"并签订退股协议，剩余 12 位村民索要更高"退股费"，他们以 BYC 家族成员及其亲朋好友为主。由此，30 股东内部产生分裂，已经领取退股费的村民在村里保持中立，承诺不再参与村内任何围堵煤矿及上访的行为。

四 产权矛盾激化下的混乱与对抗

（一）软硬兼施的煤矿策略选择

公有产权变革中公平和效率密切相关，公平带来效率，而不公平则导致效率的损耗。① 在煤炭价格快速飙升的市场行情下，30 位原始股东及其家属通过长时间围堵煤矿磅房、诉讼和群体性上访给福兴能源的经营开采带来严重影响，造成了巨大的经济损失，严峻

---

① 刘宛晨：《新制度经济学视角下的公有产权变革公平与效率问题研究》，博士学位论文，湖南大学，2005 年，第 3 页。

的现实使煤矿承包者认识到必须与村民维持稳定和谐的关系，才能确保煤矿开采运营的良好外部环境。为了改善与村集体和村民的关系，福兴能源采取了三种方式向村庄村民进行利益输送，以解决村矿之间或现实或潜在的矛盾。

福兴能源为了维护煤矿的有序运营，坚决不雇用 SD 村民到矿井上班，但李老板在考虑到自身煤炭外运能力不足，于是决定通过帮助村庄组建运煤车队的方式增加村集体和村民的收入，提高煤矿的运送能力。为了提高管理效率，李老板委托村主任 SQZ 筹划成立运输公司的各项事宜，SQZ 便以个人名义办理了车队的证照，且并未告知村民。在煤炭供不应求的市场环境下，购买大型车辆帮助煤矿拉煤可以获取较大的收益。得知可以给煤矿拉煤挣钱的消息后，村民们或向亲戚筹借、或向银行贷款、甚至通过向财务公司借高利贷的方式购买大型运煤车，但煤矿的每日产量只能确保 40 辆大车的工作量，村民为此争执不休，都希望能获取拉煤的机会。村里要求拉煤车司机必须有大型车辆的驾驶证，但村里有证的司机不超过 5 人，一些村民提出自己没有驾驶证可以雇用有证的司机。在煤矿、村干部及村民代表的协商下，最终设计一个"集号排车"的方案，所谓"集号排车"就是村里给有村籍的 625 位村民每人发放一个数字号码牌，村集体留存 55 个号码，村民如果希望购车进入拉煤车队，必须搜集 17 个号码才有资格拉煤，码号可以交易，交易价格由村民双方协商确定，车队只要收到 17 个号码就无条件让其加入。如果某些村民无法集齐 17 个号码，也可以向村集体购买，村集体以每个号码 2000 元的价格向有大车的村民出售，所获收入作为村集体公共资金，用于村集体公共建设和公益事业。在村民相互之间的"号码交易"中，根据关系远近，村民"号码交易"一般在每年 1500—2000 元之间浮动。由此一户四口之家每年可增加收入 6000—8000 元，村集体每年可收取"号码费"（村民也称之为"号号钱""排号费"）11 万。此外，车队为维持日常运营管理，以拉煤车每车运煤量为标准提取管理费，车主每拉一吨煤提取

2元。一些家庭较为富裕的村民一次性获取51个车号，可以购买3辆车拉煤，而有些村民绞尽脑汁也没能集齐17个号，不能获得拉煤资格。通过"集号"获得拉煤权的方式既解决了不同车主之间的恶性竞争和盲目购车冲动，也平衡了无车户和有车户之间的利益平衡。

　　随着煤矿产能的提升和开采区域的扩展，村庄居住区外围的荒山、荒坡、坟地及部分耕地出现沉陷和裂缝问题。村外的荒地、荒坡等大部分归集体所有，少部分已经承包给了村民。煤矿根据土地的不同情形，将村里的受损土地分为荒山裂缝、耕地裂缝、耕地流失及坟地受损等四种情况，分别给予不同的补偿标准。其中村民承包的荒山出现裂缝，每亩一次性补偿500元；裂缝的耕地每亩一次性补偿1000元；村民已经开荒的可耕地（已经耕种3年以上）则根据实测流失面积每亩一次性补偿2万元；每个有主坟头不管时间长短和构筑材质，每个补贴2000元的迁坟费。这一补偿仅仅限于已经承包给村民的土地，对村集体的荒山则不予补偿。一些已经与村里签订了荒坡、荒山的村民获得了大量的补偿，其他村民也向村集体提出承包剩余荒山荒坡的要求，甚至一些村民在没有取得村里同意的情况下，私自在荒坡上栽种树苗，谁栽种了树苗就意味着谁通过先占的方式"承包"了这片荒地。在村民抢种树苗的时候，煤矿宣布只赔偿以前签过承包合同的荒山荒地，对于后续抢种的荒地，在煤矿开采造成土地裂缝、流失、毁损的，只向村集体支付赔偿金，村民抢种占地的行为才告一段落。其实，在村民自己所承包的平整耕地都大量撂荒的背景下，他们要求承包村集体未发包的荒山、荒坡，很明显并不是为了开荒耕种，而是在为煤矿进一步扩大采区后获取土地裂缝、流失的补偿作准备。村民获取迁坟费后，只有极少的村民将裂缝的祖坟迁移到其他地方，很多村民既未迁坟，也再没有就坟头问题或者家族风水问题指责煤矿。

　　而对村民塌陷的合法林地（以前签订过承包协议），煤矿在测算赔偿时也采取有利于村民的计算方法。福兴能源负责地测赔偿的张主任告诉笔者:"只要在我的权力范围内,我都会给予村民最高补偿标准,但村民如果本来只能补偿 10 万元的,他们非要 100 万,那我就只能向领导汇报,该咋办咋办。SD 村民尹某家的林地因为土地塌陷需要对林木进行赔偿,那块林地本来有 300 棵,按照规定应该组织人一棵一棵的数,对于小的、折断的、虫害而枯萎的苗木一律不算。但我直接告诉他,你这块木林不用数,我给你算上 320 棵,你找一棵最粗的树,我测一下就将它作为这片木材林的平均直径。毕竟公司是在人家的地面下挖煤,确实给人家带来了污染、塌陷,应该要负责,如果矛盾很大,村民还要继续闹事,那我们就只能防止事态进一步扩大,等领导来处理。我也适当招一些本村威望高、家族大的人来协助处理这件事,他们自己人管自己人,一般不会闹得不可开交,也不会打架,万一出了事也可以大事化小、小事化了。"

在福兴能源承包经营 SD 煤矿初期,李老板为维持煤矿稳定有序的外部环境,借助村民家庭办理红白喜事的机会与村民个人建立人情关系来保障煤矿的运营,并不考虑村集体公共建设和公益事业,但村民家庭办理红白喜事的机会是有限的,而且处于不同人生周期的村民家庭办酒的机会并不均衡,因此村民从李老板手中获利的机会和多少也不均衡,所以李老板通过人情勾连非但没有带来稳定运营的环境,反而让煤矿的开采遭遇更大的挑战。所以李老板停止向村民输送人情利益,转而采取加强公益事业的方式来改善村矿关系。

生活用水问题长期困扰 SD 村,过去县水利局拨款 11 万元帮助村里修建饮水工程,因为无法解决村民入户问题而不了了之,而村民自行挖掘的浅井也因为煤矿开采而逐渐干涸,经过乡村干部与煤矿的协商,希望煤矿能帮助村里打一口深井,在山顶架设储水池和管线,彻底解决村民的吃水问题。但福兴能源方面坚决拒绝,一方面是因为打深井、修大型水窖投资巨大,预算超过 50 万;另一方面福兴能源也希望借助吃水问题对村庄和村民形成约束,以便在今后出现矛盾或者冲突后增加自身的谈判筹码。在协商多次后，村矿双方一致同意不修水井而是从煤矿水房拉水解决村民吃水问题。村里购置三辆骡车进行改装，并以村集体的名义雇用三位村民帮助送水，送水工工资煤矿按季度交给村集体。村民生活用水全部从煤矿的水井抽取，不收取任何费用，而送水工每天上午、下午两次集中送水。煤矿按时向村集体交付送水工工资，但具体工资数额不向外公开，村干部在选择送水工时也主要考虑自己的亲友，引起部分村民的不满。此外，由于送水时间集中固定，村民在送水时间必须保证家中有人，较为不便，特别在遇到雨雪天气等特殊情况而无法送水时也给村民生活带来不便。

　　冬季取暖用煤也是 SD 村民的一大家庭支出，在村干部的建议下，福兴能源延续了以前煤矿每年向五保户、村小学供应 30 吨煤的传统，但一些家庭较为贫困的老人在缺乏生活用煤时经常到储煤场"捡炭"，所谓"捡炭"实质上也就是"偷炭"，只不过煤矿也是睁一只眼闭一只眼。后来其他村民也陆续开始到储煤场"捡炭"，看管储煤场的保安在制止村民时也有过冲突，甚至发生过保安打伤村民的事件，为此煤矿还赔偿了村民的医药费。经过协商，村集体在保证村民以后不再到储煤场"捡炭"之后，煤矿每年冬天给每户村民发放一吨优质块炭。

　　每年正月二十四是 SD 村一年一度的传统庙会，村民称之为"过古会"，村子里在这一天要集体拜祭土地爷，祈求村里五谷丰登、六畜兴旺，后来从又外地请来了老君像，过古会又增加了保障煤矿安全的诉求。原来村里过庙会连续庆祝三天，并举办放烟花、唱大戏等娱神庆贺活动，活动经费一般通过村民自愿捐款的方式筹集（村民相信捐款过古会能获得神灵的庇护保佑），但由于所筹资金有限，庙会大多只持续一天，白天仅举办集体拜神仪式，晚上象征性地燃放一些烟花。福兴能源为扩大 SD 村庙会的影响力（来参加庙会的人越多，就意味着本地的运势越好，丁财越旺盛），他们承诺在每年庙会期间出资请本地最受欢迎的戏班唱三天大戏，赞助

10000 元用于夜间燃放烟花，村民自愿捐献的资金主要用于购买香烛等祭拜用品和参与人员的生活开支。此外，煤矿还在村庄西北口的山坡上修建一座宝塔，用于震慑村内的"煞气"。

在一些利益富集的村庄，随着集体资产规模的迅速扩大和主体利益诉求的多元化，出现了农村基层争权夺利、身份竞争和利益分配纠纷、权利差异与公共服务不均等问题，以利益分配与争夺为核心的基层社会矛盾和纠纷不断加剧。① 承包煤矿的李老板通过支持村庄公共建设和公益事业，解决村庄外围地段的裂缝补偿问题，在一定程度上改善了村庄的面貌和村民的生产生活条件，获得了部分村民的称赞。但李老板在 SD 村民进矿务工和未领取"退股费"的 12 名原股东的利益诉求上坚决不让步，由于福兴能源坚决不雇用本村村民进入煤矿务工，而是通过其他方式来增加村民的收入，特别是通过组建村车队的方式让全体村民分享煤矿利益。村民获取利益的期望就从煤矿转移到车队，利益的聚焦也意味着矛盾的集聚。购买大车为煤矿运煤可以为村民带来较多的收入，所以村民们的注意力开始转移到如何筹钱买大车，如何办理运营牌照，如何雇用大车司机等问题上来。然而，部分没有领取"退股费"的原股东认为，没有他们当年"冒死办矿"和上访告状，就不会有今天组建车队拉煤的机会，他们应该在拉煤车队中享有高于其他村民的更多优惠权利，所以他们买车拉煤不会缴纳 17 个"排车号费"（村民也称之为"号号钱""排号费"），而村干部和李老板则坚持承包的煤矿是集体煤矿，全体村民享有同等的买车拉煤权利，双方都不肯让步。在这一问题上，大多数 SD 村民站在村干部一边，认为 BYC 等人贪得无厌，侵占其他村民的利益，不要脸。

此外，由于 BYC 家族的村民股东近年来不断的"维权抗争"，但并未获得多少实实在在的利益，相反还丧失了外出务工的机会，

---

① 郑佳斯、张文杰：《新制度主义视角下的基层治理创新——以南海区"政经分离"改革为例》，《岭南学刊》2016 年第 16—22 期。

自家的农业生产也干得比其他人差，大都成为村中的贫困户群体，所以他们当中没有哪家可以筹集足够的资金购买大车拉煤，但为获取拉煤收益，他们便伙同其他一些没有购置车辆的村民，将外村拉煤车强行引入本村拉煤，外村司机在 SD 煤矿每拉一车煤上交给引入村民 50 元"介绍费"，但是按照规定，本村车队只允许本村村民购买的车进入车队拉煤，原股东的行为招致本村其他购车并缴纳 17 个排号费村民的强烈不满与指责，双方的矛盾冲突逐渐影响到车队的正常运输。在乡镇和村民的共同压力下，最终在严格细致核查的基础上实行"一刀切"，将外村车辆全部清除，本村"借鸡下蛋"的村民也因断了一条财路而心怀不满。另外在车队内部司机与司机之间以及部分司机和村干部之间的矛盾也开始凸显，由于大车拉煤的收入与拉煤的数量、种类和频次及运输的距离直接相关，而 SQZ 等村干部安排自己的亲信、铁杆支持者及亲朋好友控制车队，他们在分配拉煤的数量、种类和频次时厚此薄彼，甚至私下向司机及村民索要好处，以此司机才能得到更高的运输频次和运输块炭的机会（块炭的运价比粉煤的运价高）。如此一来，股东村民与煤矿之间的股权争议就转化为村庄内部两类矛盾：其一为股东村民和其他购车村民之间的矛盾；其二为部分购车村民与村干部安排的车队管理人之间的矛盾。在 BYC 等村民股东的教唆鼓动下，部分村民将对煤矿和村干部的不满转化为对车队的堵路干扰行动，由于村内的主干道是大车向外拉煤的必经之道，村民随便就可将村道堵塞以发泄不满，村道堵塞导致煤矿积压的煤炭无法外运，煤老板就会向村干部施加压力甚至威胁取消与村车队签订的运煤协议。村干部最初通过谈判协调并满足堵路者的部分要求来缓解冲突，但后来通过堵路来要求解决问题或者谋取利益的村民越来越多，个别村民甚至重复堵路索要利益，村干部从亲自上阵威胁、推搡堵路者发展到雇请本地小混混维持村道的"运输秩序"。本地的小混混与村民都较为熟悉，他们一般采用"砸村民家玻璃"或者"堵村民家烟囱"等较为"卑劣"的手段来震慑村民，但是村民并不害怕这些小混混，他们在自家玻璃被砸或者烟囱被堵后就报警，警方的打击让这些村痞投鼠忌器，他们由于手段不狠、村民不怕而逐渐失去了威慑作用，也失去了被李老板和村干部"利用的价值"。为维护运煤道路的畅通，村干部必须引入手段更狠、村民更害怕的角色来管理车队和本村司机，由此，村主任 SQZ 将车队承包给本县最大的"黑社会老大"LBL，LBL 在县城中"黑白两道"都很有面子，而且经营着本县最大的加油站 JF 油城，垄断了从 X 县到吕梁市的客运线路，据说如果客车司机长期在 LBL 的 JF 油城加油，他们的客车在营运过程中就不会受人骚扰。LBL 在接手运煤车队后，首先，将原来由车主私下交给村民且数量不等的"车号费"改由车队统一扣除，然后按村民人数平均分配，但可以扣发严重违反村规民约、围堵煤矿及车队村民的"排车号费"。其次，他告诉村民，现在村里的车队由他承包，村民的"车号费"过年前会一分不少发给村民，村里的矛盾可以找村干部解决，如果堵路、堵煤矿就是和他过不去，就是自寻死路。最后，对于"不给他面子"堵路"闹事"的村民，LBL 的"手下"先恐吓威胁其离开，如果无效就狠狠殴打教训，随后就用车队的管理费赔付受伤村民的医药费、误工费、营养费、精神损失费等；如果下次又有村民堵路，LBL 的"手下"先恐吓威胁其离开，如果无效又狠狠殴打教训，随后再赔付受伤村民医药费、误工费、营养费、精神损失费等，几次三番，三番几次之后，村民都知道了只要堵路，"黑社会"就要打人，村民也就不再敢堵路转而开始上访告状。李老板曾告诉村民，他也不想让 LBL 这样威胁甚至殴打村民，但他开煤矿的投资大部分都是从福建老家通过民间借贷筹集的，甚至还有部分高利贷，他每天至少背负 4 万元的贷款利息，村民每围堵一次煤矿和道路都将给他带来高额的经济损失。他让 LBL 来"维持秩序"也是让堵路村民逼得没有办法而选择的下策。

随着煤矿开采范围和采煤沉陷区的扩大，一些村民偷偷在集体荒山、荒坡种植树苗，在荒山荒坡出现裂缝或者垮塌后向煤矿索要赔偿，村集体无法协调也无法处理。在煤矿响应地方政府"一矿一企绿化一山一沟"活动的号召下，支持村集体对部分荒山荒坡进行绿化。但对于村民偷偷种植苗木和灌木的问题如何处理，村干部既不能给村民补偿，也不能强行拔掉村民种植的苗木，显得无能为力。为此，村干部将这些集体荒山、荒坡的绿化工程转包给LBL，并要求限期完成绿化工程。LBL首先在村中雇用部分村民组成"绿化工程队"，但坚决排除抢占、偷种苗木灌木的村民，并组织村民对全村的荒坡、荒山上已经成活的苗木类型及其大小进行造册登记和估价、张榜公布，并限期让苗木的所有人到村委会领取苗木补偿款。无论苗木实际种植人是否领款，领款期结束后荒山荒坡的树木全部归集体所有。对村干部来说左右为难、"黔驴技穷"的棘手事务，"黑社会大哥"三下五除二"很快解决"，其中的原因耐人寻味，值得深思。

（二）维稳压力下的乡、矿、村博弈

在利益密集的资源型村庄，煤炭价格上涨给村集体带来了大量现实利益和获利机会，但由于村庄缺乏规范有序的利益分配机制，福兴能源向村庄输送利益、组建车队的行为非但没有收到他们期望的稳定经营环境，反而刺激了一些村民以原始股权为依据通过堵路要挟的方式谋取更多利益，严重影响煤炭外运和煤矿经营，村干部"被迫引入"黑道人物来维持车队运输秩序。村民为了获取更多直接的、现实利益，利用各种合法或非法的博弈手段，将乡镇政府、村集体、煤矿及黑道人物拖入一个相互算计而又相互妥协的角斗场，这些利益主体通过援引不同资源和力量相互博弈，在SD村上演了一幕幕让人匪夷所思的闹剧。

煤炭价格的疯涨给煤矿承包者带来了巨额的利益，而村集体及村民在获利较少的情况下，通过围堵煤矿或者运煤通道阻碍煤矿正常开采或者运输，村民的"维权"行动或者群体性事件造成的停工停产给煤老板带来巨大损失，经过利弊对比权衡，李老板和SQZ

第二章　产权变更中的利益失衡与治理失序

引入具有黑道背景的狠人、恶霸进入村庄，在向村民进行部分利益补偿的同时利用黑社会分子"恶、狠、凶残"的标签威胁恫吓"堵路闹事"的村民与钉子户。黑恶势力采用"拳头+赔偿"的方式让围堵煤矿及运煤道路的村民及钉子户心有余悸，他们将维护权利或索要利益的重心转向要求乡镇政府解决问题。在乡镇、村集体、煤矿及村民之间也组织了多次协调会，但没有执法权限的乡镇对煤矿和李老板形不成实质性约束，而且由于信息、技术不对称，他们无法获取煤矿地下违法开采、越界开采的确凿证据，一些乡干部更是忌惮于与李老板关系较为密切的市县领导；而村民特别是部分原股东则坚决认为煤矿是村民筹资筹劳修建的，煤炭价格高涨带来的利益却都被李老板和村干部瓜分，村民几乎没有获得多少好处，他们要求煤矿每开采一吨煤要上缴村集体10元承包费，照此计算，煤矿一年至少开采15万吨煤，应该交给村集体150万而不是3万承包费。各方的底线和诉求相差较大，虽然乡镇多次组织协调但毫无进展，几乎每次都是不欢而散。但一些村民还是不断地到乡镇告状甚至"纠缠"主要领导，要求乡政府维护村集体和村民的利益，夺回属于村集体的煤矿。乡政府对村民的"无可奈何"表现在每一位乡干部的"表情上"与"话语中"，一位乡镇干事告诉笔者："村民找乡领导不管反映啥、诉说啥，最终就是要钱。村民就是耍无赖、怎样能从煤矿和政府弄到钱，他们就怎样弄，脸面、底线、法律通通不考虑，村干部贪污他们找乡政府，煤矿占了村民的地嫌补偿少他们找乡政府，房屋裂缝土地沉陷他们找乡政府，村民与村民打架他们找乡政府……乡政府解决不了或者他们认为解决方案不合理，他们就到省市甚至北京上访，以此要挟乡政府满足他们不合理的要求。"

乡政府既担心村民到上级政府上访，也无力满足村民不切实际的要求，只能在扶贫资金或者低保名额上给予"倾斜、照顾"，以此换回村民不再上访的"承诺"，但村民在一段时间后又以同样的事由要求乡政府解决，并以再次上访相威胁，乡政府在安抚无效的情况下,再一次给钱或给各种"戴帽子"的补助名额……由此逐渐形成了周期性恶性循环。在基层维稳压力下,有些基层政府把规则和法律丢弃一边,采用高压手段或利诱方式化解纠纷、解决矛盾,信奉所谓"摆平就是水平,搞定就是稳定",这一方面助长部分群众"不闹事,政府不解决问题"的预期,增加基层政府的维稳成本;另一方面破坏了乡村社会的是非观念和公正意识,加剧了政府与社会之间的不信任感。① 面对老上访户,乡村干部似乎无可奈何也无能为力,在不想理睬但又不能置之不理的矛盾中"煎熬",看不到问题了结的希望。与此相对应,SD 上访村民则表现出对地方政府或激烈或平淡的不满和失望,认为乡镇领导收取了煤矿的好处糊弄他们:第一,乡干部利用权力为自己的亲友获取利益。乡镇干部特别是党委书记和乡长利用职权,帮助亲友安排乡镇公益性岗位和低保名额,破坏社会公平正义。第二,乡镇干部长期无所事事、一天到晚就是混日子,领取高额的工资待遇,等着升官调走,没有为乡村办事,没有为老百姓服务,一天到晚忙自己的事情。第三,乡镇干部在本乡范围的各类企业中参股,然后利用自己的权力保护企业,共同攫取企业利益。第四,贪污受贿、贪赃枉法,收钱才给办事,积累财富后给上级送礼,然后在上级的关照下提拔升官,并不管老百姓的死活。

　　因为煤矿的不妥协,乡镇协调解决煤矿与 SD 村民的矛盾并不能使村民得到更多实际收益,村民认为当前的被动局面是由村干部,特别是由村支书 SQZ 一手造成的,SQZ 通过出卖集体和村民利益来换取了巨大个人私利,但村民缺乏具体确凿的证据举报 SQZ,他们只能以大而化之且似是而非的理由,如出卖集体煤矿,贪污、村级账目不公开等名义举报,乡镇对村民举报村干部出卖集体煤矿、贪污等问题都回应查无实据,但对于不公开村级账目问题

---

① 金太军、赵军锋:《基层政府"维稳怪圈"——现状、成因与对策》,《政治学研究》2012 年第 4 期。

却既不能答应公开账目，也无力回应村民指责。SD 村的集体账目实行"村财乡管"，村集体的开支必须由村报账员、支书、主任、分管副乡长等人签字才可以顺利报销，报账过程涉及多人且签字程序较为严格，村干部虚报冒领、挥霍浪费的空间较小。但无论政府还是村委都对账务公开讳莫如深，不到万不已不会公开账目。在迫于上访压力或上级硬性要求必须依法公开时，也是采取粗线条的方式公开。上级组成联合工作组到乡村查账，也并不能查出严重违纪违法问题而追究相关领导或村干部的责任，发现的问题最多也就是挥霍浪费，常见处分就是通报批评、党内警告或者严重警告。既然村集体账目没有问题但为何乡村干部不愿意向外公开？看似神秘高深的问题，答案其实显而易见，问题的核心就在于村集体支出的变通以及上级对村集体财务变通的无奈。在乡镇政府下拨的转移支付资金及村集体自筹资金的使用过程中，都涉及一整套严密规范的程序制度，限定相关资金可使用的范围、可报销的内容及其审核标准，以防止各类集体资金被滥用或贪污，严格的程序制度限定了乡村干部使用集体资金的自由裁量空间。但在资源型农村中，村干部为村集体跑项目、请吃饭、私车公用的汽油费、过路费、安抚上访户的额外支出等都无法通过正常程序报销，必须通过"无中生有"变通方式报账，对于这一点，乡村干部都清楚，其实村民也清楚，但谁也不愿意说明白。由此而导致的尴尬处境乡政府心知肚明，但很难处理。如果乡政府严格按制度规定实报实销，将打击村干部的工作积极性，今后村集体的各项工作无法推进，没有村干部的支持，乡政府无法完成上级安排的各项任务；如果允许村干部变通报销，对变通而形成的"无中生有"花销又无法向村民公布，如果按变通后的花费明细全部对外公布，将导致村民的普遍质疑和持续举报，从而形成新的上访告状甚至集体上访高潮。因此，无论乡政府还是村委会都不愿意也无法公开所有具体账目，上级部门查账也只能风声大、雨点小，他们虽然获知具体情况，了解到各项花销虽然违规但未必是被村干部们贪污，进一步考虑到这一情况在辖区村庄的普遍性，乡镇在查账之后还是无法公布村集体具体账目。村民向县乡告状举报后仍然不能获得公开的明细账目，他们就以《村组法》中村务公开的相关条款为武器，持续上访举报，上级又派遣工作组下来审核账目，但结果还是一样，将以前公布的账目再公布一次，由此村民认为乡镇领导与村干部相互勾结、沆瀣一气。村民与乡镇日渐陷入告状——查账——再告状——再查账的持续纠结之中。

随着社会异质性增加和社会阶层的不断分化，日益凸显的社会矛盾使基层越来越成为冲突的集聚场域，而基层政府成为公民表达利益诉求的直接对象。[①] 乡镇干部与 SD 村民的相互不信任导致问题无法协调解决，但村民还是不断到乡镇要求政府解决问题，乡镇主要领导迫于无奈甚至开始躲避 SD 村的一些老上访户。在 AJW 乡政府大院里，星期一上午来上访告状和反映问题的人最多，占到一周总告状人数的 80% 以上，周二周三周四零零星星几个，周五几乎没有，笔者将之总结为"星期一现象"。通过询问乡政府办公室王主任，他告诉我，村民现在都清楚，每周五乡党委书记、乡长必须到县里开例会，一般都不在乡政府，但周一书记乡长要到乡政府传达会议精神，安排部署本周具体工作，研究讨论本乡重要工作。周二、周三、周四书记乡长可能下乡检查、可能临时到外地开会，他们在乡政府的概率不大，周五则一般不在乡里。与此对应，现在 SD 村民到乡里告状和反映问题只找书记乡长，几乎不找其他干部。乡政府的工作规律与上访告状的人次变化高度契合，书记乡长除开合理的"避访"理由与机会外，必须以较好的态度来面对繁杂、多样、数量较大的上访告状人群，否则，在多次找不到书记乡长或者书记乡长态度恶劣时，他们就可能到上级上访同时指责乡镇不解决问题。在当前的政治与社会生态下，社会稳定（村民上访率特

---

① 金太军、赵军锋：《基层政府"维稳怪圈"——现状、成因与对策》，《政治学研究》2012 年第 4 期。

别是集体上访率)是考核乡镇领导的一项重要指标,在维稳考核与问责的强大压力下,书记乡长在接待上访告状村民时必须做到严谨慎重,不激化矛盾、不留下"把柄与口实"给告状村民。

一个村庄如果有制度化的参与渠道,就能够沿着"以人为本"的理念,按照村民的需求,走出适合本村实际的发展道路;反之,村民就会以非制度化方式或暴力手段维权,村庄也就因秩序混乱而失去发展的基本条件。① 在 SD 村的原股东中,以白姓为主的 12 位村民不同意法院的判决,也拒不领取 3 万元退股补偿,他们要求按煤矿现有资产为基础进行补偿。在遭到煤矿和村干部的拒绝后,他们便以村干部"偷卖集体煤矿获取高额利益,贪污村集体资金",以及煤矿无序开采导致村庄土地塌陷,水土流失和空气污染为由,纠集部分村民多次到乡政府要求解决问题,但乡政府无能为力,就开始采用敷衍的战术,而村民在与煤矿的争斗中每次都是铩羽而归,遭受"伤心"和"伤身"的双重打击,他们更是认为乡政府似乎在装腔作势,并未能给予村民实际性的帮助与支持,也并未给村民带来任何实际性的利益。他们开始怀疑乡政府给他们的"承诺和建议"是为了转移矛盾和阻止他们上访的"缓兵之计",面对政府"和颜悦色"的敷衍、推脱和躲避,SD 部分原股东的耐性消磨殆尽,他们转而将枪口再次对准乡政府,而射出的子弹就是随时可能影响乡镇官员乌纱帽的"群体性上访"。SD 村较为极端的上访户白某留曾经告诉笔者:"他们当官的(指乡镇干部)就怕我们上访,我们上访上面知道了就要处分他们,就要撤他们的职,他们就当不成了,当官的就怕这个,他们就想混几年,任期一到赶紧换个地方,他们就是不想办事,就是糊弄人,他们不管我们的事,我们就一直往上告。"

为了向县乡政府施加压力,白某、贺某偷偷组织 8 位村民

---

① 董江爱:《参与、制度与治理绩效的关系研究——村级治理机制及运作效果的比较分析》,《华中师范大学学报》(人文社会科学版) 2009 年第 11 期。

（其中原股东及其家属6位，其他村民2名）在早上五点多就从X县租了两辆黑车来山西省委上访。他们到达省委门口后，每人手里拿着一张写有"请省委领导为老百姓做主"的A3白纸，白某留则跪在他们中间，将反映问题的材料举过头顶。其举报材料包括《情况反映》和《控告书》及其佐证照片：

情况反映

各位领导：

  请你们解救水深火热的SD人吧。最近几年SD人受着当地政府的强制压迫，有理无处说，因为村里有煤矿，本来是能给村里带来财富的，可是财富没有带来，却遭到了巨大的损失。煤矿每天排放大量有毒污水，使河水、河道严重污染。我村吃水成为大问题，煤矿和政府也曾几次出资好几十万修建吃水工程，但工程刚刚开始，就草草结束了。好几十万装进村干部的腰包……到现在可怜的村民还吃不上自来水。

  现在出现的问题远比吃水问题还严重，这些年因为煤矿被村干部协同乡政府有关人员，费尽脑汁，几经转包转卖和私挖乱采，导致我村大量土地塌陷，全村大部分房屋、窑洞出现裂缝，每天地下大量出煤，多次反映无人过问。在这种情况下，农民们去找过煤矿领导、村干部乡政府、县委要求他们能给个说法，但都没想到X县政府是如此腐败，官官相护，他们都得到煤矿的好处费，都说管不了，让大伙愿意上哪告就去哪告……

  自SD村30位村民合伙开办的煤矿被村干部悄悄包给福建煤老板以后，煤矿造成的吃水、土地塌陷、煤矿非法转包转卖，房屋裂缝和村干部从中贪污受贿，从不公开村务，财务等情况，也从未给原股东分享过股利。一些有觉悟和正义的村民曾三年中多次去省上访。每次的结果就是被乡政府人员哄回来说给解决。其实他们早把解决给的钱挥霍了，他们又哪里能解决得了。他们认为告状开支巨大,拖时间就能拖死告状人。

这几年年冬,村民的房屋裂缝太严重,于是大伙商量,一部分村民开始强制封堵煤矿生产,禁止煤矿放炮出煤。以保自身在危房中的生命安全,另一部分村民绕开乡里村里干部的围追堵截到省里反映情况,想让省领导能管管此事。

现在的 SD 村人面临着公安局和政府强制压迫,黑恶势力的恐吓,吃水和土地塌陷房屋裂缝等问题。难道在共产党专政的法治社会、和谐稳定发展的社会,真得不到解决,村干部贪污公款,大肆挥霍,就没有人能管得了?以上所述问题都是事实,都有照片和人证,事实资料。

尊敬的各位领导,可怜的 SD 人希望你们能给出个合理的解决办法。

此致

敬礼!

SD 村全体村民

他们的控告书更是严厉指责 SQZ 大肆出卖集体利益、侵吞政府项目工程款、独断专行等三款罪行,请求上级领导"追究被控告人贪污罪的刑事责任"。

控告书

被控告人:SQZ,男,X 县 AJW 乡 SD 村支书、主任,住本村。

控告请求:请求追究被控告人贪污罪的刑事责任。

事实理由

1. 2003 年被控告人任 SD 村支部书记,在此期间,被控告人未经村民代表大会表决将 SD 村村委与 SD 村 30 户村民联办的 SD 村煤矿擅自承包给福建人李 LP,收取了大量出卖集体利益的好处费,2004 年经 SD 村部分村民上访控告,X 县人民检察院曾立案侦查，但最终不了了之。

2. 2005年被控告人担任SD村村委会主任期间，X县水利局曾给SD村拨款11万元修建自来水工程，而该拨款除修建蓄水池库，水井和水塔，支出费用大约4万元外，被控告方将其余款项侵占。

3. SD村与煤矿商签订的承包合同未经党员干部会和村民代表会同意，是SQZ一人所为，承包合同显失公平，承包费用任意挥霍，请依法查处。

控告人认为被控告人将巨额公共财产据为己有，其行为违反了《中华人民共和国刑法》第三百八十二条的规定，已构成贪污罪，特向上级领导提出控告，请求依法追究被控告人SQZ贪污罪的刑事责任。

此致

SD全体村民

省委保卫处的工作人员将老白等上访村民带到接待室，并通知X县驻太原办事处的工作人员，办事处的干部一般都采用同样的"策略"劝说老白等上访村民：我和AJW的书记乡长联系了，你们回去他们马上研究解决。老白对他们这套说辞已经了如指掌，不愿意离开并坚决要求见省委的领导。双方在省委传达室里僵持不下，没多久省委信访部门的负责人马处长出来接待了他们，让他们填写了上访事由登记卡，同时打开电脑数据库，准备将他们的上访事由输入电脑，但是马处长发现SD村因同样事由已经有多人多次上访的记录，便告诉老白，SD村由村矿矛盾引发的上访已经在信访网站上登记，并已经敦促你们县里协调解决，你们现在回去，如果乡里还不给解决，你再来找我。老白说回去后乡里就不管不问了，必须在省里解决。马处长说那你们就在信访接待室等乡领导，他们说马上赶过来。随后马处长将X县信访局的干部叫上来，让他们通知县里乡里来解决问题并将人接走。中午时分，AJW 乡陶副乡长和两名 SD 村干部急急忙忙赶到太原（陶副乡长是 SD 村的新包村干部）。陶乡长到省委后，对老白他们说，我们先出去吃饭，边吃边谈怎样解决你们反映的问题。他们 10 多个人找了个中档饭馆吃饭，花费 500 多元，后又为他们开了三间房，又花费 500 多元，其花销全部由陶乡长埋单。老白他们的上访理由和诉求陶乡长其实早已心知肚明，因为老白他们以前多次向县里乡里反映，这些要求要么毫无依据，要么当前无法解决，县里乡里只能采取拖延的方法"稳住上访户"。第二天在得到陶乡长"只要你们回村，三天之内给你们满意答复，否则我不姓陶"的许诺后返回村里。然而白某等村民返回县里后，迎接他们的是乡派出所的干警，他们用警车将白某留等村民直接带离车站，关押到县看守所。最后到省委上访的 8 位村民中，有 6 位村民因为认错态度较好，在行政拘留 15 日并写下不再上访的保证书后被释放，而这次非法越级上访的"组织者"白某，贺某两人则被刑事拘留，在羁押三个月后，法院以扰乱社会秩序罪分别判处白某、贺某一年和八个月有期徒刑，白某、贺某当庭表示对判决不服，要求上诉。乡村社会的矛盾冲突在高压下得到积累、强化和扩散，并成为需求者以非制度化、非理性的方式释放的时机，一旦出现突发事件或偶然事件，政府临场处置稍有失当，或者控制不力，处置不及时，或者控制过头，滥用警力，都可能引发"气"以大规模骚乱方式的彻底释放。[①] 在羁押期间，白某、贺某的家人不断到公检法、人大等机关上访，甚至向一些新闻媒体反映投诉，要求为两人申冤平反。个别媒体单位不断向 X 县县长发来采访函，引起了当地政府的高度重视。

---

① 应星：《"气场"与群体性事件的发生机制——两个个案的比较》，《社会学研究》2009 年第 6 期。

新早报社（函）新采函字【2006】第 0501 号
关于 X 县 SD 村村民投诉相关问题的采访函

山西省吕梁市 X 县人民政府并 X 县长：

近期，本报接到贵县 AJW 乡 SD 村村民的反映材料，称贵县 SD 村村干部 SQZ 等村干部贪污公款及该村集体股份制煤矿被个别村干部私自非法转包的情况反映。

反映材料称"SD 村原支部书记 SQZ 在任期间贪污、占用该村集体资产。且在未召开村民大会，未经村民同意的情况下，SQZ 便私自将属于村集体所有的 SD 村煤矿非法转包给他人，并在承包煤矿中私下收受了大量好处费"。反映材料还称：当地一些村民在举报部分乡村干部犯罪行为，维护村庄集体资产及生存环境的过程中受到政府及司法部门的不当干预，且有村民因维权而遭受牢狱之灾，按照新闻出版总署要求，新闻采编人员要坚持真实、全面、客观、公正的原则，确保新闻事实准确。根据群众反映的材料，本报现就以下问题采访贵县：

1. SD 村村民反映的情况是否属实？

2. SD 村村干部 SQZ 贪污集体资金是否属实？

3. SD 村村集体股份制煤矿被村干部 SQZ 私自非法转包是否属实？SQZ 在转包煤矿中是否私下收受了高额好处费？

4. 贵县对此事是否知情？如何处理的？

5. 贵县纪委是否调查处理了村干部贪污之事？

配合新闻采访，这既是贵县的义务，也是贵县的权利。特此致函，商请贵县于 2007 年 6 月 21 日以前就以上问题回函本报，并同时提供相关材料用以证实贵县的相关立场和说明。

谢谢支持！

新早报社编辑部
二〇〇六年六月十六日

在层层压力之下，吕梁市中级人民法院刑事庭在二审中认为原判决认定的部分事实不清，依照《中华人民共和国刑事诉讼法》第一百八十九条第三款之规定，判决如下：1. 撤销山西 X 县人民法院刑初字第 44—2 号刑事判决；2. 发回山西 X 县人民法院重新审判。X 县人民法院在重审中认为被告白某和贺某的犯罪事实及情节，情节符合适用缓刑的条件，可以适用缓刑，依照《中华人民共和国刑法》第二百九十条第一款、第七十一条之规定，判决如下：被告人白某犯聚众扰乱社会秩序罪，判处有期徒刑一年，缓刑二年（缓刑考验期限从判决确定之日起计算）；被告人贺某犯聚众扰乱社会秩序罪，判处有期徒刑一年，缓刑二年（缓刑考验期限从判决确定之日起计算）。被告人以判决事实不清，证据不足，定性错误为由提出上诉。至此，白某、贺某被关押已经超过 300 天。在二审中，市中级人民法院维持了原判。此后，白某踏上了"坚定而长期"的"上访申冤之路"，并扬言要报复陷害他的乡村干部。释放后的白某就成了"全职上访者"，他到上级政法部门告 X 县司法机关徇私枉法，要求改判他无罪；他告村干部，尤其是 SQZ 贪污集体资金资产的违法行为；他告乡政府和村干部勾结出卖集体煤矿。村支书 SQZ 一是害怕白某报复，也是为了安抚笼络他，就给他安排了一个在车队指挥交通的"闲差"，但每年有近三万元的工资收入，同时 SQZ 同意他到村里的小饭馆吃饭挂账，年底由车队统一结账；村集体为白某和他老婆办理了低保，还给老白安排了打扫村庄公共卫生的公益性岗位，虽然老白没有打扫过一次，但每年 5000 多元工资一分也不少，而且还有各种临时的"困难补贴"——少则 300、500 元，多则 2000、3000 元，上访户白某甚至成为一些村民"羡慕"的对象。当前基层政府的维稳陷入"成本递增收益递减"的"维稳怪圈"之中，表现在于：一是基层政府的维稳总成本是递增的；二是基层政府每增加一单位的维稳成本所获得的效益是递减的；三是基层政府的维稳总收益也是递减的。①

(三) 村庄治理失能与整体混乱

基层政府、村干部以及村民并不是依据明确而稳定的制度安排来解决村庄内部的冲突混乱，而是在遭遇到问题时依靠各方一次次非理性博弈来解决，其内在原因在于乡村社会各主体赖以生存的制度环境缺少确定性。② 村庄的伦理规范、村规民约、传统道德逐渐失去原有的约束作用，"闹到钱才叫本事"，"经济利益主导一切"等唯利是图的思想在村庄内得到"生动而具体"的演绎。

在煤炭价格快速上涨的市场行情下，李老板只要挖出煤来就不愁销路，所以维护煤矿稳定开采经营环境成为他们首要任务，在一些村民以各种理由围堵煤矿或堵塞运煤必经之路的方式"找煤矿的茬时"，李老板一方面借助地痞、村霸等恶势力维持"经营秩序"；一方面积极与村中"敢闹事"的村民建立良好的"个人关系"。而对于乡镇官员来说，由于维护地方稳定成为他们政绩考核和职务升降的重要指标，在采用"拘留维稳"等方式没有解决问题，反而引起新闻媒体的关注和质疑后，他们也在各种现实压力下改变了方式方法，不再采用行政、司法强力维稳手段，转而采取"民政维稳""人民内部矛盾人民币解决"的策略，调用各种行政资源来安抚、"稳住"极端的上访户，维护辖区村庄表面的和谐稳定。对村干部而言，他们利用自身掌握的村庄权力将煤矿以极低的价格承包给外地煤老板，然后通过依附于李老板来换取承包工程机会等好处，作为既得利益者，他们当然最希望维持村庄与煤矿的承包现状，最害怕村庄爆发群体性事件或者村民越级到省城、北京上访，所以尽可能地利用自身可调配的各种资源安抚各类"特殊人

---

① 金太军、赵军锋:《基层政府"维稳怪圈"：现状、成因与对策》,《政治学研究》2012年第4期。

② 陈发桂:《基层维稳运行的路径选择——基于运行机制的制度性缺陷》,《福建行政学院学报》2010年第4期。

第二章 产权变更中的利益失衡与治理失序

群"。由此，煤老板、乡镇政府和村干部形成"以利益换稳定"的共识来解决村中问题，但结果却导致 SD 村"越闹事的村民获得的好处越多，越老实的村民越被边缘化"的局面，这在村庄中形成了极为消极的影响和不良示范。在村庄中，任何一个成员的机会主义态度和行为都对其他成员有传染性，村庄中的社会生态、政治生态也迅速恶化。按乡干部王某的话说："这些'杀又不够杀，判又不够判'的村民大错不犯，小错不断，干部难以应对，只能迁就，而迁就又会进一步纵容这些人的胆量。"贺雪峰也在相关研究中指出，一些极端的上访村民蔑视权威、蔑视秩序、蔑视政权、蔑视正义与道德，视政权的力量为烧火棍，胆大妄为，以致一次又一次挑战基层政府的底线①。

当地政府为改善 SD 村的输电设施，保障村集体和村民的用电安全，划拨专项资金对 SD 村的输电支线及老旧的木质电杆进行替换更新，但该村村民李某（女性，45 岁，非 30 股东家庭成员）因为电业局未经其"同意"而在离其房屋 1.5 米的村道上栽种了水泥电杆，要求政府和村里给予高额补偿，其间镇政府也适当给予了李某一定的补偿，但李某依然不依不饶，持续干扰工作人员施工。她索要补偿有自己的三点理由：一是在村民房屋旁边栽种电杆国家有三万元的补偿，但她没拿到；二是电业局给每个村庄安排 19 万元的资金，用于电杆占用村集体土地的补偿，她不知道乡村干部花到哪儿去了；三是在她家屋旁栽种电杆导致房屋开裂，她坚决要求政府为其维修房屋。由于施工期间为保障安全而采取了全村临时停电措施，煤矿也处于停工状态，村民李某表示如果不解决她的问题，她就要到县委县政府大门口喝农药自杀。为加快电网改造施工和恢复村庄供电，乡镇决定立即召开听证会解决这一问题。当天下午，AJW 乡政府召集县电业局、县住建委、信访办、包村干部、

---

① 贺雪峰：《乡村的去政治化及其后果——关于取消农业税后国家与农民关系的一个初步讨论》，《哈尔滨工业大学学报》（社会科学版）2012 年第 1 期。

村干部、当事人李某等在村委会召开听证会。在听证会上，县电业局出示了未向 SD 村安排 19 万元补偿资金的证明书，也出示了未给与任何村民三万元补偿款的证明书，两份证明书盖有县电业局公章。听证会上乡财经中心当场公开查验了相关账目（村财乡管），并未发现李某所说的 19 万元资金和所谓每户三万元的补偿款。县住建委也当场出具了勘察证明材料，说明电杆栽种与李某房屋裂缝并无因果联系，李某房屋是自然裂缝而且并不危及房屋的居住安全，听证会全程录像。在听证会结束后，李某说她根本不信任参加听证会的部门领导和乡村干部，她表示如果乡镇不给她补偿和危房改造指标，她就到北京去上访告状。

在 SD 村，60 多岁的老白夫妇（非 30 股东成员）索要补偿的理由与方式更是让人大跌眼镜，匪夷所思。老白夫妇家的五眼窑洞离煤矿坑口约 1200 米，在五眼窑洞中有三眼窑洞顶部出现了几道头发丝般粗细的裂痕，老白坚持认为这是煤矿采煤时放炮"震裂"的，他持续进行了两年多的上访，要求煤矿进行赔偿，煤矿认为他无理取闹并不予理睬，他组织家人堵路被公安机关行政拘留 15 天后，他老婆到派出所要求放人并冲击派出所也被行政拘留。二人分别被拘留 7 天和 15 天后释放。自此开始，老白夫妇在每年"两会"、"国庆节"等重要时间节点到处上访。老白老婆在今年"两会"期间到北京上访，在被接访回县后以扰乱社会治安处以行政拘留 15 日。拘留期满后老白老婆提起行政诉讼，状告县公安局徇私枉法。L 县人民法院异地审理了该案，判决 X 县公安局以程序违法败诉，并责令 X 县公安局赔偿老白老婆 2200 元。X 县公安局上诉到吕梁中院，但二审结果驳回上诉、维持原判。老白在拿到 2200 元后对审判结果仍然不满，他认为赔偿款应该是 2200 的三倍，行政拘留期间的赔偿款计算不能仅仅参照每日正常的 8 小时工作时间，因为她被拘留期间 24 小时都在"坐牢"，应该以 24 小时计算，一天顶三天，赔偿款应该是 6600 元。获释的老白夫妇开始变本加厉上访，每逢国家重要会议和重大节日庆典必然密谋上访，

第二章 产权变更中的利益失衡与治理失序

以至于在国家重大会议和重要活动期间,乡政府和村里派专人"盯防"。当老白在某一重要时间节点摆脱"盯梢者"准备从太原前往北京时,他刚进太原站就被 X 县信访局工作人员"强行"带回。没过多久,在一次重大国际会议期间他又一次准备从太原坐大巴车到北京上访,但在太原有公安机关设卡检查,乘客必须提交身份证接受刷卡检查,老白在提交身份证检查后被要求下车,在接待室等待 X 县信访局工作人员将其接回。一个月后,老白先乘坐大巴车取道河北唐山,然后从唐山南下北京,"终于成功到达北京上访"。乡镇干部在与老白夫妇的猫鼠游戏和"斗智斗勇"过程中精疲力竭,但似乎谁都无法停下来。迫于无奈,乡政府给老白办理了低保,并给予了三个危房改造维修指标。老白将三个危房改造指标先用于修理自家未裂缝的房屋,让两间被"震裂"的窑洞继续"处于危房状态",并时常向乡镇干部表示肯定还要找机会到北京上访,除非乡政府干部能满足他的要求,并向乡政府主要领导提交了要求明细,具体内容如下:

AJW 乡政府:
  我是白××,现年 66 岁,SD 村人。身份证号码×××,电话号码×××。因 SD 煤矿开采放炮,把我的五孔窑洞不同程度的震坏有五年之久,至今未给予解决,此外,因三年以来上访花费 7 万元之多,投入写材料花费 1 万元之多,本人要求再解决危房指标 2 户。把我上访期间花费的 8 万元补齐,误工不用算。请给予解决。

白××

在后续的"协商"中,白×提出 2 孔窑洞可以不要危房改造指标,但是上访花费的 8 万元一分也不能少,乡政府必须补偿,否则他们俩夫妇肯定还要到北京上访维护自己的"合法权益"。

一些村民通过告状就能获得更多利益逐渐在村民中形成了

"必须要闹才能解决问题"的认知,反映问题没用,不但要"闹",而且要"闹大"。隔三岔五堵煤矿和政府大门的上访事件潜移默化地影响着村里孩子们的处事方式,靠"闹"来解决问题的行为方式也逐渐被孩子们认同和模仿。SD 村康某的孩子在县城第三中学(县民办高中)上学,他在得知学校下学年学费要上涨这一消息后,纠集自己在本村本乡关系要好的同学 20 多人,要找校长说理,没找到校长他们便冲出学校到县委县政府上访,其间又有 50 多名其他的同学加入他们的队伍。他们也像其他成年访民一样,在围堵政府大门被驱散后,他们很快购买一把链条锁锁住县政府大门,不允许任何人进出。在县教育局领导和校长前往协调并作出不涨学费的承诺时,学生们并不理睬而是强烈要求见县委书记和县长,让县委书记和县长亲口保证不涨学费,其间,一些赶来的 SD 村家长甚至购买了矿泉水发给堵门的"学生访民",在围堵县政府一个多小时后,分管教育的副县长到政府大门向学生保证下学期不涨学费,并组织疏散学生。在得到县政府"大官"公开表态后,学生三三两两返回学校。在新学期开学,学校没有上涨学费,但延迟了高三班开学的日期(以前的惯例是高三提前一周开学),当年 X 县第三中学的高考成绩:全校仅仅考了几个二本学生。后来,学校还是按原来的计划,学费上涨 30%。学生们认为他们上访了学校还是要涨学费,校长一定与县领导勾结在一起,于是接受了涨学费的现实,并没有人到县政府上访堵门,抗议政府的言而无信。在调研过程中,笔者也访谈了 SD 村就读于本县最好高中——YN 中学的几位学生,询问他们如何看待第三中学的康某带领同学围堵县委、县政府大门的事情,他们都表示说康某做得对,他们还告诉笔者:"YN 中学实行全封闭式管理,学生不能出门,他们在学校里面遇到食堂饭费涨价或者吃不上饭的时候,也曾经集体到校长办公室围堵校长,要求校长保证不涨饭费。"SD 村部分家长将孩子从小就送到其他教育质量较好的县或者吕梁市去读书,这些家长一方面希望自己的孩子在其他地方接受更高质量的教育,考上好大学;另一方面更是希望孩子远离 SD 村"上访闹事文化"对孩子"熏陶"。由此，其他留在本地的孩子一方面天赋不高，一方面只能接受本地较低质量的教育，他们通过高考改变命运的机会将小得多，在持续的上访堵路事件"熏陶"下，这些学生离开学校成为 X 县"新一代农民或居民"后，在与其他人发生矛盾或个人权利受到侵害时，他们将采用何种方式表达诉求或者维护权利，让人十分担忧。

在煤炭黄金十年，SD 村民依托煤矿，通过补偿、买车拉煤、经营小商店、承揽工程乃至变相敲诈等方式手段，部分村民获得了远高于其他村庄村民的利益，他们子女的物质生活条件也得到较大改善，但是大部分家长由于忙于赚钱而缺少对子女的管教，导致当地青年普遍缺乏读书的热情，而注重攀比谁家有钱、谁家又买了好车、县里哪个黑社会老大实力最强或者"哪个地方的碗团（当地一种受欢迎的小吃）比其他地方贵五毛"等无聊的问题，在这种氛围下，SD 村就读于本地的学生最多也就考个专科学校或者技校。SD 青少年因为煤矿收益提高了生活条件，但又缺乏家长的科学教育引导，吸毒、赌博和文身成为很多青年谈论的焦点和交往的方式，一些吸毒时间较长的不良社会青年在没钱购买毒品后，就将魔爪伸向那些家庭较为富裕而且想在社会上"混出点名堂"的年轻人，他们在相互交往中教唆刚离开学校的年轻人吸食毒品，在他们吸毒成瘾后便让他们向家人要钱、骗钱和偷钱购买毒品，在家人发现自己的孩子染上毒瘾后，拒绝再给钱并且对他们严加管教，双方多次冲突后导致子女与家庭决裂，与家庭疏远后的他们更是毫无约束，跟着提供毒品的"老大"开始"混社会"，"顺利"完成了从"学生"到"混混"的角色转换。"老大"们并不会无偿给小青年提供毒品，他们只能在要么充当"老大"的打手和马仔，要么以赊账的方式获得毒品之间做选择。以此为控制手段，SD 村形成几个涉黑性质的犯罪团伙，他们打架斗殴、敲诈勒索、组团盗窃，尤其以 SD 村的"跌马子队"（碰瓷）最为猖獗。

SD 村处于陕北神木、府谷等大型矿区煤炭东运的必经之道，大型运煤车比肩接踵、夜以继日地在村庄周边公路上行驶，SD 村的"跌马子队"在半夜驾驶小三轮或者小货车故意与运煤车擦碰，然后纠集众多其他"团队成员"恐吓威胁甚至殴打大车司机，坚决要求赔偿损失，大车司机如果有钱就赔钱走人，如果没钱他们就扣下运煤车，让司机回家拿钱来赎车。此外，一些没有加入犯罪团伙的吸毒青年，则三两人一组，手持小型铁锤，骑上摩托车、带上头盔在午夜逼停单行的运煤车，以"老子没钱吸毒了，给老子借点钱买毒品"为由向司机要钱，司机如果不给或者关闭车窗，他们就用小型铁锤打砸车窗，然后逃之夭夭，过路司机深受其害。村民 YYN 告诉笔者："如果司机半夜两三点打 110 报警，派出所等半天才会过来，问上几句，然后就没事了，只有在严打的时候，才破几个案做做样子。"与当地纯农业型村庄相比，煤矿为 SD 村民带来了巨大利益，口袋充实后的村民并不重视子女教育和子女读书，只知道给孩子提供优渥的物质生活，无所事事的青年辍学后在不良社会青年的诱惑与教唆下，逐渐沾染不良习气并走上违法犯罪的道路，最终成为阶下囚，这在当地并不是个别现象。

五 小 结

每一个社会的经济关系首先是作为利益表现出来，① 而"人民奋斗所争取的一切，都同他们的利益有关"②。当利益的争取缺乏制度法规的约束，丧失了责任、权利和义务的均衡统一，人们为获取利益而不择手段，这样的社会既无公正也无秩序，偶尔的稳定也只是乡村社会内部力量"畸形"平衡的结果。③ 随着煤矿产权要素及权利归属发生变化，村矿之间的关系以及煤矿利益分配结构也发

---

① 《马克思恩格斯全集》第 2 卷，人民出版社 1972 年版，第 537 页。
② 《马克思恩格斯全集》第 1 卷，人民出版社 1956 年版，第 82 页。
③ 贺雪峰：《乡村的去政治化及其后果——关于取消农业税后国家与农民关系的一个初步讨论》，《哈尔滨工业大学学报》（社会科学版）2012 年第 1 期。

生根本性的变化，村干部无法控制煤矿，反而通过依附于外来主体获取利益。村庄权力结构和利益结构的变化导致村庄利益失衡，原有煤矿收益相对均衡的模式被打破，村民利益发生严重分化，因丧失村庄公共权力保护而被边缘化的原利益群体合力对抗新的煤矿控制者与新权力主体。为了维护或攫取更多煤矿利益，各利益主体以及村民内部各派系之间，分别通过援引不同政治经济社会资源，采取各种合法的、非法的甚至暴力的手段展开激烈博弈，特别是煤矿与乡村干部在维护开采经营环境与化解村民上访压力之间的相互推责和相互转嫁矛盾的行为，为一些村民提供了通过要挟煤矿或者政府获取灰色利益的空间，而在"黑恶势力维持秩序"和"人民币化解上访压力"的相互作用下，最终导致村庄的整体失范与混乱。所以煤矿产权结构变化与乡村治理密切相关，直接决定着乡村发展的命运。①

---

① 董江爱、霍小霞：《矿权与乡村治理》，《社会主义研究》2012年第4期。

第三章 资源整合下的利益共享与秩序重建

一 资源整合与产权明晰

(一) 资源整合与煤矿国有化

资源型地区煤矿改制、承包等产权改革，在一定程度上推动了资源型地区煤炭产业的发展，一些濒临破产、停工停产的小煤矿获取了重新发展的生机。虽然这些产能小、技术低、经营管理落后的小煤矿在良好的市场机遇下也能野蛮生长，但一些小煤矿层层转包后存在产权不清晰、安全设施投资不到位、掠夺性开采和浪费严重等问题，进而导致了环境污染严重、安全事故频繁和村庄混乱失序。一些地方官员和煤矿安监职能部门为了增加地方税收甚至获取个人利益，对非法开采的小煤矿放松监管、广开绿灯，甚至官商勾结共同攫取煤矿利益。到1998年，全国乡镇小煤矿多达8万多座，它们的产量占全国总产量的43%还多，而且出现了小煤矿乱采滥挖、破坏资源和生态环境、人员伤亡等严重问题，扰乱了正常的煤矿生产和经营秩序，对国有大型煤矿造成了严重威胁。[①]

资源型乡村地区的混乱现状与党和政府所推行的科学发展、协调发展、以人为本等经济社会发展理念背道而驰。从2003年开始，

---

① 董江爱:《煤矿产权制度改革与资源型乡村治理研究》，中国社会出版社2016年版，第36页。

为了解决煤矿因"小、散、乱"而导致煤矿事故频繁、资源浪费和生态污染等问题，中央及山西地方政府开始在一些地区进行探索关停兼并小煤矿和采煤沉陷区治理等的试点工作。以2004年山西省出台《山西省人民政府关于继续深化煤矿安全整治的决定》为起点，标志着山西正式确立了以"资源整合、能力置换、关小上大、有偿使用"为核心内容的煤炭产业发展新方向。2008年进一步细化煤矿整合的标准、条件、要求及程序，山西省人民政府根据国家《关于促进煤炭工业健康发展的若干意见》中"坚持先进生产力和淘汰落后生产力的原则，一方面加快大新煤炭基地建设、国有重点煤矿的经营以及中小煤矿的兼并改造，另一方面按照相关法律关闭一些污染严重、浪费资源以及缺乏安全生产条件的小煤矿"的指示精神，相继出台了《关于加快推进煤矿企业兼并重组的实施意见》和《关于进一步加快推进煤矿企业兼并重组整合有关问题的通知》等文件，以健全的制度全面规范山西煤矿企业兼并重组的主体、任务、数量、责任及时间节点要求等配套工作。在煤矿整合过程中，各级政府综合运用煤矿产能标准、安全设施水平及环保标准、贷款限制等行政措施形成合力，强力推行中小煤矿的资源整合。

提升煤矿的产能标准是政府进行煤矿整合的主要手段，2004年以来，政府以煤矿产能和安全设施等为标准循序渐进推动煤矿兼并整合，以大并小，以强扶弱，根据不同时期煤炭市场需求和产业发展形势，将单井产能标准从年产15万吨，陆续提高到30万吨、45万吨和90万吨，严格执行，将达不到产能标准和安全生产要求的小煤矿一律关停整合。在政府的强力主导下，山西省到2010年形成了以大型煤矿企业为主，以国有、民营、股份制多种成分并存的办矿体制，煤炭企业主体由2200家减至130家，国有企业、民营企业和股份制企业的比例为2∶3∶5，矿井数量由2500多座压减到1053座，平均单井产能提高到100万吨/年以上，机械化程度和安全系数大大提高。经过以上多方面的努力，中央政策逐步规范了煤矿的经营行为，明确了各级政府在矿业权价款收益中的分配比例，在一定程度上缩小了官员权力寻租空间，增加了地方财政收入。①

在地方政府强力主导资源整合的形势下，SD 煤矿因为产能不合要求，开采设施不达标等原因而停产整顿。在此期间，国有控股企业华润联盛集团（以下简称《华联集团》）与福兴能源及 SD 村就煤矿整合问题进行多次前期接触，在各级政府的推动下，华润联盛与福兴能源达成整合协议。华联集团的整合过程分为两个步骤，首先是与福兴能源公司协商采区剩余煤炭资源的开采权转让问题，因为在福兴能源承包 SD 煤矿初期向政府缴纳了采区的资源价款，获取了采区全部资源的开采权，在煤炭价格已经大幅上涨的背景下，如何计算剩余资源开采权的转让费成为双方谈判的焦点；福兴能源在承包期间购置了大量的开采设施，修建的井上附属设施如何折旧计算也分歧较大。此外福兴能源公司与 SD 村签订的无期限承包合同，放弃煤矿的承包权是否可以获取补偿。李老板在政府主持下与华联集团进行多轮谈判，最终他在获得一笔补偿款后彻底放弃对 SD 煤矿全部权利（主要是其缴纳资源价款后取得的资源开采权及有合同保障的承包经营权），但这一交易过程显得十分神秘，笔者在实地调研过程中多次询问当地县乡相关部门的领导，他们均以不知情为由拒绝谈论这一话题。而在 SD 村民中却流传着不同的版本，有的村民说李老板卖了 600 万，有的说卖了 1000 万，有的说卖了 3000 万，甚至有村民告诉笔者卖了 2.25 亿。与村集体的谈判，虽然 SD 村从法理上讲是煤矿的所有权人，但煤矿绝大部分实际投资及其资源开采权都归属于福兴能源，村集体虽然掌握煤矿的原始证照和矿区集体土地的所有权，但按国家政策标准，SD 煤矿的产能以及安全设施都不达标，属于应该关停的中小煤矿，但华润

---

① 董江爱：《煤矿产权制度改革与资源型乡村治理研究》，中国社会科学出版社 2016 年版，第 39 页。

集团在谈判中却主动提出给村集体高额补偿。双方通过协商决定新煤矿在 SD 村开采期间，每年向村集体支付 200 万元补偿款，此外在煤矿后勤服务用工中适当解决部分中老年人与妇女的就业问题，其占用的土地性质不作变更、维持现状。煤矿后续如果需要征用村集体耕地，将按国家相关规定予以办理。SD 村的集体煤矿并入华联集团并更名为华润联盛集团 SD 煤矿，SD 煤矿在新主体经营期内有权使用矿区的集体土地和公共道路，同时承担帮助村集体发展经济，改善村庄生产生活条件的义务。在调研过程中，笔者虽然多方打探，但并未获得福兴能源在 SD 煤矿整合中获得的具体补偿数额，不同的人告诉我差异悬殊的补偿金额，从几百万到几个亿。但对村庄补偿标准却详细具体，各个调研对象所提供的数据和资料较为一致。

（二）国有产权下的利益共享

国有煤矿与乡村治理在公共责任上的共通性和相容性是决定双方利益共享的内在基础。① SD 煤矿被华联集团整合兼并以后，转变为国有煤矿。国企严格按照上级政府的要求，将煤矿产能标准从年产 30 万吨提高到 90 万吨，更新井下综采设施、液压支柱和通风设备，使煤矿井下的各项指标完全符合国家标准。煤炭价格的野蛮上涨，煤矿产能提升和开采效率提高给煤矿创造了巨大的利润空间，煤矿一方面大幅增加村集体的补偿款，另一方面从长远角度规划村庄的未来转型发展。

产权制度问题不仅仅只是一个抽象宏观的经济问题、政治问题和社会问题，更是一个与个体农民密切相关的生活问题。② 在以前福兴能源与村集体签订的承包合同中，煤矿每年向村集体缴纳 3 万

---

① 董江爱：《煤矿产权制度改革与资源型乡村治理研究》，中国社会科学出版社 2016 年版，第 79 页。

② 黄宗智：《华北的小农经济与社会变迁》，中华书局 2003 年版，第 205 页。

元的承包费,而且有限的承包费主要用于村委会的日常开销以及村干部的补贴,部分用于村委会干部到外地接访的差旅花销,并不向村民进行分配;但在煤矿国有化后,煤矿在经营期内每年向村集体缴纳 200 万 "集体煤矿整合补偿款",华联集团认为在 SD 煤矿创办初期以 BYC 为首的 30 股东与煤矿签订的股份协议真实有效,原 30 股东通过筹资筹劳对创办煤矿作出了一定贡献,但最初办矿时期占有的 30 股份在后期不同主体的大量投资建设后应该按比例稀释,经过村矿双方的测算和协商,每位原股东在领取法院判定的 3 万元退股补偿后(已有 18 位原股东从法院领取,剩余 12 位股东可随时从法院领取),今后每年仍可以获取 3000 元退股奖励,煤矿缴纳的 200 万补偿款从总体上由两部分构成,其中 9 万元奖励给 30 位退股村民,剩余 191 万元补偿给村集体。村集体的 191 万元应该大部分向村民平均分配,用以改善村民生活水平,所剩资金在煤矿的规划帮助下用于发展村庄公共建设和公益事业,推动集体经济发展。经过共同协商,村集体决定向全村 625 位村民每人每年发放 2000 元,剩余补偿款用于村庄建设发展。

按此规划,每位村民每年可获得 2000 元补偿款,解决了村民的"花钱问题",就此一项全村各户多则可分 2 万元,最少也可分 8000 元,大幅改善 SD 村民家庭收入状况。因为占用了部分集体荒沟荒坡,煤矿以每位村民每年 4 袋面粉、一袋大米的标准发给村民,村民无须购买粮食就能解决家庭的"吃饭问题";此外煤矿将原来每户发放一吨"块炭"的标准提高到每人一吨,解决村民的日常用煤和过冬取暖问题。利益和福利的发放对象仍然延续村庄的老办法,在村里有户口和承包地的村民全额发放;外地嫁到村里的媳妇和全女户的一个上门女婿全额发放;外嫁女出嫁当年全额发放,第二年减半发放,第三年停止发放;其他人一概不发放。但是村里多次提出的解决村民就业的问题,煤矿方面以上级要求"变招工为招生"的学历要求予以拒绝,村民子女中考取全日制大学专科及其以上学历的大学生,煤矿经过考核面试后符合要求可以全部接收。这些普惠性的利益和福利保证每一位村民的基本生活，拓宽村民的就业渠道，而且一定程度上缩小了村民之间的贫富差距。

解决分配问题比解决发展问题还困难，分配不公，会导致两极分化，到一定时候问题就会出来。① 运煤车队的收益分配是村庄混乱冲突的另一根源，煤矿承包时期为了简化各种手续，村集体以村支书 SQZ 个人名义办理村车队的各种证照，后来为震慑堵路村民，维护车队的稳定运营，村集体将车队委托给县里的"黑社会头目"LBL 管理，并准许其从车主运煤收入中抽取每吨 2 元的管理费，村民的"排号费"也由 LBL 代收并转付给村民。由于车队是私营性质，车队收入无须纳入乡农经站"村财乡管"的范畴，车队内部的资金管理较为混乱，有时因为车主出现车祸或者对车队分派的拉煤量不公平等原因而拒绝支付"排号费"，导致村民因此围堵车队甚至与 LBL 的手下发生械斗，车队内部也存在开销过大、账目不清等问题。在资源整合后，煤矿要求将 SD 车队变更为集体性质，否则将不再与车队续签运煤合同，煤矿支付给车队的资金直接转账到村集体的公共账户，由乡农经站负责监管；车队所获资金优先支付其他村民的"排号费"。此外，对拉煤车及其车主的"身份"重新审核，坚决清退"来历不明"的外来车辆，规范内部车辆的拉煤秩序和拉煤量分配，尽最大可能消除因车队管理混乱而引发的各种矛盾和冲突隐患。然而，虽然村民一再要求更换管理车队的"黑社会"LBL（该涉黑人员在 2018 年的"扫黑除恶"专项行动中被当地公安机关逮捕），但是煤矿方面却不置可否，只是将其管理费降到每吨 0.5 元，对 LBL 来说，因为煤矿国有化后煤炭产能及运输量大幅提升，其在管理费大幅下降后仍可获取较大收益。对煤矿而言，在当前村庄内部治理较为混乱的过渡时期，对一些村民"闹事堵路"行为约束乏力的情况下，LBL 这些涉黑人员对保障煤

---

① 中共中央文献研究室编：《邓小平年谱（1975—1997）》下卷，中央文献出版社 2004 年版，第 1364 页。

炭运输通道畅通有着"特殊"的作用。而对村集体来说，虽然无法要回车队的经营管理权，但村集体在车队收益分配中享有更大份额，村民的"排号费"也更有保障。

（三）工具性的利益分配与村民约束

在煤矿向村集体和村民分享更多利益的基础上，村民按照村籍、户口等标准每年可固定获得可观的现金收入。为加强村庄管理，村干部通过党员代表大会和村民代表大会制定有关村内生产、生活、环保、秩序等方面的村规民约，并将村规民约的遵守执行情况与村民的利益分配勾连起来，维护村庄的和谐稳定与秩序。在具体实施过程中，村集体与每户户主签订一式三份的承诺书，一份张贴在村民房屋的大门上，一份交由村民个人保存，一份交由村委会留存，以此形成村内的舆论压力并相互监督，确保承诺书的效力和执行力。

第一，在煤矿每年向村集体缴纳的款项中，优先统一为全体18周岁到59周岁的村民缴纳社会养老保险和医疗保险，按照国家向60岁以上老人发放的养老金金额进行双倍补偿。对本村考上大专、本科及研究生的村民子女，一次性奖励1000—3000元的奖学金，购置学生接送专车，每周两次接送在县城上学的小学生和中学生；建立了村文化活动中心和老年活动中心，每年购置订阅村民喜闻乐见的杂志书报30册，每天补贴在老年中心就餐的本村老人5元。

第二，引导村民文明节约办丧事，树立时代新风尚。引导村民遵守公共秩序，尊重他人合法权益，提倡红白事从俭，对老人厚养薄葬，不准在小区公共场所搭建灵棚、摆高贡、请鼓乐队，燃放烟花、鞭炮要适量，如违反此规定将受到以下处罚：其一，本村村民停发一年分配款；其二，非农业户口在本村居住的，罚款1000元，并取消当年应得的各项福利；其三，出租房的住户，扣罚房主半年福利，并责令村民解除房屋租赁合同；此外，提倡村民去世后火化，凡实行火化的村民，村集体发放火化补助费2000元。

第三，凡历年拖欠教育集资款、统筹费、义务工及计划生育社会抚养费的村民以及不执行村委会的各项制度、决定和无理取闹、越级上访的村民，不能享受村委会的补偿款、补助、保险、老年退休金等一切待遇和优惠政策，其子女不得享受免费乘坐校车等优惠条件，村委会有权不予办理任何相关手续或加盖村委会印章。

第四，要求村民自觉维护小区的公共设施及公共卫生，不准任意毁坏公共设施和通信广播、监控设施，不准随地吐痰、随地大小便、随地倒垃圾，不准乱搭建、乱设摊、乱停车辆，不准毁坏树木、绿地，不准从窗口往外扔垃圾，以上各种情况，如发现一次给予批评教育，发现第二次则不能享受当年村委会的福利待遇，第三次则不能享受村委会的一切待遇和优惠条件。要求村民限期上缴家中留存的雷管、鸟铳和管制刀具等违法违纪物品，在上缴期限过后一经发现，上报公安机关并停发村民三年分配福利款。

第五，认真贯彻执行人口与计划生育政策，夫妻生育第一个子女需在子女出生前持《结婚证》和相关证件、证明到乡村计生部门登记，婴儿死亡要及时报告村委会和乡计生办，政策外生育的，须依法缴纳当年社会抚养费，否则，不得享受村委会给予村民的一切优惠待遇。

村集体将利益分配和村规民约结合起来，通过制度化、规范化的约束机制实现煤矿收益分配的公平性和差异性，以公平性推动村庄的整体认同，以差异性保障村庄的内部秩序。①

二 利益共享中的村庄经济转型与关系调整

煤矿在大幅提高每年的整合补偿款后，大大改善了村民的生产

---

① 李利宏：《煤矿产权结构与资源型村庄治理——基于山西五村的调查》，博士学位论文，山西大学，2014年，第6页。

生活水平，煤矿开始规划考虑 SD 村的长远发展以及村民就业问题，由于国有煤矿招聘"变招工为招生"的硬性制度规定，设置了招聘员工的学历和技术资格与门槛，已经完全杜绝普通村民到矿井务工的可能性。为解决村民就业和村庄的发展，煤矿结合国家政策和村集体的实际，积极推动村集体由资源经济向农业园区经济的转型。

（一）利益共享中的村庄经济转型

虽然国家资源整合后，煤矿给村庄带来的利益大幅增加，但 SD 煤矿和村集体都明白村庄未来发展不能仅仅依靠煤炭资源，其一，因为煤炭价格在市场上大起大落，并不能持续为村集体带来稳定的收益，在煤炭价格低迷时煤矿甚至可能成为村集体的累赘；其二，在于村里可开采的煤炭总有枯竭的一天，如果村里不尽早进行产业转型，村集体和村民将在煤炭开采完后很快返贫。为推动 SD 村的长远转型与发展，煤矿借助地方政府大基地承载、大龙头带动矿区农村发展的政策支持，重点打造特色鲜明的农业产业基地的发展规划，紧密围绕如何增加农民农业收益，减少农民农业成本投入，增加粮食产量，提高经济林覆盖率等方面推动村庄转型发展。

SD 农业生态园（村民称之为农业园）采用"四统五管一补一下放"的运转模式，即进行统一规划、统一栽植、统筹投资、统一管护 5 年的机制来种植核桃经济林（核桃树 4—5 年后可挂果），5 年以内村集体每年每亩耕地补偿 100 元，5 年后无偿将全部林木转交给原土地承包户。园区发展所需资金政府补贴一部分、煤矿投入一部分、村集体筹措一部分。园区建成后，由煤矿和农民专业合作社共同发展核桃、红枣等农产品加工项目，发展龙头企业，拓宽销售渠道，带动周围农民就业和增收。农业生态园坚持"高起点规划、高标准建设"的原则，共规划整理村中荒山荒坡和村民撂荒地 2000 亩，其中 1000 亩用于栽植核桃林，1000 亩种植生态林，涉及全村五个自然村。园区建设共分 3 年完成，总计投资 450 万元，每年完成投资150万，其中政府每年支持项目资金50万元，煤矿支持50万，村集体自行筹措50万。园区工程建设分三期进行，一期工程于2010年完成栽植核桃300亩，荒山荒沟生态绿化300亩；二期工程于2011年完成栽植红枣300亩，荒山荒沟绿化300亩；三期工程于2012年完成栽植核桃林400亩，完成油松、侧柏等生态林400亩。由村集体雇请专家团队对核桃林、绿化林"统一苗木、统一标准、统一栽植、统一管理"，并通过工程招投标方式，聘请专业队伍开展核桃树的栽植、防虫、修剪、抚育、施肥、管理等各个环节的工作。如果能按计划实现园区各项规划目标，按当前干果市场价格初步测算，SD村平均每户年预计可增收5400元左右。

任何社会的实际状况总是既有秩序，又有冲突。① 煤矿和村集体制定的村庄转型发展蓝图并没有得到村民的赞同，甚至还遭到部分村民的质疑和反对，他们的理由总体有以下三个方面：第一，村民对现任村干部不信任，村干部现在都不关心村集体公共事务和公共建设，而是在经营"自家的生意和产业"，甚至一有机会就利用手中的权力鲸吞蚕食集体资产，办农业生态园的资金可能又会成为村干部的"盘中餐"，而且村民认为这些村干部也不具备建设发展农业园区的能力。第二，村里每年要自筹的50万资金只能从煤矿的补偿款中扣除，而现在村里的补偿款按人头下发每家每户，办农业园后村民福利和收入将大幅减少。第三，村民认为现在核桃及红枣价格不高，而且晋西北尤其是黄河沿岸到处都在退耕还林，大量种植核桃树、红枣树，林木挂果后到时价格不高的话，村民可能陷入进退两难的境地，如果砍掉核桃树那么前期投入都打水漂，如果不砍树又没有多少收益且无法种植其他农作物。村民与村干部在是否发展SD生态园的态度上发生分化，难以达成一致意见。最后通过县林业局、乡镇、煤矿和村庄的多次协调沟通，达成以下一致意

---

① 沈亚平：《社会秩序及其转型研究》，河北大学出版社2002年版，第56页。

见，农业园的建设主要由乡镇和煤矿负责，村干部协助，煤矿在原基础上追加20万投资，总计每年出资70万元用于农业园建设，村集体的自筹资金从50万减少到30万，园区林木挂果后，先由村集体和村民自行销售，销售不了的由煤矿兜底收购，收购价格按当时市场价格的九折计算。同时煤矿要求村集体将减少的20万投资转用于给全体村民缴纳医疗保险、养老保险以及精神文明户的奖励，不得挪作他用，这一方案得到了绝大多数村民的赞同。由此，创办SD农业生态园项目正式启动。

　　SD煤矿在国家政策的推动下积极开展矿区地质生态环境治理修复，由于SD煤矿出产的煤炭矸石含量较高，村集体的几条荒沟都填满矸石，矸石在夏秋季节容易自燃引发森林大火，在雨季污染河流和空气，所以煤矿将SD村环境治理的重点放在矸石山表层土地覆盖和土壤改良上。煤矿聘请山西农业大学的矸石山专业治理团队通过两年的努力，将SD村倾倒矸石山的山沟全部填平并覆盖了厚达一米五的黄土，为村集体"创造"了600多亩土地。但这些土地凹凸不平，到处是小土包，达不到农作物的种植要求。所以煤矿和村集体决定，哪个农户愿意投资对这600亩土地进行平整作业，并达到耕种标准，就免费将这600亩地交给他耕种。2012年村民康某在村里的小饭馆经营不下去时，联合小姨子一家承包这600亩地（其小姨子也是本村村民，她的老公家里有多台推土机和挖掘机，但小姨子一家平时居住在县城）。他们经过六个月的平整改造后与村集体签订了土地承包合同，二人联合购买了播种机，这600亩土地也在2013年种上了第一茬玉米，因为是生土，土地也十分耗肥，虽然这600亩玉米地"草盛豆苗稀"，而且有近40%的死亡率，但康某还是在每亩土地上投入了400多元的化肥初步改良土壤，并以此作为新事业的起点。从2013年开始，煤炭黄金十年逐步终结，国际煤炭价格开始下滑，那些以前主要依靠煤矿和煤炭运输直接或间接获得收益的村民对家庭转型发展变得更为急迫、更为强烈，也更为积极主动，他们认为当地的煤炭也总有一天会挖完,所以当他们决定开始转型发展时,像康某和他小姨子那样的家庭,对他们认定有发展前途行业的投入热情和韧性是惊人的。对这600亩土地的投入不仅仅是整理土地的直接投资,还包括间接投资,比如拓宽和延长从村主道至这600亩地之间的道路。因为村庄离600亩耕地还有一段距离,而且都是山路,康某每次下地干活都是开车过去,给玉米下地施肥一般开两辆车(他们家一辆,他小姨子家一辆),雇了3个短工。因为通往600亩地的山路太堵,而且宽度不够,农用播种机和收割机无法通过,房东和小姨子一家用了3个月的时间将原来的小路进行了改造,还改造部分地段的坡度,他们甚至在无法加宽的地方进行了改道,将一座小土山从中间劈开修了一段路,修路具体花了多少钱他们也不不清楚,因为挖掘机是他们自己的,人工也是自己的。从2014年开始,康某在山西农业大学专家的建议下开始尝试种植绿豆、连翘和油翅果等经济作物,除长期聘请了15位村民负责作物的日常管护,还在抢种抢收的关键时节大规模短期雇用本村妇女和老人务工,工资日结,为村民在空闲时期创造了大量务工机会。经过两年的努力,康某的承包地开始产生可观的经济效益。

  村民王某也是当地转型发展的先行者。在当地,王某是个传奇人物,他30岁时在外县开过黑石灰矿,直到2005年才被封停,按王某的话说,"开黑矿挣了一些钱,但不多,有挣得比我多的,他们胆子比我大"。王某转型是在2013年,他承包了SD村沉陷土地复垦后的一座荒山,总面积240多亩,以养猪、种植经济林、木材林和风景树为主,前期已经投入200多万,县委书记和县长都到他承包的荒山视察过,为此他还专门在荒山的山顶建造的一座观景亭,可以俯瞰整山的经济布局和产业区块分布,一度成为村民登山健身的休闲之所。王某将山顶的小型养猪场作为投资的重点,里面养殖50斤到200斤肥猪140头,待产母猪20头左右,养猪场初步分为产房区、保育床区、30斤小猪养育区,现正在修建70斤以上猪的养殖间。为保证猪的繁育优生优育,王某购买了一头台湾种猪,并将不同大小的猪分开养殖,为实现大规模专业养殖打基础,以后还要加大投入,购置更多的母猪,修建更多的猪舍,现在年出栏量200头,希望能扩大到1000头。但由于缺乏后续资金投入,王某承包的荒山绿化改造速度有所减缓,虽然他和另外几户农民了成立了专业合作社,但迄今为止并没有获得多少政府补贴或者贷款,王某抱怨获得补贴或贷款十分困难,"每次向上面申请,他们就说这也不行,那也不行,一会儿说没有政策,一会儿说不具备规模,一会儿说材料不行,反正俺们一分钱也没拿到"。他绝大部分的投入资金都是以前的积蓄和向亲戚朋友的借贷。为帮助王某获得贷款,煤矿领导甚至愿意以个人名义提供担保,但收效甚微,在多次贷款申请被信用社驳回后,煤矿和王某甚至向县政府提交了"请求书",他们在请求书中写道:SD村民的转型发展是在政府积极倡导下推行的,但在我们转型过程中,政府并没为我们提供更多公共服务和有针对性的支持,比如补贴、比如低息贷款,而仅仅是在煤矿的有限支持下,主要依靠自己的积累和决心迈出了坚实的转型步伐,并已初见成效。在山西省委省政府大力推进转型跨越发展,破解一煤独大资源型困境的关键时刻,对资源型村庄而言,地方政府应该结合当地村民的发展现实与困境,对符合政策发展方向,并且已经具备一定规模的转型农户给予有针对性的、个性化的、一对一的实质性支持,通过典型示范,由点到面,在矿区村民个体自主转型基础上推动整体转型,而不是机械固守自上而下的,不考虑局部地区特殊性和资源型地区农户个性化选择的"运动式转型跨越发展",否则资源型村庄的转型发展将成为空谈。后在相关领导的过问下,王某从县信用社获得了小部分贷款。为此王某十分感谢矿上领导,他告诉笔者:"矿上的领导和我关系可惯了,他们要想吃新鲜的有机蔬菜,就给我打个电话,我就给他送到矿上去。"国有煤矿以其责任感和强大经济实力为后盾,与乡镇和村集体共同推动农业园区建设,乡镇通过自身的行政资源为园区项目的申报扫清障碍,开辟绿色便捷通道;而煤矿则为农业园区建设发展提供要素支撑，并为保障农业园区农林产品的销售兜底；村集体则分割部分补偿资金加大园区建设投入，确定园区范围与相邻村民承包地的边界；而村民通过让渡为期 5 年承包地的经营权，换取园区经济林挂果后的所有权与经营权。农业园区的建设成本由政府、煤矿和村集体共同投入，但最后的收益归属于村民个人，这极大地调动了村民积极性，也增强了村民对村集体的认同感、村庄内部的凝聚力和向心力。在村庄精英的个体经济转型尝试中，煤矿按国家要求承担了治理矸石山的重任，而基层政府则通过邀请专家提供技术指导，组织复垦土地的验收等方式为复垦耕地质量把关，村民个体则利用自身的人财物资源平整和改良土地，使其符合可耕地标准。在他们承包的复垦耕地产生效益后，开始大量雇佣村民到承包地务工，并主动缴纳承包费，推动村庄公益事业的发展，这些村庄精英也逐渐获得了村民的肯定和认可。政府、煤矿及村庄各方通过携手合作，力争在 5 年内实现 SD 集体园区经济的新突破，村民主要收入由依靠煤炭的"黑色经济"转型为依靠经济林的"绿色经济"。

（二）乡镇与煤矿的"互嵌式"合作

斯科特认为，互惠义务是一条典型的道德原则，它既适用于地位相同的主体之间的关系，也适用于地位不同的主体之间的关系。[①] 矿区乡村和谐稳定既是煤矿有序经营的外部条件，也是基层政府的重要治理目标。为进一步加强乡镇与煤矿的相互了解和密切合作，在上级政府的协调下，AJW 乡在召开所有与煤矿或者矿区村庄有关问题的党政联席会议时，必须邀请 SD 煤矿的相关部门负责人参会，并认真听取煤矿方面的意见；同样，SD 煤矿在召开讨论与矿区村庄的相关问题时，必须邀请乡镇的分管领导或者书记乡长参会并发表意见，这种相互参会的方式有助于乡镇与煤矿相互了

---

① ［美］詹姆斯·C. 斯科特：《农民的道义经济学：东南亚的反叛与生存》，程立显、刘建等译，译林出版社 2001 年版，第 217 页。

解彼此困境，并有利于共同应对困难，共同解决棘手问题等方面的协调合作。在这一"互嵌式"参与合作机制下，乡矿双方增强了信任，很快决定相互携手共同支持 SD 村申报农业园项目，在 SD 村民因为担心集体资金投入太大而影响他们的利益分配时，煤矿在乡镇领导的建议下，主动承担了更大的资金投入责任，成功申报了该项目。后来煤矿领导在乡镇党委政府的大力推荐支持下，成功当选为市人大代表。虽然华联集体整合 SD 煤矿后村庄生产生活环境发生较大变化，村民收入水平也有较大程度的提高，但村民上访问题、村民"闹事"行为仍然存在。随着乡矿"互嵌式"协调机制与平台建立，双方在应对处理村民上访问题上不再像煤矿承包时期采取以邻为壑的方式相互推卸责任，而是调用各自掌握的资源通力合作来解决问题。

任何一个治理过程都取决于资源的占有和配置。① 面对一些"上访闹事"的村民，由于国有煤矿与承包煤矿的煤老板在管理上、财务上、对外关系上的权限不同，因而在"安抚"这些村民的方式和效度上存在明显差异。面对因为这些村民而引发的村矿矛盾，由于煤老板本身具有人事、财政、制度创设、安抚标准制定等方面的完整权力，他可以根据村庄村民的具体情况因地制宜、因人制宜，瞬时制定政策、灵活掌握、拍板应对，无须通过烦琐冗长的"向上"请示程序和过程，直接决定安抚方式甚至可以当即"给钱了事"。而国有化后的 SD 煤矿作为央企的下属公司，在没有特殊授权的情况下他们必须严格遵守上级的规定、要求、决定和领导讲话精神，所需资金也必须通过严格的报告审批程序。在处理错综复杂、林林总总且诉求各异的村矿矛盾时，上级总公司制定的统一规定在很多时候并不能完全解决当地直接面临的现实困境。煤矿在向上级申请超过赔付补偿标准的"预算外"资金时，必须按照体制

---

① 李利宏：《煤矿产权结构与资源型村庄治理——基于山西五村的调查》，博士学位论文，山西大学，2014 年，第 25 页。

内程序和渠道向上报告请示，但很可能因为上级领导或不了解情况或不愿担风险而要求 SD 煤矿严格执行总公司制度和规定，由此一来，SD 煤矿处于"上下夹击"的尴尬境地：上级既不给特殊政策，也不给额外资金，煤矿本身无权制定规则，也无可支配的额外资金解决村民合理或不合理的诉求，个别村民可能因为补偿赔偿金额低于实际受损状况，也可能因为偏执谋求更多不合理利益，甚至不惜充当"视死如归"的钉子户，以"舍得一身剐"的"勇气和决心"堵路、上访甚至冲击煤矿办公大楼，煤矿因为缺乏"私下安抚"资源和应对手段而陷入僵持困境，并严重影响煤矿的正常开采。

为解决 SD 煤矿这一现实困境，乡矿双方利用相互参与对方党政联席会议的平台多次磋商，最终决定共同建立 SD 矿区乡村维稳协调基金（乡镇称其为协调费），乡政府每年象征性出资一元，煤矿以支农资金的项目每年注资 299999 元，基金理事长由分管社会稳定的副乡长担任，该资金账户由煤矿和乡政府共同管理，其中单次 2000 元以下的资金支出由理事长审批，而 2000 元到 10000 元之间的支出由书记、乡长和理事长共同审批，单次支出超过 10000 元的由乡镇和煤矿协商后共同批准。协调费对乡政府协调村矿矛盾和激励乡镇干部的作用较为明显，在村矿发生矛盾后，乡镇各片片长和包村干部积极介入，耐心细致开展工作，他们甚至对处于萌芽状态和潜在的村矿矛盾进行前瞻性的协调处理，乡镇干部工作积极性一方面源于职责所在，构建和谐村矿关系、减少村矿矛盾是其工作政绩的体现；另一方面下乡协调村矿矛盾能获得一定的生活补助，他们也可以动用协调费摆平安抚职业上访户、钉子户，用"赎买"的方式换取钉子户的暂时妥协。在发生上访事件后，上级要求乡政府到省城或北京接访，乡镇也可以采用预支协调费的方式，给上访户报销往返车费、差旅费和"劝返费"，乡村接访人员的一切开销都可从协调费"走账"。对于以上访为生的专业上访户，在重大会议、国庆或者上级领导来县乡视察等时间节点，乡镇政府将他们带到县里的酒店"好吃好喝招待",唯一的要求就是不能离开酒店大门,变相采用"温柔的方式"控制其人身自由,等重要时间点一过,乡镇政府"释放"他们同时给予一定的"安抚补偿费",其花费也都从协调费中支取。乡镇党委书记和乡长在各乡任期都在三年左右,每位乡镇主要领导对本乡镇内"老上访""专业上访户"的上访原因、上访诉求、处理难度、任期内解决的可能性都十分清楚,乡政府对那些有一定理由而持续上访,虽多次打击处理甚至行政或刑事拘留的"上访户",如果在其任期内无法解决他们诉求,书记乡长会采用任期阶段性金钱安抚策略:每年给予"上访户"一定生活补贴(或者只领工资无须上班的工作岗位),以此达成该上访户在其任期内不要上访的"默契"。

(三)村矿建立多元参与的协调机制

SD煤矿从福兴能源承包经营转变为国企整合经营以来,SQZ等村干部从煤矿获取收益的机会和数量发生明显变化。在煤矿承包期间,李老板为了长期霸占和开采经营煤矿,希望借助村干部的权力和力量来维持煤矿承包现状和外部秩序,一方面雇用村支书SQZ作为煤矿的管理人员,主要负责处理与村民相关的各种问题;另一方面还将部分技术含量不高,危险系数不大的井上工程承包给SQZ,然后由SQZ将工程分段承包给其他村干部,以此将煤矿和村干部联结成紧密的利益共同体,一荣俱荣,一损俱损。当SD煤矿被华联集团整合以后,由于国有企业内部严格的管理规定和审批制度,村干部只能在制度、协议框架内获取正当收益,煤矿划拨或者下发的每一分钱都必须有政策和制度依据。营利型村干部无法从煤矿获取制度、政策、协议规定以外的任何利益。国有企业集团内部自设工程项目部,一般性的项目由企业内部自行实施,而较大的项目必须通过"招、拍、挂"等法定招标程序,从市场上寻找施工方。煤矿规范化的管理导致村干部既不可能在国有煤矿中"高就",也无法获取承包工程的机会。此外,煤矿承包时期李老板每年补偿3万元，村民甚至不知道这些钱花在了什么地方，而国企整合后却每年补偿200万，巨大的差距使村民更为激烈的指责村干部在煤矿承包时期与李老板相互勾结，通过出卖集体煤矿换取了自身的暴富，他们要求"清算"SQZ获得的不义之财，部分激进村民甚至要求把SQZ财产充公并将SQZ"抓起来"，村干部与村民的矛盾越来越大、冲突越来激烈。在这样的背景下，已经积累了巨额财富的村支书SQZ将个人精力完全放到自己在外地的生意上，据说他当时已经在县城拥有一个典当行，一家房地产公司，一个洗煤厂，还在其他村庄开办一家小水泥厂，在省城开办了一家茶楼。对自己应该履行的村干部职责则万般推脱，甚至多次以自己"身体健康原因"不愿意继续担任村党支部书记和村委会主任，但乡镇要求SQZ不得辞职。乡镇为何坚持让一个失去群众基础的人担任主要村干部？这首先，因为SQZ在煤矿外包期间，利用自己村干部的身份获得了大量井上工程的承包机会，实现个人财富的积累，乡镇希望SQZ利用自己从煤矿上获取的巨大利益"反哺"村庄和村民，而不是在村庄无利可图时一走了之。其次，乡镇希望借助SQZ个人协调能力和"霸道"完成村里的沉陷区搬迁任务。而对于一般的SD村民而言，他们内心则十分纠结矛盾，一方面他们不希望SQZ"从村里挣了黑钱就跑"，另一方面不愿意也让他继续担任村集体的"当家人"。

在多方的压力下SQZ无法辞职，他于是将党支部和村委会的事务全部交给副书记和副主任，自己常年在省城太原经营自己的茶楼，对乡镇党委政府安排的会议从不参加，所有工作由两委副职主持开展。在调研中得知，SQZ私下与副书记和副主任达成协议，SQZ在村干部任上的职务补贴平均分配给副书记和副主任，此外SQZ个人还每年补贴他们两人每人5000元，这一消息被其他两委干部获知后，副书记和副主任无法将各项工作分派给其他村干部，导致村干部内部产生裂隙，矛盾愈演愈烈，严重影响村庄日常工作的开展。身兼两委主职的SQZ采取"不管不问"的策略导致两委内部分裂扯皮，相互推卸上级安排的任务和责任，村内各项工作难以推进，乡镇期望SQZ"反哺"村庄的愿望落空，而且还带来更多的矛盾和冲突，最后乡镇党委政府以SQZ缺乏组织性、纪律性导致村庄不稳定、不和谐等理由给予SQZ严重警告处分，免去了他村支部书记和主任的职务，并派遣乡党委委员、组织委员秦某担任村支书，主持SD村两委日常工作，并要求他将工作重点放在组织新一届的村支两委选举上，帮助村集体选好配强得力的当家人。

在2014年两委主要干部候选人的酝酿中，现任村委会副主任樊某的参选呼声较高，一方面他为人较为和气，办事也比较认真，担任村干部期间积累了一定人脉，他妻子白某属于村庄的大家族；另一方面他的儿子和女婿在村车队中占有三个拉煤名额（这些名额都是在创建车队时期通过正常缴纳"排号费"而获取），每年拉煤收入在30万以上，在煤矿承包时期他在SQZ的"照顾下"承包了一些煤矿的小工程，家庭条件较好，这次参与竞选也得到SQZ等人的暗中支持。樊某的助选团队很早就开始通过各种关系拉票，并且暗示投一票可以获得200元钱、一桶油和一袋面。而煤矿则积极动员承包村集体荒山荒地的康某和王某参选，王某认为当前自己承包荒山种植风景林、木材林因资金短缺而处于经营困难，还没有太多精力管理村里的事情，但他表示会积极支持康某，并且在自己度过困难期后再参选；但康某则明确表示："如果村民信任我、选择我，我一定好好干，但绝不会通过送礼行贿去获取选票。"

煤矿为帮助村民理性分析村庄经济转型现状和未来发展方向，特意喷绘了三块宣传板放在村庄广场小卖部的门口，宣传板的主题为"SD村转型发展需要怎样的带路人"，以喜闻乐见、图文并茂的形式告诉村民："SD村将来的发展取决于村庄经济的转型，而转型则需要有本事并将个人事业与村庄发展融为一体的经济型能人，从现在村庄的发展现状看，谁是能人，谁能带领村民过好日子大家都应该擦亮眼睛看清楚，千万不要因为眼前的200元钱、一点油一点面而损失明天的2000元甚至20000元，还有转瞬即逝的村庄发展机遇。"而王某也多次公开表示不会靠送礼拉票去竞选村干部,同时承诺,他承包的 600 亩地的部分经济作物进入了收获期,虽然按照原承包合同的规定,他平整土地后可以免费承包,但他如果他当选村主任,将每年向村集体缴纳 6 万元承包费,并根据今后的盈利状况相应增加,上缴的承包费只用于村里的公共开支。

衡量民主的标准并不在于是否选举和如何选举,而是有效的参与、投票的平等、充分的知情和对议程的最终控制等内容。① 在 2014 年的换届选举中,乡镇选举指导委员会将换届时间安排在春节前夕,这样更多在外地打工的村民可以参加投票。虽然本次选举严格按照《村组法》规定程序和要求制定 SD 村的选举办法,村民参与投票的比例也很高,选举过程也波澜不惊,村民发现候选人樊某甚至没有去选举现场投票。选举结果几乎没有悬念,当村选举委员会还在计票时,在康某承包地打工的村民就开始燃放鞭炮庆贺他当选村主任。由于康某还不是党员,在 2014 年的党支部换届选举中,乡党委委员秦某继续兼任 SD 村支书。村民支持康某的原因一方面在于康某及其家庭生活和经济重心都在村内,而且形成了一定的产业规模,他不会像 SQZ 一样只把村集体当作挣钱的工具,而不顾村庄的建设发展;另外,康某与煤矿领导关系密切,而且得到煤矿的大力支持,他的发展规划是将村集体转型发展与搬迁治理统一起来,积极促成村庄整体搬迁,这样不仅可以改善村民生产生活环境,提高村民生活水平,而且可以通过流转村民搬迁后复垦的耕地和宅基地,继续扩大 SD 农业生态园的规模。2017 年的两委选举中,康某成功实现两委主职一肩挑,体现了村民对他工作的高度认可,村车队甚至还破天荒为庆贺他当选给村里每家每户发了 200 元超市购物卡,而秦某因为工作得力、成效明显和群众认可而获得提拔,成为乡党委委员兼副乡长。"经济能人治村"不仅显现了良好

---

① [美] 罗伯特·达尔:《论民主》,商务印书馆 1999 年版,第 43—44 页。

的治理绩效，而且会对村庄公共权力运作和农村基层社区管理的进一步成长产生深刻影响。①

在煤矿承包时期，村矿之间的沟通主要在于煤老板与"谋利型"村干部之间，二者相互勾结共同攫取煤矿利益，导致村民为争夺利益而采取激烈抗争行为，他们一方面通过集体围堵阻止煤矿开采，另一方面通过群体性越级上访举报煤老板和"谋利型"村干部的违法或贪腐行为。在此背景下，煤矿在无法正常经营以及政府的行政压力下被迫与村民沟通协调，这种因混乱而"赶鸭子上架"式的被动协调方式非但不能解决什么问题，反而导致一些村民以此胁迫索要高额利益，甚至带来村庄的黑恶化。

在 SD 村康某高票当选为村主任之后，为深入协调、沟通和解决村民与煤矿之间历史的、现实的和潜在的矛盾，煤矿让外联科王副科长兼任村矿关系协调专员，负责协调处理村矿之间的各种问题，并通过村矿之间定期"每季一议，一事一议"的方式开展工作，定期协调小组由五位核心协调员组成，其中一位煤矿副科长，一位乡镇包村干部，一位由县司法援助中心外派的律师，一位村干部，一位当事人代表，另外再在 5 个村民小组分别邀请二位有一定影响力的村民（要求一男一女）作为观察员，并欢迎其他村民围观参与。"每季一议"的议事主题交替由煤矿和村庄代表提交，但村庄代表提出的议事内容至少涉及非直系血亲五户村民的公共事务，且得到五户户主的签字认同。在村民提交的议事主题较多时，按照公共事务的涉及范围（以签字人数多少为判断标准）决定议事顺序，人数多者优先，人数少则靠后。"每季一议"协调小组的观察员不作决定，只是摆出问题，讲事实、讲法律、讲道理，然后借助各方资源合力解决问题。

在第一次村矿"每季一议"协调工作中，村民提出在煤矿就

---

① 卢福营：《经济能人治村：中国乡村政治的新模式》，《学术月刊》2011 年第 10 期。

业的议题，全村总计有 80 多户签字确认。村民认为在集体办矿时期，很多村民一直在煤矿务工，被李老板承包后就不再招聘本村村民，煤矿占用了村集体耕地，理应给村民提供就业机会。但王副科长认为煤矿现在大幅提高了村庄的补偿款，村民的生活得到了一定保障，而且煤矿还将进一步加大 SD 农业园的投入建设力度，到时可以提供更多的工作机会。最为重要的是现在国家规定煤矿招人要"变招工为招生"，只能招聘全日制大学专科以上学历且专业相关的学生，煤矿也一直坚持优先招聘本村大学生进矿工作。在后续的进一步协商当中，村民要求煤矿增加保安和保洁员岗位，煤矿回应可以推荐符合要求的村民进入合作的保安公司，经过培训合格后优先派遣到 SD 煤矿工作，后勤部门可以直接招聘保洁员，承诺煤矿以后需要补充新保洁员主要考虑 SD 村 55 岁以下的妇女。但同时煤矿也强调，如果煤矿招聘的本村大学生、保安和保洁员有直系亲属参与围堵煤矿或越级上访，一律开除。第一轮"每季一议"协调会取得了良好的效果，解决了村矿之间一些实实在在的问题，也因此引起了村民们的关注。在另一次"每季一议"协调会议中，王科长提出近期多次发现有人往通风井扔死狗和死耗子的现象，这些动物尸体腐烂后整个巷道都灌满了腐臭的气味，煤矿保卫部门虽然夜间多次巡查，但仍然没有抓到肇事者。观察员代表谢某认为扔死狗和抽风机排出的瓦斯主要飘向二组，二组的一些老人最近因为呼吸道感染引发肺炎而入院治疗，村民认为是空气中的瓦斯含量过高造成的，而煤矿的井底排风口正对着二组。一些老人家属曾到煤矿外联科索要医疗费，但煤矿并未理睬，同时五组村民白某曾经以煤矿开采导致村庄空气污染的理由到上级上访，但白某其实早已搬离村庄并在县城买了房，所以村庄所谓的空气污染与他根本无关，他到上级反映村庄污染的目的是索要钱财。乡镇干部还出示了白某接访回乡后从乡里领取 500 元贫困生活补贴的签字表。协调会议之后，煤矿就重新设定瓦斯排风口的方位、角度和高度进行重新论证，而村集体也在排放口外设置了防护隔离栏。此后，村矿双方利用"每季一议"平台就正月二十四过庙会的资金筹集,村民到储煤场"捡拾块炭"以及煤矿更换的支护架失盗等问题展开协调协商,都取得了良好的效果。

村矿之间通过举办"每季一议"的定期协调方式,将预防村矿大的矛盾冲突的关口前移,村民也拥有平等对话表达自己利益诉求的平台,而煤矿则可在协商中进一步弥补自身存在的问题。在多方参与下,通过民主协商达成的结果得到广泛认同,双方以最小成本解决了很多较为棘手的难题。

(四) 整村搬迁中乡、矿、村的相互支持

资源是资源型农村发展的物质基础,但资源开采是一种生态和地质破坏性产业,必然对矿区农村和农民的生产生活条件造成破坏,所以煤矿企业和村集体都应该充分利用资源优势,为农村发展和农民富裕提供条件,这些矿企有回报矿区农村和农民的社会责任。① 在煤炭价格不断上涨的黄金十年,在巨大利益的刺激和推动下,各资源型地区新开办了成千上万的中小煤矿,原有煤矿也不断更新技术设备扩大产能。随着煤矿开采区域的扩大,由此带来的采煤沉陷区等各种生态环境问题也越来越严重,由此导致的村矿矛盾和群体性事件日益频繁和激烈。2004年以来,从中央到地方各级政府对采煤沉陷区移民搬迁态度十分明确,要求各地尽快进行治理和搬迁,但对不同性质煤矿形成的采煤沉陷区,上级政府治理搬迁的政策支持力度差别较大。从国家层面而言,中央只负责补贴国有重点煤矿的移民搬迁,"中央对原国有重点煤矿历史遗留的采煤沉陷区治理投资补助比例提高为:西部地区、东北三省50%,中部地区(包括河北)40%,东部地区个别矿区20%,省级补助比例要相应提高,把政府扶持的好处切实落实到群众身上,其余资金由

---

① 董江爱:《煤矿产权制度改革与资源型乡村治理研究》,中国社会科学出版社2016年版,第116页。

地方政府、企业、个人安排和承担。"① 而对非国有重点煤矿和其他性质煤矿，则"根据采煤沉陷区的治理责任划分，对于地方国有煤矿和乡镇煤矿历史遗留的采煤沉陷区的治理，所需资金由省、市、县政府、企业、个人共同筹措解决，中央原则上不安排补助资金"。就山西省而言，除中央政府硬性要求的采煤沉陷区地方配置资金外，新形成的采煤沉陷区的治理，必须按照"谁引发、谁治理"的原则由责任单位承担。② 这些政策的颁布实施推动了国有重点煤矿采区村庄的治理搬迁，但对 SD 村而言意义不大，一方面当时 SD 煤矿属于村集体所有，无论是煤矿联合经营还是承包经营，其合同只关注煤矿建设的投入与利润分配问题，并不涉及村庄沉陷区治理搬迁的责任与安排；另一方面当地政府既无支持辖区全部采煤沉陷区治理搬迁的公共财政实力，也不具备依靠行政强制力来要求各级各类煤矿进行沉陷区治理搬迁的条件。由此，这一政策并未对 SD 村的沉陷区治理搬迁发生实际的影响，调研中没有一位 SD 村民听说或者了解中央 2004 年 6 月实行的这一政策。

各级政府面对日益严重的采煤沉陷区问题，积极筹集沉陷区的搬迁治理资金，从 2007 年以来，相继颁布了《山西省矿山环境恢复治理保证金提取使用管理办法》等一系列生态恢复治理的政策文件，再加上一些政府性的基金，建立了煤炭开采的综合生态补偿机制，煤矿按 10 元/吨分年按月提取矿山生态环境治理恢复保证金。此外，结合煤价的市场浮动情况，按照每吨煤向企业征收 20 元的可持续发展基金，5 元的转产基金，其中，矿山生态环境治理恢复保证金由政府以基金的形式掌控，但煤矿可持续发展基金和转产基金却只是在煤矿企业内部单列银行账户，并由煤矿自行管理和使用。对福兴能源承包下的 SD 煤矿而言，其实质上只是向政府缴

---

① 国家发展改革委：《关于加快开展采煤沉陷区治理工作的通知》（发改投资 [2004] 1126 号）。

② 《山西省采煤沉陷区治理工作方案》，《山西日报》2004 年 10 月。

纳了10元/吨的矿山生态环境治理恢复保证金，而由煤矿自设账户管理的可持续发展基金和转产基金却名存实亡，且福兴能源及李老板并未按国家要求对SD煤矿沉陷区进行实质性的修复治理。

由于历史遗留的采煤沉陷区范围广且生态破坏严重，不仅给沉陷区居民生活带来困难，威胁到部分居民生命财产安全，而且经常引发群体性事件影响社会安定，党中央和国务院对采煤沉陷区治理工作十分重视。① 因为煤矿开采造成采区村庄土地塌陷、房屋裂缝，严重影响村民的生产生活环境和房屋居住安全，解决沉陷区问题是政府和煤矿的共同责任。党的十八大以来，采煤沉陷区治理成为举国上下共同关注的问题，煤炭开采带来的生态环境灾难严重影响了沉陷区村民的生存和发展，沉陷区村民通过集体上访堵路等抗争方式维护自身的权益，已经影响到矿区的转型发展和社会稳定，沉陷区移民治理搬迁成为各级政府高度重视和关注的现实问题，但总体而言，对如何进行沉陷区治理缺乏系统性的规划，各地政府只是根据自身财力、煤矿产权归属、地质塌陷程度、矿区产业结构、采区农民抗争强度等因素采取一矿一策、一村一策勉强应付，没有形成系统有效的治理思路和方案。山西省根据自身的财政实力和沉陷区搬迁任务规模，在2014年通过选取8个不同规模的乡镇进行治理试点的基础上，制定了本省的采煤沉陷区搬迁治理政策，政策的核心内容是沉陷区村民搬迁资金由各级政府、煤企和村民合力筹措，规定每个搬迁户新建住房补偿面积为60平方米，房屋造价成本为12.8万，其中各级政府承担60%的资金，煤矿承担30%的资金，村民自行承担10%的资金。通知要求，全省所有沉陷区搬迁任务必须在2017年年底完成。在省沉陷区搬迁治理实施细则中规定：各个地市政府是责任主体，各县级政府是实施主体；但在市级政府配套文件中进一步规定：县级政府是责任主体，乡镇政府是实

---

① 国家发展改革委：《关于加快开展采煤沉陷区治理工作的通知》（发改投资〔2004〕1126号）。

施主体。虽然一直以来,由于各类煤矿产能不高,沉陷区问题没有凸显,部分极为严重的地区在当地政府和村民的要求下已经进行了搬迁和治理。但随着煤炭开采技术的不断发展,特别是煤炭综采技术替代炮采技术后,随着 2003 年以来煤价持续上涨的强力刺激,煤炭产能快速提升,采空区域和沉陷面积不断扩大,因维护矿区生产生活环境而诱发的村矿矛盾和恶性事件引起了各级地方政府的高度重视,SD 村也迎来了采煤沉陷区治理和整村搬迁的新契机,但政府"一刀切"的搬迁政策却与 SD 村民的要求有一定差距,较为突出的问题如下:1. 在整村搬迁所需资金的责任分割中,村民不愿意承担政策规定的 1.28 万元(政府测算搬迁总成本的 10%)。SD 村民认为,"煤矿挖煤破坏了我们村民祖祖辈辈生活的地方,钱被煤老板和村干部挣走了,要我们自己掏钱搬家,这很不公平。"2. 对 SD 村民的搬迁问题仅仅强调集中安置搬迁,对村民现金补偿、分散安置等诉求调研不充分、了解不深入,导致政府要求和村民期望"不在同一轨道"。SD 村规划将搬迁新区集中修建在靠近县道的空地上,但村中有许多村民为了孩子上学或者儿子结婚已在县城或者其他集镇购买了住房,生活重心移往城镇后他们并不需要村集体为他们建新房,而是希望直接拿到补偿款到城镇生活,但如果村里不修建搬迁新区,一些家庭经济条件差的村民又无法搬迁,作为责任主体和实施主体的县乡政府无法按期完成搬迁任务。3. 地方政府和煤矿共同补贴的 11.52 万元(12.8 万 × 90%)只考虑建设村民安置住房的补偿,并未考虑拆除村民危旧住房的成本和补偿,而沉陷区村民危旧住房的数量、面积、新旧和现实功能等方面存在巨大差异,统一的安置补偿标准必然招致部分村民强烈反对。按照这一政策,村民原来住房无论是小二楼还是一眼破败不堪的旧窑洞,上级都按照同样的标准给予 11.52 万元搬迁补偿,对于小二楼的农户来说显然不公平,他当然不会接受这一补偿方案和标准。

从 2014 年以来,煤炭价格在国际煤炭市场的冲击下市场份额减少，价格下降并长期低迷，华联集团整体亏损，并开始拖欠、缓发工人工资，煤矿管理层整体降薪超过40%，煤矿的现金流甚至不能保障自身的日常运转，根本无力支付沉陷区移民搬迁建设资金。在这一现实情况的约束下，采煤沉陷区搬迁安置、生态修复、土地复垦不可能一蹴而就，而将是一个长期的博弈过程。财力有限的基层政府希望煤矿能提供更多治理搬迁资金，而煤矿的承担搬迁责任的能力与煤炭市场高度相关，在煤炭行情好、价格高的市场背景下，煤炭企业履责自觉性较高，能够及时支付搬迁所需资金，政府也以村民能够接受的条件积极推进沉陷区搬迁治理；但是煤炭外部市场疲软，煤炭价格持续下跌导致煤矿大面积亏损时，煤企连自身的运营、矿工工资甚至银行贷款利息都不能按时支付时，要求煤企支付高额沉陷区搬迁资金无疑极为困难。

在煤矿遭遇严峻市场困境时期，SD村主任并没有带领村民要求煤矿执行国家政策，反而主动提出暂缓搬迁，煤矿每年应该缴纳的200万补偿款先缴一半，等到煤炭市场回暖以后再补齐余款。村车队在保证运力的情况下主动将运输费下调20%。此外，村庄在县乡政府的协调支持下，在县城周边村庄购买了30亩土地用于搭建临时彩钢房，先行搬迁部分房屋裂缝较为严重并有重大安全隐患的住户。乡镇考虑到SD村的搬迁压力和煤矿的现实困境，将SD村列为本乡"改善农村人居环境项目"的试点村，该项目支持生态条件恶化且难以修复的村庄整村搬迁，但项目对每户搬迁的支持资金额度不高。村集体结合本村实际情况，在上级政府有关部门的同意下，整合全部资金启动了村庄新区建设。在这一过程中，村庄中没有发生村民以索要补偿款、索要房屋搬迁款、安置款等理由的上访事件，煤矿对乡镇、村集体以及村民在这一时期的支持和配合十分认可。

2017年以来，煤炭价格有所回升，煤矿大力推动SD村整村搬迁工作，并将每户的平均补偿金额提高到20万元（不包括需要村民自行承担的10%责任），在政府按照沉陷区治理搬迁政策补偿了

7.68万元后,其余不足的部分"由煤矿兜底";在县乡政府的支持下,SD新村采用"政府规划搬迁范围、制定搬迁标准和进度、负责监督实施,煤矿出资并组织旧村拆迁和新村施工建设,村民以旧房作价拆迁、成本价购买新房、承包地问题暂搁置"的运作机制和以"以煤矿筹资建设为主体、以政府协助为补充、以村庄配合为保障"的移民搬迁成本分担原则,村集体利用这笔资金在新购买的土地上修建了四栋高层公寓,并以房屋受损程度为标准确定SD村民的搬迁顺序,新区可以对接县城的集中供水、集中供暖和公立学校。对村民而言,搬迁新区的住房大大改善了自己的生活环境,而且在自己不再居住时,也很容易以较高的市场价格向外出售。在具体的村民搬迁补偿问题上,采用"拆旧房"和"补新房"分类核算,先根据沉陷区村民住房的数量、面积、宅基地大小、地上附着物价值大小给予相应的"拆迁补偿",然后按家庭户籍数给予每人1.5万的生产发展资金,以此来平衡保护那些家庭住房面积小但人口多的贫困户的利益。由此,国有煤矿在按照国家政策承担3.84万元搬迁责任的基础上,再向每户多补偿了16万。为弥补搬迁资金的不足,煤矿自行筹资60%,政府积极协调银行贷款40%,解决煤矿整村搬迁的经费来源问题。

其实,对国有煤矿而言,他们只要履行国家政策规定的煤矿搬迁责任,按照国企内部的法定程序和预算、审批规定及时拨付所需的款项,确保资金按时足额到位即可,但考虑到村庄在煤矿最困难的时期的全力支持与配合,他们愿意为改善村民的生活水平提供更多的"制度外"支持。

三 资源整合下的秩序重建

村矿合作是指煤矿与矿区村庄通过建立共存共荣、利益攸关的合作共赢机制,在自身的发展中关注对方的利益和要求,双方的发展建立在对方发展基础之上,而且每一方的发展都给对方带来的是利益而不是损害。① 国有煤矿通过资源整合进入 SD 村之后，通过加大"利益反哺"提高村庄村民生产生活水平，支持村庄经济转型中的代表性人物担任主要村干部。煤矿、基层政府和村集体积极利用自身掌握的不同资源要素，协同配合，共同推动村庄转型发展。通过这些措施的综合作用，彻底扭转了村庄混乱失序的困境，带来了村庄秩序的重建。

（一）均衡分配与利益共享

企业作为社会公民的一种，一方面在为社会创造财富，另一方面对社会负有伦理道德义务，它有责任帮助社会的弱势群体。② 国有煤矿进入 SD 村后大幅提高资源整合补偿标准，并在征求相关利益主体意见的基础上制定村规民约，最终利益各方达成较为一致的补偿分配方案，煤矿缴纳的补偿款总体上可分为三部分：一部分按人头在村民中完全平均分配，以此普惠性增加村民收入，改善了村民的生活水平；一部分用于村庄公共建设和公益事业，特别是用于村庄经济转型的农业园区建设，以此进一步壮大集体经济实力；一部分作为部分村民在办矿初期历史贡献的补偿。这种分配标准一经确定短时间便不再更改，各类款项全部通过"村财乡管"的方式发放，煤矿每年按时将资金汇到乡农经中心账户，再由乡农经中心将每个村民应得的分配款直接发放到村民银行账户。所有资金的划拨分配工作每年按时自动开展，无须变更。这种制度化且较为"机械"的利益分配方式，既考虑了村民的普惠性收益，增强了村民的获得感，也让一些因为生活确实困难而"闹事"的村民得到了基本保障，还考虑了原股东村民的历史性贡献，体现了贡献与权益的对等性、公平性。留存于村集体的公共资金则为改善村庄面貌

---

① 董江爱：《煤矿产权制度改革与资源型农村治理研究》，中国社会科学出版社 2016 年版，第 10—81 页。

② 林毅夫：《企业承担社会责任的经济学分析》，《经理人内参》2006 年第 18 期。

和长远发展奠定了资金基础。运煤车队是村民收入的另一重要来源，为规范车队的管理和收入分配，煤矿以不再续签运输合同为由向原村支书 SQZ 施加压力，将挂在他名下的村车队恢复为集体性质，并将车队的财务管理、运费收支、村民的"排号费"发放全部纳入"村财乡管"序列，这进一步规范了煤矿内部秩序，壮大了集体经济实力，也更为有效地保障了村民的正当权益。对每位 SD 村民来说，他们每年可固定从煤矿获取 2000 元补偿款，可固定从车队获取 1500—2000 元的排号费，每户家庭以四口人计算，每年至少可增加直接收入 14000 元。此外，煤矿每年从村集体定向招聘保安和保洁员，优先录用村中的大学毕业生，一定程度上缓解了村民的就业压力。

资源整合后，随着集体经济实力的增强和集体收入的大幅增加，在政府和煤矿的大力支持下实现了整村搬迁，村庄提供的公共产品和公共服务规模和质量都实现跨越式发展，其一，大力改善人居环境，村民搬入移民新区后，实现了供暖、供水、供电和供气全免政策，但考虑到村民住房面积大小差异和村民在生活中出现的浪费水电等不良现象，村集体设定村民住房在 60 平方米以内免交暖气费，超过部分的面积按政府定价统一收取；每户每月用水在 5 吨以内由村集体补贴水费，为鼓励村民节约用水，超过部分按市场价格加倍征收；供电和供气也设定了一定免费额度，但超过部分只征收正常的费用；免除全体村民的物业费。其二，提升小区的文化教育水平。村委会为解决小区学前儿童教育问题，与本县较有影响力的学前教育结构"乐园教育"合作，由村集体提供场地，"乐园教育"提供教育设施并选派优秀老师入驻，本村 3 岁到 6 岁的儿童可免费进入学习，"儿童乐园"可以向外招生来获取利润，但向外招生的人数总额不得超过本村入学儿童。此外，村集体还组织了村广场舞表演队，并为表演队配置了大功率音响；购置了多套室外运动健身器材，还创造性地建立了 SD 村儿童玩具租借室，村民只需支付押金便可借用玩具，洗干净后归还就可领回押金，不收取任何费用。其三，办好惠民工程。为解决村民就近看病问题，村集体提供场地开办小区诊所，由村医与村集体聘请的乡卫生院退休医生共同坐诊，实现了小病不出小区就可得到有效治疗；给60岁以上因为残疾或疾病而无法生活自理的村民每月补贴500元护理费，对考取二本以上的村民子女，在一次性奖励2000元基础上，再按通知书规定的标准发放第一年的学费和住宿费。此外，SD村在政府的倡议号召下，积极为南山森林公园建设、夏兴公路建设以及社会困难群体捐款，累计捐款超过10万元。优质公共服务的提供重建并深化了乡村社区认同[1]，进一步增强了社区的内部凝聚力和向心力。

（二）多元协商与矛盾化解

有利益的地方就有利益争夺，利益争夺必然带来矛盾冲突，人们在面对矛盾冲突时，一味避让和退让可能导致更为严重的冲突混乱，而在健全法规制度基础上的平等协商与协调可以有效缓解乃至化解矛盾冲突。[2] 与煤矿承包时期村干部与煤老板相互勾结起来鲸吞蚕食集体利益，导致村民群体性抗争与村庄混乱，各方被动进行协调不同；国有煤矿通过搭建平等开放、多元参与、畅所欲言的协商协调平台，以"每季一议、一事一议"的方式，邀请各方代表就政府、煤矿和村庄村民关注关心的问题公开协商协调，什么问题都可以谈，谁都可以发表意见，而且这些问题能不能解决都有回应。通过平台化、公开化的摆事实、摆法规、摆政策、讲道理的协商对话，可以深入了解各方利益诉求和现实困境，也可以抨击约束极少数村民的违法违规甚至通过制造混乱谋取个人好处的不良行为。通过这一协商平台，一方面为村民通过和平协商的方式维护个人合法权益提供了契机，另一方面也为煤矿维护稳定有序的外部经

---

[1] 项继权：《中国农村社区及共同体的转型与重建》，《华中师范大学学报》（人文社会科学版）2009年第3期。

[2] 董江爱：《煤矿产权制度改革与资源型农村治理研究》，中国社会科学出版社2016年版，第175页。

营环境打下基础。双方都以较低成本维护了各方正当利益，同时压制了村内歪风邪气的蔓延。

在村矿"每季一议、一事一议"协调平台和乡镇与煤矿"互嵌式"协商机制的共同作用下，国有煤矿与乡镇的关系在构建平台化的协商机制前后也经历了从冲突到协调的戏剧性变化。地方政府帮助煤矿解决各种困难和问题的积极性、主动性和态度与煤矿对当地的税费贡献大小直接相关。在国有煤矿进入乡镇初期，资源整合后的 SD 煤矿作为央企的下属子公司，其主管部门是国土资源部和国资委，他们的利税主要上缴中央财政和省财政，市县政府只能分到极少的一部分，而乡镇几乎"无利可图"。地方政府既无权管辖煤矿的日常经营，也不能获得多少税费收入，因此地方和乡镇在管理上很少通过"官方途径"介入煤矿事务，煤矿也很少主动联系地方政府，双方都抱有"井水不犯河水"的处事心态。但乡镇领导与煤矿领导个人之间却"称兄道弟、亲密无间"。在具体公共事务上，只要自己不用担责，双方就相互推卸、利用制度漏洞能拒绝就拒绝、能推则推、能躲则躲，但如果是涉及双方领导及其亲朋好友的私事，大家则"有条件要办，没有条件创造条件也要办"，各位领导们不会用私情去办公共事务，但会用公权去办彼此的私人事务。在沉陷区房屋赔偿问题上，县乡领导向煤矿领导打招呼希望帮助其特定关系人，煤矿领导会根据相关领导的职务区别对待，或明或暗的为其特定关系人提高补偿标准，夸大受灾程度、提高受损评估等级。当地村民将乡镇领导与煤矿负责人之间的这种关系形容为公共事务上"貌合神离"，而私事上"貌离神合"。

乡镇与煤矿关系的调整与改善，既得益于双方"互嵌式"的参与对方党政联席会议的机制，也得益于村矿之间"每季一议、一事一议"的协商协调平台。乡镇与煤矿在公共事务的貌合神离和相互推诿积累了许多问题和矛盾，在煤矿代表参与乡镇党政联席会议时，他在会上用各种具体实例公开指责乡镇的懒政怠政给煤矿带来的各种损失，促使乡镇在形成决议时必须正视自身存在的问题并兼顾煤矿的诉求；而乡镇干部在参加 SD 煤矿党政联席会议时，也通过具体事例严厉指责煤矿不支持乡镇工作，一味靠向上级"告状"的方式向乡镇施压，对因为煤矿开采而产生的上访问题不及时应对处理，而是将压力转嫁给乡镇，所以迫使煤矿方面在形成决议或制定内部政策时，必须重点考虑乡镇的压力和矿区乡村社会秩序的稳定，乡镇代表多次强调因自身财政极度紧张而无法为煤矿开采经营提供更好的外部环境，希望煤矿在财政上能给予更大支持。双方通过多次有理有据的"相互批判"，以及贯彻在这种"相互批判"制衡下形成的决定和决议过程中，公共事务上"貌合神离"的基础逐渐消逝，法规、制度、道义以及公共利益在多次"互嵌式"博弈中，逐渐成为双方处理乡矿和村矿事务的新基础。

而村矿之间"每季一议、一事一议"的公开协商协调平台则有效制约了乡镇干部和煤矿干部在办理私事时的"貌离神合"的现状，乡镇和煤矿干部的私事都与"照顾特定当事人""不公平的利益倾斜"有关，这些私事及其后果很快将会在信息对称的村庄内部变成公开的秘密而人尽皆知，成为"每季一议、一事一议"协调会上村民观察员质疑和抨击的焦点，并要求全体村民享有同样的利益和标准，在证据确凿的现实面前，煤矿和乡镇干部只能满足村民的利益要求，否则，可能导致村民对特定乡镇干部或煤矿领导个人"有理有据、证据确凿"的密集举报，这都是他们无法承受的。这样，乡矿领导之间私人事务上"貌离神合"的基础很快消失。在乡矿之间"互嵌式"参与机制和村矿之间"每季一议、一事一议"协商协调平台的共同作用下，乡矿之间在公共事务上的"貌合神离"和乡矿领导干部私人事务上的"貌离神合"及其潜在的矛盾冲突得到了有效化解。

（三）惩恶扬善与乡风改善

物质利益的追求固然重要，但生命的价值绝不是对物质利益的无止境追求，而在于对理想信念的追求。① 随着村庄经济实力的增强，SD 村支两委加大了村庄精神文明建设的关注和投入，为了倡导文明、弘扬正气，组织村民制定了新的村规民约、星级文明户以及优秀村民的评选标准，鼓励村民说文明话、办文明事、做文明人，在村庄内培育人人争优秀、户户争文明的良好风气。大力加强思想道德建设，切实搞好普法教育，以法治村，加强党员管理，每年 7 月 1 日定期举办"铸党魂、颂党恩"的大型歌咏会，增强村民群众对党和社会主义的热爱。以"星级文明户""村庄好儿媳""文化中心户"等基本形式，大搞精神文明创建评选活动，推动全村上下形成争优秀、赛文明、比孝敬的良好氛围。文化是民族的血脉，是人民的精神家园，不重视精神文明建设难以实现农村的真正全面发展。② 这一系列的"扬善"措施极大改变了村民思维方式和生活习惯，SD 村的整体精神面貌有了质的飞跃。

随着村民生产生活水平的大幅提高和一系列"扬善"措施的推行，SD 村的上访户、钉子户大幅减少，却仍然存在极少数因历史原因造成的"顽固上访户"。这些上访户主要是在煤矿承包时期到省城或北京越级上访而被公安机关"打击处理"过的村民。他们过去多次到北京或者省城上访，基层政府迫于维稳问责压力，便借助公安机关的力量以治安处罚或者追究刑事责任的方式羁押村民甚至判处有期徒刑，在这些村民出狱后不断上诉上访甚至求助各级各类新闻媒体"曝光他们的冤情"，在这种压力下，基层政府和村集体通过民政救助、困难补贴等渠道暗地给予他们"利益补偿"，在获得政府和村集体"暗地补偿"后，他们反而更加"积极地"以"申冤、平反"为由索要更高的"安抚利益"。为规制这类为索要非法利益铤而走险的村民，煤矿首先通过制度化、规范化的方式

---

① 董江爱、刘铁军：《协调发展：内涵、困境及破解路径》，《当代世界与社会主义》2016 年第 2 期。

② 董江爱：《煤矿产权制度改革与资源型农村治理研究》，中国社会科学出版社 2016 年版，第 144 页。

在村庄内部均衡分配煤矿利益,改善村民生产生活水平;但对于违反村规民约、公序良俗以及越级上访的村民实行差别化对待,根据其违纪违规违法的恶劣程度,村集体相应减少甚至全部扣除该村民的集体收益份额;在煤矿从村集体招聘的大学生、保安和保洁员等工作人员中,如果其进矿务工后直系血亲中仍然有人参与围堵煤矿或者越级上访,将立即开除该员工,通过家族内部的连带关系对失范村民进行强力约束。此外,在村矿"每季一议、一事一议"的协调中,煤矿和乡镇通过披露这些以上访为要挟索要利益村民的不良行为,让他们感受到村庄舆论的压力,村民家的红白喜事也不邀请这些村民,而该村民家里的婚丧嫁娶其他村民也不参加,个别极端上访者甚至连儿子找媳妇,女儿找婆家都较为困难,村庄内部逐渐形成对失范村民的排斥机制,村庄的舆论压力让他们越来越边缘化。在这些"惩恶"措施所形成的各种压力下,这些"以上访来谋利"的村民开始反思自己的行为,并逐渐回归到正常的生产生活秩序中来。

四 小　结

在各级政府的强力主导下,国有大型煤矿通过整合资源型农村的各类中小煤矿,提高煤炭产业集中度,扭转煤矿安全事故频发、村矿对立冲突的混乱局面。国有煤矿一方面按照国家政策要求提高资源整合的补偿标准,在此基础上向村民合理分配资源收益,提高村民收入水平,并将村民利益分享与村庄治理紧密结合,初步扭转了村庄混乱局面;另一方面积极推动村庄产业转型,改善村庄农业生产的地质条件,通过大规模农业园区建设奠定了村庄可持续发展的基础。随着村庄保护型村干部替代营利型村干部,以及乡镇、煤矿和村庄之间"互嵌式"合作与多元协商机制的形成,村庄不但实现了村民梦寐以求的整体搬迁,而且创造了一个利益能够共享、矛盾得到化解、乡风有效改善的新社区。

第四章 结论与讨论

一 结 论

本文从煤矿产权及其变迁的视角切入，以一个典型的资源型村庄为研究对象，沿着产权与村庄治理、利益分配及其政治生态变化这一线索，分析了资源型村庄因集体煤矿产权创设、转换、承包和整合所导致的村庄权力结构变迁、村民利益分化以及由此带来的乡村干群关系、社会秩序的变化，探讨不同产权形态下乡村政治生态的变化及特征，不同产权结构影响资源型农村政治生态的关键要素及内在机制，揭示产权与治权的逻辑关系，文章可以得出以下几点结论：

（一）产权与治理的关系形塑资源型农村的政治生态

产权与治理有着密切的关联。"煤矿产权与乡村治理密切相关，直接决定着乡村发展的命运。"① 产权反映不同主体的利益关系，治理是权力关系的体现，产权变迁及其带来的治理演变构成了资源型农村政治生态的核心。在资源产权改革中，产权主体的模糊与多元性决定治理的复杂性。资源型农村由于集体公有制既不是"共有的、合作的私有产权"，也不是纯粹的国家所有权，它是由

---

① 董江爱：《煤矿产权制度改革与资源型农村治理研究》，中国社会科学出版社2016年版，第262页。

国家控制但由集体来承担其控制结果的一种农村社会制度安排①。所以，乡村公共权力的配置与运作，以及由此形成的对村域社会进行组织、管理和调控形态变化，就成为形塑乡村基层政治生态的基础性要素。② 资源型农村的村庄治理紧紧围绕资源开采、煤矿利益分配以及以此为基础的村矿利益争夺与关系协调，煤矿产权结构直接决定村庄治理主体权威及其在煤矿利益分配中的地位与作用，由此而形成不同村庄治理模式。同时，一定产权下的治理绩效以及村庄社会秩序反作用于产权结构，要么成为夯实产权结构的基础，要么成为推动产权变革的力量。

一方面，产权奠定治理基础。人民公社的全能主义只能适应公有制一统天下的产权制度，土地的家庭联产承包责任制分化了所有权、经营权高度集中的产权结构，催生了村民自治制度的萌芽。对资源型农村来说，不同产权煤矿的经营效益及其分配方式直接决定集体公共积累、村庄生产生活水平及村民收入，而煤矿产权结构则决定谁掌控煤矿，谁分配煤矿收益以及不同形态的村矿内在关系。村干部作为村集体煤矿的主要经营管理者，在民主制度落实不到位和民主程序不规范的情况下，就会成为村集体资源的控制者和村公共福利的分配者，村集体只享有名义上的产权所有者，煤老板和村干部相互勾结攫取资源利益，村民通过上访甚至暴力抵抗维护自身利益，导致治理失序。煤矿产权明晰后，煤矿企业与乡镇政府的关系、煤矿企业与村集体的关系以及村庄内部各利益主体间关系都得到了调整，在一定程度上实现了利益共享，产业发展、村民生活、村庄秩序以及村风村貌都有了较大改善。总之，随着煤矿产权结构分化变迁，村庄治理主体和治理方式也随之发生变化，不同的治理主体通过不同治理方式分配资源利益，形成了完全不同的乡村

---

① 周其仁：《中国农村改革：国家和所有权关系的变化——一个经济制度变迁史的回顾》（上），《管理世界》1995 年第 4 期。
② 张厚安、徐勇：《中国农村村级治理——22 个村的调查与比较》，华中师范大学出版社 2000 年版，第 8 页。

政治生态。

另一方面，治理失效带来产权变革。人民公社后期的绝对平均主义分配方式扼杀了农民积极性、主动性和创造性，导致生产效率低下，进而催生了小岗村农民的"十八个红手印"，推动了农村土地家庭联产承包的产权变革。与一般农业型村庄不同，资源型村庄的治理主要围绕资源利益的分配与争夺展开，不论何种煤矿产权形态，煤矿产权的实际控制人对于村矿各主体之间的利益分配享有较大决定权，他既是村庄最为重要的治理主体之一，也是村庄利益结构的核心。但煤矿利益分配不公平、不均衡将促使被边缘化的村民采取各种手段策略冲击原有利益结构，从而导致村庄无序混乱与暴力冲突，这种混乱冲突一方面严重影响煤矿正常经营，导致煤矿生产停滞；另一方面也倒逼政府以行政力量介入，但基层政府在刚性利益冲突下作用较为有限。各方的长期僵持造成了他们"共输"的结果。因为利益集中且规模较大，资源型农村因治理失效而形成的利益冲突与分化所导致的村庄混乱无序，其程度规模和危害性比一般农业型村庄更为严重，这反过来形成产权变革的外在压力，并在客观上为产权变革准备了条件。

（二）利益失衡、权钱交易是资源产权改革中政治生态的突出表现

产权的核心是利益关系。就煤矿产权而言，获得资源使用权而成为独立产权主体的经营者，必然追求自身利益的最大化。在利益巨大而且分配无序的背景下，分享煤矿收益的各个主体必然会为了获取更多更大利益，相互之间长期陷入激烈的利益争夺之中。在研究案例中，村庄、村民、煤矿和基层政府等众多主体，因利益分享而创设煤矿，因利益失衡而陷入纷争，使得原本和谐的村庄再难有平静。利益失衡、权钱交易成为资源产权改革中政治生态的突出表现。

利益追求和公共责任的内在张力促使煤矿经营者、村庄和基层

政府为了各自的目标，选择不同的博弈策略。基层政府在煤矿资源开采审批、监管方面的权限极为有限，所以煤矿与基层政府的利益关联较弱。基层政府虽然缺乏决定煤矿开采运营的权力权威，但却要承担解决因煤矿开采导致的生态污染、利益分化和社会混乱等现实问题的治理责任。权力、责任和利益的失衡与冲突通过"属地管理"的原则得到进一步强化，基层政府只能策略性地利用各种资源促使煤矿承担更多责任，保护矿区的生态、生产、生活环境，维持社会稳定和公共秩序。在产权制度不健全且基层政府缺乏足够监管权力的背景下，追求利益最大化的煤矿和追求公共利益的基层政府之间的关系错综复杂，相互之间的博弈对政治生态影响很大。

在集体煤矿时期，煤矿规模较小且盈利能力有限，乡镇并不直接参与煤矿经营，而是通过支持主要村干部掌控煤矿，再通过控制村干部来间接汲取煤矿利益；而村干部在满足乡镇一定程度的利益汲取的同时，将煤矿建设经营中遇到的资金短缺、配套设施不足、证照办理难等问题向乡镇转嫁，反向调动乡镇的行政权威为煤矿获取急需的办矿资源。乡镇和作为煤矿主要经营者的村干部在相互利用中达成某种平衡，村民生产生活状况也相应得到一定程度改善。乡镇通过对村干部以及经营者违纪违规行为的依法、及时、有效处理，在一定程度上消除了村庄内部潜在隐患。

但在外来资本通过低价承包等手段控制煤矿之后，村干部逐渐疏离乡镇而依附于外来煤老板，他们相互勾结形成利益共同体，为追逐高额利益而对煤炭资源进行掠夺性开采，煤矿利益大多被煤老板和村干部占有，但煤矿开采造成的负外部性成本却主要由村民承担。农民为维护自身权益而围堵煤矿大门和运煤道路、到省市上访，希望上级部门向下施压以迫使基层政府满足他们的利益诉求。而基层政府为转嫁维稳压力，他们放任村民堵路行为，但坚决打击村民的上访特别是越级上访行为，同时以第三方协调者的身份要求煤矿满足村民合理或不合理的利益诉求，期望以此"安抚"村民；煤矿与村庄、基层政府不同的博弈策略给村民提供了谋利空间，村庄群体性事件、要挟性上访如井喷般爆发，最终导致村庄治理失能与整体失序。

资源整合后，国有煤矿的制度化、规范化管理既斩断了基层政府从煤矿提取灰色利益的空间，也促使乡镇政府按照国家政策要求加强矿区生态环境修复治理，推动资源型农村经济结构转型和公共事业发展，并合理补偿村民因煤矿开采而导致的损失；基层政府也以法律政策为依据限制村干部的不当谋利行为，一批将个人事业和村庄转型发展结合起来的新型精英在煤矿、基层政府和村民的支持下担任村"两委"主要干部，村庄的良好政治生态和社会秩序得到逐步恢复和重建，进而为国有煤矿开采运营提供良好外部环境。

资源型地区农村出现的权钱交易现象，实质上是多重压力下的基层政府在利益和效益导向下与煤企博弈的结果，基层政府放任煤矿为追求高额利益甚至牟取非法利益而引入黑恶势力，或为谋求"辖区不出事"目标而采取无原则妥协等突破政策制度底线的博弈手段，即使可能在短时间内维持有限的"秩序与稳定"，但最终必然造成政治生态的恶化和治理失序。由此，基层政府、村庄和煤矿经营者能否坚持以法律、政策为依据，能否放弃突破政策制度底线的博弈与"合作"策略，这在构建资源型农村优良政治生态中发挥着极为关键的作用。

（三）国家政策是资源型农村产权与治理变动的外部诱因

在资源型农村产权与政治生态演进中，国家政策是又一个重要的影响因素。就本文的案例村庄而言，从产权创设到产权变更，再到资源整合，每一阶段都是在国家政策的影响下演进的。可以说，国家政策是资源型农村产权与治理变动的外部诱因。

一方面，国家政策变化引起产权变更，进而带来治理变革。在人类社会，作为一种自然存在物的资源产权，主要由国家进行界定。国家对产权的界定，本质上是界定不同主体的权益归属与利益分配。纵观改革开放以来国家煤炭产业政策的调整及案例村煤矿产权的变迁历程可知，国家因为改革开放初期巨大的能源需求出台激励政策，鼓励扶持矿区乡村创办各类中小煤矿，造成乡村小煤窑一哄而上、遍地开花。随着煤炭市场的周期性波动以及小煤窑内部混乱的管理，许多乡村集体煤矿很快陷入严重亏损、破产停工的境地。为了推进乡村经济发展，解决集体煤矿的效率、效益和债务问题，国家通过政策调整，推动各乡镇煤矿和集体煤矿改制、承包或者托管，原来乡镇和村集体开办的煤矿纷纷以各种方式进行产权改革，由公有制（乡镇或村集体所有）转变为私有制，由集体经营转变为个人承包经营或者托管经营，绝大多数集体煤矿通过各种灵活方式让渡或部分让渡煤矿经营权。

另一方面，国家为破解产权利益纷争与治理混乱的困境，对产权重新进行界定，也对乡村治理产生重要影响。随着我国加入世贸组织后出口导向型经济的发展，煤炭价格迎来又一次快速上涨，掌控煤矿经营权的私人煤老板勾结基层官员违法违规开采，导致重大安全事故多发频发，矿区乡村生存环境、生态环境严重受损，贫富分化严重，资源型村庄的混乱失序，村矿冲突频发。对此，国家以行政力量主导推动各类中小煤矿的资源整合，并在此基础上重新进行产业布局，大规模开展沉陷区移民搬迁和生态修复，推动资源型农村的秩序重建和全面发展。

概而言之，国家与市场的能源需求要求政府调控煤炭产业，资源政策变化带来煤矿产权改革，产权（尤其是经营权）的变化在市场作用下产生新的问题与困境，新问题又推动新一轮的政策调整，新政策的调整又导致煤矿产权新的变化。不同时期矿权改革之所以会给资源型村庄带来不同后果，关键在于矿权政策变革所带来的政策红利由谁享有，所造成的负外部性成本由谁承担以及红利分享和成本分担是否均衡。① 资源型农村产权与治理变动是国家政策

---

① 刘铁军、董江爱：《矿权改革中的利益博弈与资源型村庄兴衰的关联——一个典型案例的调查与思考》，《中国农村研究》2018年。

的产物，同时也在很大程度上影响和改变着国家政策，产权与国家政策调整关系密切。正如诺斯指出的，国家与产权相互演进，国家规定着产权结构并最终对产权结构的效率负责。①

（四）产权与治权的良性互动是资源型农村有效治理的关键

不同产权下的利益结构与权力结构是影响资源型农村政治生态的核心因素。资源型农村要避免"资源诅咒"，实现治理有效，就必须实现产权与治权的良性互动，构建互恰融合的产权利益结构与权力结构。产权意味着收益，产权结构变化意味着利益结构的分化。资源型农村由于缺乏制度化、规范化的产权利益保障与分配机制，产权主体实现产权收益必须得到乡村权力结构的有力支撑，否则，将无法实现基于产权所应获取的各种利益。

在案例村，煤矿创设初期以宗族为基础的股权结构和权力结构深度互嵌，股权结构维护和支持权力结构，而权力结构则保障股权主体的利益；在合伙煤矿转化为集体煤矿之后，村干部借助自身的"双重代表权威"，一方面保护原股东的特殊利益，另一方面以煤矿收益投入村庄公共设施和公益事业，改善村民生产生活水平。在这一时期，村干部有权威，村庄公共事业有发展，村庄秩序较和谐。但在村集体通过联营的方式让渡部分经营权给外来公司之后，煤矿的产权结构、利益结构发生变化，双方的矛盾冲突在外部市场的冲击下逐步升级，一方面新的利益主体企图扶植新的权威主体，以此瓦解和替代原权力主体；另一方面原权力主体在强力限制约束当前利益结构失败后，采取了更为激烈的争夺手段，最后在外部力量的强力介入后双双解体。产权的分化和利益的分歧导致村庄权力结构的内部分裂，利益和权力的失衡成为联营煤矿时期村庄混乱的内在动因。

---

① ［美］道格拉斯·诺斯：《经济史上的结构和变革》，厉以平译，商务印书馆1992年版，第21页。

煤矿被外来煤老板承包后，村庄新权力集团与煤老板相互勾结，并通过依附于煤老板的方式共同谋取高额资源收益，但煤矿的集体性质要求煤矿利益为全体村民所分享，同时需要考虑在煤矿初创期间作出特殊贡献的原始股东这一特殊利益阶层，但他们的煤矿利益非但得不到村庄公共权力的保护，反而受到排斥。村庄权力结构与利益结构不匹配、不融洽，长期处于对立冲突的状态，由此村民、原股东和相互勾结的村干部与煤老板之间围绕煤矿利益展开激烈的争夺，受到冲击和削弱的村庄权力系统在无力维持煤矿开采秩序时，便引入黑恶势力采用暴力手段强行"恢复秩序"，最终在黑恶势力的恐吓威胁下村民开始大量上访，基层政府对上访者利益收买，煤老板操控下的村"两委"瘫痪无力，村庄走向全面混乱与失序。

国有煤矿整合兼并村集体煤矿以后，通过制度化的方式重新确立了村矿之间的利益分配方式和补偿标准，并规范了煤矿收益在村庄内部的分配，特别是在尊重事实的基础上对原始股东的贡献给予妥善安排，兼顾了个体利益和整体利益，当前收益和长远发展。国有煤矿在制度化、规范化管理和煤矿收益均衡有序分配的基础上，通过构建乡矿"互嵌式"合作机制和村矿多元参与协商机制，大大压缩了村干部利用村庄公共权力谋取私利的空间和机会，村庄旧的权力结构随之解体，原主要村干部"主动"退出村庄权力舞台。国有煤矿转而支持村里能力强、有想法、眼界开阔且有一定经济实力的村民，提供各种有利条件帮助他们在村庄创业，让这些村庄精英的个人发展与村集体转型发展紧密相联、同荣共衰，这些村民掌握村庄公共权力后，村庄利益结构和权力结构相互匹配，这成为村庄稳定、转型、发展的基础，村庄内部秩序逐步得到恢复和重建。

纵观集体煤矿初创、联营、承包和整合等不同时期，村庄权力结构与产权收益主体的兼容或冲突决定资源型村庄政治生态的优与劣，在产权收益主体和村庄公共权力主体具有内在一致性、甚至同一性时，公共权力将为利益主体提供强有力的保障，其保障方式根据现实条件或直接或间接，或公开或私下。利益得到保障的产权主体强有力的支持使村庄政治精英权力得到巩固，权威进一步提升，随之村集体公共建设、公益事业及全体村民的生产生活水平也得到了一定改善提升。但在村庄权力结构发生更替后，新的公共权力掌握者不再保护旧产权主体的收益权，甚至不承认旧产权主体的利益，而是从外部引入并扶持新的产权主体并与之相互勾结，大肆谋取个人私利，这必然导致新旧产权主体之间以及旧产权主体与新权力结构之间的矛盾冲突，各方援引不同的力量、采取不同手段展开"利益争夺拉锯战"，村庄长期的混乱、冲突和失序倒逼公共权力启动新的产权改革。在资源整合背景下，国有煤矿通过整合分散的产权主体，实现了煤矿的国有化，促使原来凌驾于集体煤矿上的村庄权力结构解体，新的煤矿经营者在对集体煤矿产权依法合理补偿的基础上，通过乡、矿、村合作与协商机制创新，主导了煤矿利益分配及村庄治理，并在推动村庄转型发展中扶持培养新的村治精英，形成了与村庄利益结构高度融洽的村庄权力结构，实现了村庄的秩序重建。

由此可知，资源型农村的产权利益与村庄权力结构高度关联，产权主体利益的实现需要村庄公共权力的保障，产权主体积极维护与自身利益一致的权力结构，而反对与自身利益不一致甚至相冲突的权力结构；与之相应，村庄权力主体积极支持和培育与自身利益匹配协调的产权主体，在新旧权力结构更替之时，也就是煤矿产权主体变更和产权利益重新分配之时，二者一致协调则政治生态良好，二者不协调不匹配则政治生态恶化。

二 讨 论

从产权视角研究资源型农村的政治生态，不仅十分必要，而且非常重要。在乡村振兴背景下，实现资源型农村的快速发展和有效治理，还需要进一步关注资源型农村村民自治的有效运转以及农民集体产权权益与民主权利的保障问题。

（一）产权视角下资源型农村村民自治机制有效运转的问题

村民自治是当前农村政治的制度化形式。无论是村庄公共事务，还是作为集体产权的煤矿改革，都属于村民自治事务。在资源型农村，煤矿产权和村庄治权的互动关系贯穿村民自治的历程。产权是村民自治有效运行的基础，围绕集体产权权益的分配，激活了村民的参与热情，即使利益的争夺，也是在村民自治的框架下展开。同时，产权变化影响村民自治的发展，围绕煤矿的经营、管理、分配、处置等公共事务成为村庄治理的中心，村庄选举也以此为核心议题。反过来，作为村庄范围内公共权力的运行载体，村民自治的开展反过来影响并改变产权治理。由产权变更带来的利益失衡和治理混乱，村民自治异化，少数人掌握村庄公共权力，这种困境的化解，仍然只能通过村民自治的民主方式。

资源型农村政治的核心就是人民围绕着煤矿资源而进行的权力争夺和权力运作。[①] 农村公共权力既受到乡镇党政权力的影响，也受到村民民主选举、民主决策、民主管理和民主监督的制约。但在案例村煤矿经营与利益分配的不同阶段，村民并不是通过制度化的参与来保障集体利益和自身权益，也没有在基层政府与煤矿的博弈中体现主体性地位。在村矿关系较为融洽的集体办矿和国企整合时期，尽管乡镇进行了大量干预且选举过程并不规范，但村民对选举结果也较为认同，村庄内部也没有因为选举而产生混乱；但在煤矿被煤老板承包时期，选举过程中出现大量贿选，且落选者强烈质疑竞争性选举的公平性及结果，甚至由此带来大规模的上访告状和相互举报事件。由此可见，如何发挥利益相关的产权基础，促进村民自治有效运转，是基层治理中需要着

[①] 董江爱、王铁梅：《煤矿产权与农村政治——基于煤矿资源的农村公共权力运作分析》，《政治学研究》2011年第6期。

力解决的问题。

　　同时，通过比较不同时期村庄选举的背景发现，当村庄内外部出现影响村庄政治生态的主导性权威，且能够保障集体利益相对均衡分配，村民之间并未出现明显利益分化以及形成相互对立的派系，村民自治轻程序规则但集体管理决策得到认同，村庄较为和谐；反之，当村庄内外部缺乏影响村庄政治生态的主导性权威，且集体内部利益分化，派系尖锐对立，则村民自治重程序，但通过规范程序形成的结果却受到广泛质疑和对抗，村庄较为混乱。所以，资源型农村如何把握协调村民自治的程序正义和实体正义之间的关系，使其共同作用于优化政治生态，维护村庄内部和谐稳定，仍需要进一步的深入研究。

（二）资源型农村农民集体产权权益与民主权利的保障问题

　　在资源型农村的产权改革中，还应该充分关注农民的集体成员权益保障问题，也就是集体成员民主权利如何有效行使的问题。"财富只要包含着对人的支配，它就主要地几乎完全地依靠和通过对物的支配来进行对人的支配。……只有通过对物的支配，才能获得对人的支配。"[①] 加强和发展农村集体经济，是我国农村改革和发展的根本方向。集体利益是指基于集体产权而占有、使用、处分集体财物而形成的收益，集体利益必须在全体成员内部均衡分配。而村民作为集体成员，其权益能否得到有效保护，以及在此基础上形成的具体利益能否得到均衡分配，就成为资源型农村政治生态的重要影响要素。

　　就案例村而言，集体煤矿建设经营初期所创造的有限收益中，在适当考虑原始股东特殊贡献的基础上，村干部利用自身的"双重代表权威"，将大部分利益主要用于村庄公共建设和公益事业，改善村庄整体面貌。在为村民发放普惠性福利的过程中，把福利发

[①] 《马克思恩格斯全集》第20卷，人民出版社1971年版，第202页。

放和规范约束村民违反村规民约或公序良俗的行为结合起来，维护了村庄的整体稳定。在联营煤矿后期，由于煤炭市场疲软以及外来公司和村干部对集体收益争夺与鲸吞蚕食，集体利益以及村民就业、福利等收益受到严重影响，最终导致联营煤矿解体，村庄内部失序。在集体煤矿对外承包后，煤老板和村干部攫取了绝大部分的煤矿收益，村民非但不能获得利益，反而承担了煤矿开采所带来的几乎所有负外部性成本，且无法通过合理渠道维护自身利益。为了维护自身权益，村民进行一系列的抗争，各方围绕利益分配激烈争夺，导致村庄治理失能和秩序混乱。在煤矿被国有煤矿整合之后，原始股东及其他村民的权益都得到充分照顾，利益分配均衡，并与村庄治理挂钩，取得了较好的治理成效。这充分说明集体产权是村庄治理的重要资源，有保障的产权权益和民主权利是维系村庄稳定的基础，掌握村庄公共权力的组织和个人必须维护和增进村民的集体成员权利，才能实现村庄和谐稳定。

产权的核心是不同主体的利益关系。不同的主体有着明确的权利边界，如果各主体不在相应的边界内行使权利，就必然损害其他主体的利益。作为一种集体产权，煤矿利益的分配必须首先关注集体成员的权益，充分照顾其合理诉求和长远利益。在资源型农村，煤矿资源往往由集体所占有，属于全体村民的共同财富，是全体村民生存和发展的基础。村民作为集体成员必然要求分享煤矿产权收益，这是村民基于生存逻辑的必然主张。煤矿开采无法避免对生态和生存环境的破坏，造成巨大的负外部性，因此煤矿利益分配应优先考虑村民的生存权和发展权。在集体煤矿占有、使用和分配的过程中，必须让作为集体成员的村民参与其中，并通过完善的制度进行规范。尊重和保障村民的民主权利，建立起运转顺畅的民主机制，使他们有表达利益诉求的畅通渠道、有讨价还价的平等机会。只有村集体和村民的利益得到切实保障，才能有效减少和化解矛盾和冲突，村庄治理也才能有序进行。否则，当村民权益被长期损害且得不到保障，他们必然进行激烈反抗，甚至采取非常规方式进行维权，势必冲击基层社会秩序，影响政治生态。因此，村集体、煤矿、村民以及国家的权益都充分兼顾，有合理的以煤补农机制和有效的民主机制，才能形成各方共赢的局面和良好的政治生态。

附录

附件一　SD 村与大兴实业公司联营煤矿合同

SD 村与大兴实业公司联营煤矿合同

甲方：SD 村

乙方：大兴实业公司

SD 村煤矿是由晋煤开发字［090］号文件批准，于 1987 年建矿至今。为引进乙方煤矿开发先进技术、设备、管理经验和资金，甲方经村委会和乡政府研究决定与乙方联办 SD 村煤矿，经过双方协商一致订立以下条款：

一、联营期限为十年，自 1992 年 10 月 1 日起到 2002 年 10 月 1 日止。

二、联营煤矿为企业法人，法人代表由甲方派人担任，其他管理人员和工人由甲乙双方协商决定，但主要经营管理人员以乙方安排为主。

三、经营方式：煤矿的具体经营管理以乙方为主，包括煤炭生产和企业管理，甲方监督乙方管理人员合法安全生产。

四、在保证村集体（甲方）每年获取 3 万元收益的基础上，再对剩余利润进行分配，甲方 50%，乙方 50%，甲方所享有的利润分配先保障偿还贷款及其他债务。为保障利润分配的公平性，甲乙双方分别委派一位会计组成财务室，共同负责煤矿财务工作。

五、甲方的权利义务。

第一，已延伸至8#煤层的矿井，并保证开采手续、营业执照合法齐全，保证矿井现有的设备及其他资料由乙方使用。

第二，煤矿市场经营所需土地（包括储煤场，排矸道，材料场，办公室，道路等），由甲方负责提供，乙方无偿使用。如以后利用当地优势扩大再生产时所需占有土地的手续经双方协商后由甲方负责提供，供乙方使用。

第三，甲方保证将煤矿现在生产用电的一切手续合法齐全，提供于乙方使用。煤矿用电电源至井口变电所，现电源线路需维修费用可暂由乙方垫付，摊入煤矿成本。因电源造成煤矿不能正常生产，须查明原因，属于甲方责任的，由甲方负责赔偿由此而带来的一切经济损失。

第四，甲乙双方负责煤矿井口至兴岚公路之间的道路畅通无阻，如因为甲方原因出现人为阻堵、断路现象，由此而带来的一切后果，由甲方负责，并保证赔偿乙方在此期间所造成的一切经济损失。

第五，甲方积极主动与乡镇政府沟通、沟通解决在此承包期内煤炭运输销售的检查通行问题，协助8#煤层的销售问题，且联系的销售单位价格不得低于本地区市场价格。如果因销售不出造成煤炭积压而致使煤矿停产，乙方有权提出终止合同。

第六，甲方在任何情况下不得在联营期间内无故干涉和阻挠乙方在正常范围内的生产和经营工作。

六、乙方的权利和义务。

第一，乙方对甲方在合同签订生效前所负的债务均不承担任何责任。甲方所欠债务只能在年度结算后从甲方所获利润中缴扣。

第二，煤矿专用的变压站在保证生产运营用电的情况下，可适当供给村民使用，但电费由甲方负责，如果甲方无力支付电费时，可由乙方暂时垫付，年终从煤矿缴纳的款项中扣除。

第三，乙方在合同期内每年无偿供给甲方村内五保户和学校的用煤，但总量不得超过30吨。

第四，乙方在生产经营中，按照财政部和省政府的规定依法纳税，有权拒绝其他摊派。

第五，乙方按照国家法律、规章优先招聘甲方村民，但同时有权拒招和开除不合格的劳力。

七、其他条款。

第一，在合同期间，当乙方经过投资改造使煤矿达到正常生产要求而又获取利润时，由于外来因数干扰煤矿正常生产，迫使煤矿停产。甲方不肯或者不积极出面帮助解决，由不履行合同条款，在此期间造成的经济损失由甲方承担负责赔偿。乙方被迫提出终止合同时，甲方应赔偿乙方和煤矿生产改造前的全部资金。如甲方未能将上述事项的损失赔偿，乙方有权不交换矿井，直至退换清乙方积极损失后，乙方按照联营前矿井状况交付甲方。

第二，井工煤矿开采系高风险作业，由于地质情况变化及各种不可预见的原因造成煤矿亏损与减产，乙方有无力继续经营时，乙方有权提出终止合同。

第三，因政策性因素变化或乙方上级主管部门不容许乙方继续执行合同时，乙方有权提出终止合同。但甲方应退还给乙方已垫付但还不到期的各项费用。

第四，乙方合同终止后，这些设备及材料的产权属于乙方，去留有乙方决定，甲方不得以任何理由或形式扣押或者占用。甲方如需要，经双方协商一致，乙方按照设备新旧程度折价卖给甲方。

第五，此合同经上级主管部门盖章同意，由双方签字盖章并经公证处公正方可生效。

第六，发生纠纷后，由合同签订地人民法院管辖。合同条款双方必须认真履行，共同遵守，如有违约必须承担一切经济损失。

甲方：SD村：（签字并加盖村委会公章）

乙方：

大兴实业公司：赵某文（签字并加盖大同矿务局大兴实业公司公章）

AJY乡政府签署同意并加盖乡政府公章

附件二 承包附坡合同

为了把附坡早日建成,便于经营管理,经双方协商承包给乙方,共同制定以下条款。

一、首先必须安全第一。

二、附坡设计和质量要求地工离水面2米,黄泥筑背,宽度离尕石2米,填方水泥沙石一尺,涂破灰泥,附坡路面全部水泥均份。

三、用料标准,上水泥80袋,水沙20方,白灰2.5万头,耗石由乙方自备原料用款全部承包费内。

四、附坡承包工资款7300元,开工日由甲方先垫付1000元,竣工验收后全部付给乙方剩余工款。

五、时间从5月21日开始至6月21日竣工。

六、以上条例甲乙双方遵照执行,空口无凭,立合同为证。

发包方代表人:(签字并加盖名章)
承包方代表人:(签字并加按手印)

附件三　承包修筑涵洞合同

为了早日建好煤矿出煤盈利，经甲乙双方协商将××到××的道路及其过路涵洞65米承包给乙方，共同制定以下条款。

一、首先必须以安全第一的基本原则。

二、道路每米30元，要求宽2.5米，地面以黄土为主但要见到石头块，做到雨停地干。

三、建洞设计和质量要求洞宽3米高2米，洞顶70公分，前后建设八字墙，铺底30公分，洞面刷白石灰，洞口外部上墙铺10公分红泥。

四、用料标准要求上水泥45袋，白灰6000斤，水泥沙12方，碎石用料由乙方自备，一切原料用款全部承包在内。

五、承包费工资8300元，其中路面1950元，涵洞6350元，开工日甲方付乙方抵垫金1000元，竣工验收后全部付给乙方剩余承包款。

六、时间从5月21日开始至6月21日竣工。

以上条例甲乙双方遵照执行，空口无凭，立合同为证。

发包方代表人：（签字并加盖名章）
承包方代表人：（签字并加按手印）

附件四 《SD村煤矿承包协议书》

甲方：SD村民委员会

乙方：山西省福兴能源有限责任公司

根据市人民政府有关煤矿有偿出让的文件精神，经乡政府研究决定，同意将 AJW 乡 SD 村办集体煤矿整体承包给山西福兴能源有限责任公司。并经双方协商达成以下条款：

一、SD 村委同意将 SD 煤矿整体承包给山西福兴能源有限责任公司，SD 煤矿采矿权、占地使用权、经营权全部属山西省福兴能源有限责任公司所有，并由山西省福兴能源有限责任公司承担该矿后续一切建设投资及其相应法律责任。

二、乙方一次性偿付大兴实业公司拖欠的村民工资 7 万元，村集体所欠银行贷款 28 万元及其延期利息由乙方分三年还清。

三、为保证村庄及村民利益，每年向甲方按期缴纳叁万元。本协议一式三份，甲、乙双方各执一份，报 X 县国土局备案一份，签字盖章后生效。

甲方：SD村委员会　　乙方：山西省福兴能源有限责任公司
代表：签字盖章　　　代表：签字盖章

参考文献

巴泽尔:《产权的经济分析》,上海三联书店1997年版,第162页。

蔡青荣:《法治:一种良好政治生态》,《河北学刊》2009年第5期。

曹锦清:《如何研究中国》,上海人民出版社2010年版,第33页。

陈发桂:《基层维稳运行的路径选择——基于运行机制的制度性缺陷》,《福建行政学院学报》2010年第4期。

陈锡文等:《中国农村制度变迁60年》,人民出版社2009年版,第340—350页。

陈亚辉:《政经分离与农村基层治理转型研究》,《求实》2016年第5期。

戴业强:《西方政治信任普遍式微的成因研究》,博士学位论文,中共中央党校,2018年,第6页。

[德] 恩格斯:《反杜林论》,人民出版社1999年版,第169页。

[德] 马克斯·韦伯:《经济与社会》(上卷),林荣远译,商务印书馆1997年版,第400页。

邓大才:《产权与利益:集体经济有效实现形式的经济基础》,《山东社会科学》2014年第12期。

邓大才:《产权政治学研究:进路与整合》,《学术月刊》2011

年第 12 期。

邓大才:《小农政治:社会化小农与乡村治理——小农社会化对乡村治理的冲击与治理转型》,中国社会科学出版社 2013 年版,第 49 页。

邓大才:《中国农村产权变迁与经验——来自国家治理视角下的启示》,《中国社会科学》2017 年第 1 期。

邓伟根、向德平:《捍卫基层——南海"政经分离"体制下的村居自治》,武汉:华中科技大学出版社,第 138—150 页。

丁栋虹:《论产权与政权关系的制度重构及其在中国的实践》,战略与管理 2000 年版,第 52—57 页。

董江爱:《参与、制度与治理绩效的关系研究——村级治理机制及运作效果的比较分析》,《华中师范大学学报》(人文社会科学版)2009 年第 11 期。

董江爱:《产权视角下的政治生态优化机理》,《山西日报》2016 年第 10—11 期。

董江爱、霍小霞:《矿权与乡村治理》,《社会主义研究》2012 年第 4 期。

董江爱、李利宏:《资源型农村的治理困境及出路分析——以山西省为例》,《中国行政管理》2013 年第 1 期。

董江爱、刘铁军:《产权视角的资源型地区政治生态问题研究——一个"资源—政治"分析框架的构建》,《经济社会体制比较》2016 年第 3 期。

董江爱、刘铁军:《协调发展:内涵、困境及破解路径》,《当代世界与社会主义》2016 年第 2 期。

董江爱:《煤矿产权制度改革与资源型农村治理研究》,中国社会学术出版社 2016 年版,第 10—81 页。

董江爱:《煤矿产权制度改革与资源型农村治理研究》,中国社会学术出版社 2016 年版,第 199 页。

董江爱:《清代基层政治生态的变迁逻辑及启示——基于官、

绅、民利益博弈的视角》,《社会科学辑刊》2018年第3期。

董江爱:《权威与民主关系视野下村治模式探讨——村民参与村级治理的类型及效果分析》,《东南学术》2008年第2期。

董江爱、王铁梅:《煤矿产权与农村政治——基于煤矿资源的农村公共权力运作分析》,《政治学研究》2011年第6期。

董江爱、徐超卫:《基于煤矿资源的利益博弈与策略选择》,《中国行政管理》2015年第2期。

董江爱、张嘉凌:《基层党建视阈下的农村政治生态优化研究》,《长白学刊》2016年第6期。

董江爱、张毅:《集体产权与制度治理——农村集体资产资源的治理之道》,《山西大学学报》(哲学社会科学版)2016年第1期。

董江爱、张毅:《集体产权与制度治理——农村集体资产资源的治理之道》,《山西大学学报》(哲学社会科学版)2016年第1期。

杜治洲:《改善基层政治生态必须治理"微腐败"》,《中国党政干部论坛》,2016年版,第11页。

[法]卢梭:《论人与人之间不平等的起因和基础》,李平区译,商务印书馆2015年版,第86页。

方钦:《传统中国社会财产权利的性质——以清代闽北土地买卖文书为例》,《南方经济》2016年第103期。

方志权:《关于农村集体产权制度改革若干问题的思考》,《毛泽东邓小平理论研究》2014年第11期。

费孝通:《江村经济》,上海世纪出版集团2007年版,第28—29页。

费孝通:《乡土中国》,北京大学出版社1998年版,第27页。

费孝通:《乡土中国》,上海人民出版社2007年版,第275页。

费孝通:《乡土中国》,上海人民出版社2008年版,第155页。

风笑天:《社会研究方法》,中国人民大学出版社2013年版,第 22 页。

风笑天：《社会研究方法》，中国人民大学出版社 2013 年版，第 64—65 页。

冯耀明：《浅谈资源型地区"富人当政"》，《理论探索》2008 年第 1 期。

弗雷德里克·L. 普瑞尔：《东西方经济体制比较》，中国经济出版社 1989 年版，第 29 页。

高全喜：《休谟的正义规则论》，《世界哲学》2003 年第 6 期。

[古希腊] 柏拉图：《理想国》，郭斌和、张竹明译，商务印书馆，第 200 页。

[古希腊] 亚里士多德：《政治学》，吴寿彭译，商务印书馆，第 54 页。

国家发展改革委：《关于加快开展采煤沉陷区治理工作的通知》（发改投资 [2004] 1126 号）。

国务院转批煤炭工业部：《关于加快发展小煤矿八项措施的报告》（1983—04）。

贺雪峰：《当前县乡村体制存在的主要问题》，《经济社会体制比较》2003 年第 6 期。

贺雪峰、何包钢：《民主化村级治理的两种类型——村集体经济状况对村民自治的影响》，《中国农村观察》2002 年第 6 期。

贺雪峰、刘岳、龚春霞、陈柏峰、郭俊霞：《乡村基层社会治理的治理与治理》，《学术研究》2010 年第 6 期。

贺雪峰：《论村级权力的利益网络》，《社会科学辑刊》2001 年第 4 期。

贺雪峰：《论村级权力结构的模化——兼论语村委会选举之间的互动关系》，《社会科学战线》2001 年第 2 期。

贺雪峰：《论利益密集型农村地区的治理》，《政治学研究》2011 年第 12 期。

贺雪峰、罗兴佐：《论农村公共物品供给中的均衡》，《经济学家》2006 年第 1 期。

贺雪峰：《面子、利益与村庄的性质——村支书与村主任关系的一个解释框架》，《开放时代》2000 年第 11 期。

贺雪峰：《农村集体产权制度改革与乌坎事件的教训》，《行政论坛》2017 年第 3 期。

贺雪峰：《乡村的去政治化及其后果——关于取消农业税费后国家与农民关系的一个初步讨论》，《哈尔滨工业大学学报》（社会科学版）2012 年第 1 期。

黄爱宝：《行政生态学与生态行政学：内涵比较分析》，《学海》2005 年第 3 期。

黄明哲：《论地方政治生态环境的治理与优化》，《学习与实践》2011 年第 1 期。

黄韬、王双喜：《产权视角下乡村治理主体有效性的困境和出路》，《马克思主义与现实》2013 年第 2 期。

黄宗智：《华北的小农经济与社会变迁》，中华书局 1986 年版，第 4 页，第 168 页。

黄宗智：《华北的小农经济与社会变迁》，中华书局 2003 年版，第 205 页。

黄宗智：《华北的小农经济与社会变迁》，中华书局 2000 年版，第 300 页。

金观涛、刘青峰：《兴盛与危机——论中国社会的超稳定结构》，法律出版社 2010 年版，第 193 页。

金太军：《产权与政治研究：进路与整合——建构产权政治学的新尝试》，《学术月刊》2011 年第 12 期。

金太军：《村庄治理与权力结构》，广东人民出版社 2008 年版，第 108 页。

金太军：《村庄治理与权力结构》，广东人民出版社 2008 年版，第 20 页。

金太军：《行政组织与环境的互动分析》，《天津社会科学》

2002年第6期。

金太军、赵军峰:《基层政府"维稳怪圈"——现状、成因与对策》,《政治学研究》2012年第4期。

瞿同祖:《清代地方研究》,北京:法律出版社2003年版,第258页。

瞿同祖:《清代地方政府》,北京:法律出版社2003年版,第285页。

瞿同祖:《清代地方政府》,范忠信、何鹏、晏锋译,北京:法律出版社2011年版,第267页。

赖少英:《我国集体所有制产权制度变革研究》,博士论文,厦门大学,2001年,第10页。

李稻葵:《转型经济中模糊产权理论》,《经济研究》1995年第4期。

李利红、董江爱:《村矿合谋:理论基础、形成原因及其社会政治后果——基于煤矿国有产权控制和影响下的村庄个案研究》,《中国农村研究》2013年。

李利宏、董江爱:《村矿合谋:理论基础、形成原因及其社会政治后果——基于煤矿国有产权控制和影响下的村庄个案研究》,《中国农村研究》2014年。

李利宏、董江爱:《煤矿集体产权下的村庄精英治理——基于山西X村的个案研究》,山西大学学报(哲学社会科学版)2012年第9期。

李利宏:《煤矿产权结构与资源型村庄治理——基于山西五村的调查》,博士学位论文,山西大学,2014年,第25页。

李利宏:《煤矿产权结构与资源型村庄治理——基于山西五村的调查》,博士学位论文,山西大学,2014年,第6页。

李利宏:《煤矿产权结构与资源型村庄治理:影响因素与运行模式》,《中国行政管理》2015年第8期。

李培林:《村落的终结——羊城村的故事》,商务印书馆2004

年版,第 7 页。

李培林:《巨变:村落的终结——都市里的村庄研究》,《中国社会科学》2002 年第 1 期。

李增元、李洪强:《封闭集体产权到开放集体产权:治理现代化中的农民自由及权利保障》,《南京农业大学学报》(社会科学版)2016 年第 2 期。

李中秋:《巴泽尔产权界定的逻辑思路》,《河北经贸大学学报》2015 年第 5 期。

李祖佩、曹晋:《精英俘获与基层治理:基于我国中部某村的实证考察》,《探索》2012 年第 5 期。

梁漱溟:《梁漱溟选集》,吉林人民出版社 2005 年版,第 185—187 期。

林毅夫:《企业承担社会责任的经济学分析》,《经理人内参》2006 年第 18 期。

林毅夫:《制度、技术与中国农业发展》,生活·读书·新知三联书店 1994 年版,第 50 页。

刘承韪:《产权与政治——中国农村土地制度变迁研究》,法律出版社 2012 年版,第 23—24 页。

刘金海:《产权与政治:国家、集体与农民关系视角下的村庄经验》,中国社会科学出版社 2006 年版,第 292 页。

刘京希:《从政治生态视阈看加强和改进党的建设》,《当代世界社会主义问题》2002 年第 1 期。

刘京希:《生态政治新论》,《政治学研究》1997 年第 4 期。

刘京希:《政治生态论——政治发展的生态学考察》,山东大学出版社 2006 年版,第 11 页。

刘京希:《政治生态论——政治发展的生态学考察》,山东大学出版社 2006 年版,第 1—8 页。

刘京希:《政治生态论——政治发展的生态学考察》,山东大学出版社 2007 年版,第 4 页。

刘烈龙：《产权与政权、官权、民权》，中国商办工业 1994 年版，第 11 页。

刘守英、路乾：《产权安排与保护：现代秩序的基础》，《学术月刊》2017 年第 5 期。

刘守英、熊雪峰：《中国乡村治理制度与秩序演变——一个国家治理视角的回顾与评论》，《农业经济问题》2018 年。

刘铁军、董江爱：《矿权改革中的利益博弈与资源型村庄兴衰的关联——一个典型案例的调查与思考》，《中国农村研究》2018 年。

刘宛晨：《新制度经济学视角下的公有产权变革公平与效率问题研究》，博士学位论文，湖南大学，2005 年，第 3 页。

卢福营：《经济能人治村：中国乡村政治的新模式》，《学术月刊》2011 年第 10 期。

陆学艺：《改革中的农村与农民》，中共中央党校出版社 1992 年版，第 378 页。

马华、王红卓：《从礼俗到法治：基层政治生态运行的秩序变迁》，《求实》2018 年第 1 期。

《马克思恩格斯全集》第 1 卷，人民出版社 1956 年版，第 82 页。

《马克思恩格斯全集》第 20 卷，人民出版社 1971 年版，第 202 页。

《马克思恩格斯全集》第 2 卷，人民出版社 1972 年版，第 537 页。

《马克思恩格斯全集》第 3 卷，人民出版社 2002 年版，第 137 页。

《马克思恩格斯选集》第 1 卷，人民出版社 1972 年版，第 693 页。

《马克思恩格斯选集》第 1 卷，人民出版社 2012 年版，第 148 页。

《马克思恩格斯选集》第 1 卷，人民出版社 2012 年版，第 163 页。

《马克思恩格斯选集》第 25 卷，人民出版社 1998 年版，第 891 页。

《马克思恩格斯选集》第 2 卷，人民出版社 2012 年版，第 731 页。

《马克思恩格斯选集》第 3 卷，人民出版社 1958 年版，第 330 页。

《马克思恩格斯选集》第 46 卷，人民出版社 1975 年版，第 491 页。

《马克思恩格斯选集》第 4 卷，人民出版社 1972 年版，第 296—311 页。

《马克思恩格斯选集》第 4 卷，人民出版社 2012 年版，第 187 页。

《马克思恩格斯选集》第 4 卷，人民出版社 2012 年版，第 191 页。

马克思、恩格斯：《〈政治经济学批判〉序言》，《马克思恩格斯选集》第 2 卷，人民出版社 1995 年版，第 22—23 页。

煤炭工业部：《关于地方煤矿调煤收入款及建设贷款管理的试行办法》（1984—11）。

［美］巴泽尔：《国家理论：经济权利、法律权利和国家》，钱勇、曾咏梅译，上海：上海财经大学出版社 2006 年版，第 12 页。

［美］白苏珊：《乡村中国的权力与财富：制度变迁的政治经济学》，郎友兴、方小平译，浙江人民出版社 2009 年版，第 222 页。

［美］道格拉斯·诺斯：《经济史上的结构和变迁》，厉以平译，商务印书馆 1992 年版，第 130 页。

［美］道格拉斯·诺斯、罗伯特·托马斯：《西方世界的兴起》，厉以平、蔡磊译，华夏出版社 2009 年版，第 11 页。

［美］杜赞奇：《文化、权力与国家：1900—1942年的华北农村》，王福明译，江苏人民出版社2010年版，第64页。

［美］费正清：《美国与中国》，世界知识出版社2003年版，第22页。

［美］弗里德曼：《中国东南的宗族组织》，刘晓春译，上海人民出版社2000年版，第146页。

［美］格尔哈特·伦斯基：《权力与特权：社会分层的理论》，关信平、陈宗显、谢晋宇译，杭州浙江人民出版社1988年版，第252页。

［美］卡尔·魏特夫：《东方专制主义》，徐式谷、奚瑞森、邹如山等译，北京：中国社会科学出版社1989年版，第60—81页。

［美］科斯等：《财产权利与制度变迁——产权学派与新制度学派译文集》，刘守英等译，格致出版社、上海人民出版社2014年版，第150页。

［美］理查德·派普斯：《财产论》，蒋琳琦译，北京经济科学出版社2003年版，第40页。

［美］罗伯特·达尔：《论民主》，商务印书馆1999年版，第43—44页。

［美］罗纳德·科斯：《财产权利与制度变迁——产权学派与新制度学派译文集》，刘守英等译，上海人民出版社2014年版，第148页。

［美］马若孟：《中国农民经济》，江苏人民出版社1999年版，第293—294页。

［美］摩尔根：《古代社会》，马东莼、马雍、马巨译，南京，江苏教育出版社2005年版，第273页。

［美］诺思：《制度、制度变迁与经济绩效》，上海三联书店1994年版，第45页。

［美］詹姆斯·C.斯科特：《农民的道义经济学：东南亚的反叛与生存》，程立显、刘建等译，译林出版社2001年版，第

217页。

［南］平乔维奇：《产权经济学：一种关于比较经济体制的理论》，蒋琳琦译，北京经济科学出版社2000年版。

牛君、季正聚：《试析政治生态治理与重构的路径》，《中共中央党校学报》2015年第4期。

钱穆：《中国历代政治得失》，台湾东大图书股份有限公司1990年版，第159页。

秦晖：《传统中华帝国的乡村基层控制：汉唐间的乡村组织》，商务印书馆2003年版，第3页。

秦晖、金雁：《田园诗与狂想曲：关中模式与前近代社会的再认识》，北京语文出版社2010年版，第166页。

秦晖、苏文：《田园诗与狂想曲》，中央编译局出版社1996年版，第53页。

曲福田、田光明：《城乡统筹与农村集体土地产权制度改革》，《管理世界》2011年第6期。

任维德、乔德中：《当代中国区域治理的政治生态分析》，《内蒙古社会科学分析》2010年第5期。

桑玉成：《政治发展中的政治生态问题》，《学术月刊》2012年第8期。

《山西省采煤沉陷区治理工作方案》，《山西日报》2004年第10期。

山西省人民政府：《关于印发〈山西省小煤矿管理试行办法实施细则〉的通知》（1984—03）。

申恒胜：《土地纠纷与基层政治生态的重构》，《天府新论》2012年第6期。

沈亚平：《社会秩序及其转型研究》，河北大学出版社2002年版，第56页。

史亚峰：《多权威复合治理：产权分置与社会秩序的建构——基于洞庭湖区湖村的形态调查》，博士学位论文，华中师范大学，

2018年，第5页。

舒泰峰、尹冀鳗、黎诚：《村治之变：中国基层治理南海启示》，北京：北京大学出版社2014年版，第207—215页。

宋洪远、高强：《农村集体产权制度改革轨迹及其困境摆脱》，《改革》2015年第2期。

［苏］列宁：《列宁选集》第16卷，人民出版社1959年版，第439页。

孙鸿烈：《中国资源科学百科全书》，北京：中国大百科全书出版社2000年版，第1页。

唐贤兴：《产权、国家与民主》，上海：复旦大学出版社2002年版，第187页。

仝志辉、贺雪峰：《村庄权力结构的三层分析——兼论选举后村级权力的合法性》，《中国社会科学》2002年第1期。

仝志辉：《精英动员与竞争性选举》，《开放时代》2001年第9期。

王邦佐等：《中国政党制度的社会生态分析》，上海人民出版社2001年版。

王长江：《民主是良好政治生态的要件》，《探索与争鸣》2015年第6期。

王沪宁：《当代中国村落家族文化——对中国社会现代化的一项探索》，人民出版社1991年版，第22—28页。

王沪宁：《行政生态分析》，复旦大学出版社1989年版，第28页。

王浦劬：《政治学基础》，北京大学出版社2006年版，第33页。

王铁梅、董江爱：《企业主导农村城镇化的缘起、问题及对策——一个典型案例的调查与思考》，《山西大学学报》2014年第3期。

王习贤：《浅析新型党内政治生态的构建与优化》，《湖湘论坛》2015 年第 6 期。

王先明:《变动时代的乡绅——乡绅与乡村社会结构变迁》,人民出版社 2009 年版,第 2 页。

温铁军:《三农问题与世纪反思》,生活·读书·新知三联书店 2005 年版,第 341 页。

吴毅:《记叙村庄的政治》,湖北人民出版社 2007 年版,第 15 页。

夏美武:《当代中国政治生态建设研究》,博士学位论文,苏州大学,2014 年,第 21 页。

夏少昂:《中国乡村政治中的庇护主义——读戴慕珍的〈当代中国的国家与农民:乡村治理中的政治经济学〉》,《中国研究》2014 年第 1 期。

项继权:《集体经济背景下的乡村治理——南街、向高和方家泉村村治实证研究》,华中师范大学出版社 2002 年版,第 369 页。

项继权:《中国农村社区及共同体的转型与重建》,《华中师范大学学报》(人文社会科学版)2009 年第 3 期。

徐勇:《90 年代学术新趋向》,《党史研究与教学》1991 年第 6 期。

徐勇:《由能人到法治——中国农村基层治理模式转换》,《华中师范大学学报》1996 年第 4 期。

徐勇:《"再识农户"与社会化小农》,《华中师范大学学报》2006 年第 3 期。

徐勇:《"政权"下乡:现代国家对乡土社会的整合》,《贵州社会科学》2007 年第 11 期。

闫小沛:《村级权力运行下的公共资源治理之道——以豫南 X 村为个案》,硕士学位论文,华中师范大学,2014 年,第 5 页。

燕继荣:《政治生态是怎么被污染的》,《探索与争鸣》2015 年第 11 期。

杨根乔:《当代地方政治生态建设的状况、成因与对策》,《当代世界与社会主义》2012年第2期。

杨晓民、周翼虎：《中国单位制度》，中国经济出版社2000年版，第59—71期。

应瑞瑶、沈亚芳：《苏南地区农村社区股份合作制改革探析》，《现代经济探讨》2004年第2期。

应星：《"气场"与群体性事件的发生机制——两个个案的比较》，《社会学研究》2009年第6期。

［英］霍布斯：《利维坦》，黎思复、黎廷弼译，商务印书馆1985年版，第132页。

［英］洛克：《政府论》，叶启芳、瞿菊农译，商务印书馆1964年版，第77页。

［英］迈克尔·曼：《社会权力的来源》第1卷，上海：上海人民出版社2015年版，第110页。

［英］詹姆士·哈灵顿：《大洋国》，何新译，商务印书馆1963年版，第11—12页。

［英］詹姆士·哈灵顿：《大洋国》，何新译，商务印书馆1963年版，第3—4页。

于立等：《资源型贫富差距与社会稳定》，《财经问题研究》2007年第10期。

袁方成：《治理集体产权：农村社区建设中的政府与农民》，《华中师范大学学报》（人文社会科学版）2013年第2期。

臧得顺：《臧村"关系地权"的实践逻辑：一个地权研究分析框架的建构》，《社会学研究》2012年第1期。

张丙乾、李小云、叶敬忠：《基于矿产资源开发的农村社区权力运作探析》，《社会科学辑刊》2007年第5期。

张厚安、徐勇：《中国农村村级治理——22个村的调查与比较》，武汉：华中师范大学出版社2000年版，第8页。

张静：《土地使用规则不确定：一个法律社会学的解释框架》，《中国社会科学》2003年第1期。

张丽琴:《从国家主导到草根需求:对"法律下乡"两种模式的分析》,《河北法学》2013年第2期。

张佩国:《近代江南的村籍与地权》,《文史哲》2002年第3期。

张晓山:《中国社会科学院农村发展研究所"农村集体产权制度改革研究"课题组:关于农村集体产权制度改革的几个理论与政策问题》,《中国农村经济》2015年第2期。

张学娟、曹景文:《国内政治生态的优化与困境——一个研究综述》,《求实》2017年第1期。

张友渔:《中国大百科全书政治学》,北京:中国大百科全书出版社1992年版,第327页。

张仲礼:《中国绅士研究》,上海人民出版社2008年版,第57页。

赵树凯:《基层政府:体制性冲突与治理危机》,《学术前沿》2014年第5期。

折晓叶、陈婴婴:《产权怎样界定——一份集体产权私化的社会文本》,《社会学研究》2005年第4期。

折晓叶:《村庄边界的多元化——经济边界开放与社会边界封闭的冲突与共生》,《中国社会科学》1996年第3期。

郑凤田、程郁、阮荣平:《从"村庄型公司"到"公司型村庄":后乡镇企业时代的村企边界及其效率分析》,《中国农村观察》2011年第6期。

郑佳斯、张文杰:《新制度主义视角下的基层治理创新——以南海区"政经分离"改革为例》,《岭南学刊》2016年第16—22期。

郑永年:《同舟共进》,《月刊》2009年第7期。

中共中央:《关于积极支持群众办矿的通知》(1983—11)。

中共中央文献研究室编:《邓小平年谱(1975—1997)》下卷,中央文献出版社2004年版,第1364页。

周飞舟：《从汲取性政权到"悬浮型"政权——税费改革对国家与农民关系之影响》，《社会学研究》2006 年第 3 期。

周其仁：《产权界定与产权改革》，《科学发展》2017 年第 6 期。

周其仁：《中国农村改革：国家和所有权关系的变化》（上），《管理世界》1995 年第 3 期。

周其仁：《中国农村改革：国家和所有权关系的变化（下）——一个经济制度变迁史的回顾》，《管理世界》1995 年第 4 期。

周铁根：《加强县域政治生态建设的思路》，《领导科学》2011 年第 6 期。

朱小玲：《抗战时期共产党政治治理的更张与政治生态的改善》，《江苏社会科学》2010 年第 4 期。